« Il y a une grosse histoire à Lyon. Un mec arrêté, un terroriste, je crois. Tiens, le correspondant m'a filé le nom de son avocat. L'AFP n'a donné que quelques lignes. Tu vois ce que tu peux faire. »

Tous les jours, les journalistes partent ainsi à la pêche, sans trop savoir ce qu'ils vont ferrer. Ce jour-là, le fait divers m'ennuyait : de la rue Copernic à la rue des Rosiers, en passant par la saga ininterrompue d'Action directe, je n'avais aucune envie d'avoir à disserter sur un énième avatar du terrorisme.

Quand je vis Me Mazurier, je me renfrognai : le désordre de son bureau, son attitude prostrée, son obstination à garder ses lunettes de soleil alors que la nuit était depuis longtemps tombée, cela sentait le polar de série B, pas le scoop. Il me reçut aussi aimablement que si j'étais un inspecteur des RG, et me dit trois banalités, du genre « voyez le juge ». A vue de nez, son client, Saadi Abdelkader ne justifiait pas une note de frais sur Lyon.

Trois jours plus tard, l'avocat me rappela : « Je voudrais vous revoir. » Et là, il me livra une esquisse du dossier de Saadi Abdelkader, alias Georges Ibrahim Abdallah. Sous le sceau du secret, bien sûr, en arguant qu'il valait mieux que je sache rectifier, le moment venu, les versions officielles qui seraient tôt ou tard distillées à mes confrères.

L'excuse était mince : si Abdallah était le chef des FARL, comme il me l'assurait (je connaissais les Fractions armées révolutionnaires libanaises de nom, pour avoir couvert profession-

nellement la première campagne d'attentats du groupe, en 1982 à Paris), pourquoi me servait-il un scoop que je ne pouvais répéter? La conversation dévia très vite sur le terrorisme, ses méthodes et ses justifications. Quelques whiskies plus tard, et face à ses protestations de dégoût devant le moindre attentat, je laissai tomber froidement : « Mais alors, vous devriez travailler pour la Piscine ou la DST. »

« Je le fais », répondit Me Mazurier en me fixant du regard, guettant le moindre cillement.

Je n'eus pas de réaction, morale ou patriotique. Il m'était très facile de rompre, et de condamner en plus la confusion des rôles et celle des sentiments. Mais j'étais curieux de savoir comment il se débrouillait, dans sa robe d'avocat, avec cette apparente vocation d'agent secret. Je ne lui posai même plus de questions : en me faisant partager son secret, il me liait la plume et la bouche. La vie d'un homme et tout simplement la confiance qu'il vous fait, même si celle-ci est intéressée, désespérée, dépassent l'utilité de tout article. Dans le métier, on le sait aussi bien qu'on le tait : chaque scoop n'existe que parce qu'on vous le donne et que l'on apprécie votre capacité à le diffuser.

Je m'interrogeai quand même sur le Service, rencontrai des autorités, des agents, et pas seulement français, à propos de cette affaire ou d'autres. Je n'en tirai qu'une conclusion : cela avait l'auréole de James Bond, mais c'était très souvent du militaire, au mieux de l'action de commando, au pis des synthèses bureaucratiques et des croche-pieds entre différents services. Par autocritique, je me souvins des ragots qui couraient sur ma profession, des retours précipités de certains correspondants à l'étranger, de la réputation sulfureuse d'autres grands reporters. En outre, je n'avais aucune estime d'ensemble pour le barreau ou la magistrature, et je me demandais si un idéal dévoyé ne pesait pas du même poids que l'inepte course aux honneurs, la cupidité ou la servilité affichées par certains.

J'appris peu à peu à discerner qui était Jean-Paul Mazurier. Et cela ne nous rapprocha pas : je le voyais s'enfoncer dans l'alcool, massacrer sa vie privée sans raison, perdre sa clientèle et ne plus vivre, intellectuellement et matériellement, que du seul dossier Abdallah, évoquer des chimères sans jamais se répandre en détails. Il me cita, très vaguement, ses différents voyages, jouant à l'avocat puisque je lui interdisais, par commodité, de me parler du Service. Je sentais qu'il souffrait, je ne me doutais pas que c'était de trahir. Un jour, il s'étonna quand je lui citai Antoine Bloyé, *un roman de Paul Nizan sur la trahison. N'est pas Nizan qui veut, mais je sus qu'il vivait un calvaire dont il voulait à tout prix la fin.*

Début septembre 1986 : après l'attentat manqué dans le métro, gare de Lyon, Jean-Paul Mazurier me demanda ce que j'en pensais. « En deux mois, on peut écrire combien de pages? » lui répliquai-je, à demi moqueur. Il attendait depuis trop longtemps.

Il me faudrait, bien sûr, prendre les précautions d'usage : la position du journaliste est si commode, il pose les questions et ne répond pas du reste. Pour connaître la vérité officielle, sinon officieuse, du dossier Abdallah, j'affirme en tout cas qu'aucune des réponses de Me Mazurier n'est en contradiction avec ce que je sais. Le problème de ce livre n'est pas tant dans les révélations qu'il contient – même si curieusement, ou plutôt dangereusement pour ce genre d'ouvrage, pour une fois il en contient – que dans les personnages qu'il éclaire : l'avocat, bien sûr, placé un temps au centre d'un maelström et qui devra refaire sa vie pour avoir compris trop tard que l'homme n'est rien face aux appareils, aux organisations. Abdallah ensuite, qui reste très loin de nous, comme enfermé dans lui-même, pour avoir déplacé le centre de gravité de son combat, même si on en perçoit les motivations. Les « révolutionnaires » enfin, dont les attitudes, les conversations, les positions réciproques laissent difficilement croire qu'ils constituent le premier danger pour notre démocratie.

Et pourtant, les attentats de septembre 1986 ont, hélas, déroulé leur inepte chapelet de morts et de victimes. Alors, il est peut-être bien que s'effacent un peu ce tissu d'aventures à la petite semaine, ces missions remplies par un jeune homme buté, ces confidences et préjugés de tous les protagonistes du dossier, ces officiers et diplomates qui emberlificotent à plaisir les fils de leurs marionnettes après les avoir bourrées d'explosifs. Il est peut-être temps que la politique prenne, et elle seule, le relais. Car autant les effets du terrorisme sont haïssables, autant ses causes sont souvent compréhensibles, sinon parfois justifiables, en l'absence de toute autre possibilité d'expression, face à l'intolérance d'une société ou d'un État. Personne ne croira que la politique se fera un jour sans rapport de forces. Mais tout homme d'affaires le sait bien : un bon contrat ne dure que s'il satisfait les deux parties intéressées. La fin du terrorisme ne signifie pas la mort des terroristes, mais la mise hors jeu de leurs arguments. Ce n'est certes pas pour demain.

LAURENT GALLY

Il fait froid, il fait nuit, ce samedi 24 novembre 1984 à Belgrade. Le premier étage de l'aéroport est désert. Je suis avec elle et j'ai peur. Elle m'avait dit : « Prends un aller simple pour Belgrade, je t'attendrai. » Brusquement, elle fouille dans son sac. Je ne sais ce qu'elle va en tirer. En fait, 1 000 dollars. Elle me demande de passer la nuit à l'hôtel Moscou.

« Quelqu'un te contactera. Si cette personne ne vient pas, je t'ai préparé un autre rendez-vous pour demain à 21 heures. Je t'ai réservé un vol Belgrade-Paris. A 21 heures, tu iras au café pour être contacté, en bas de ton cabinet... »

Oui, mon cabinet. Car je suis avocat. Je m'appelle Jean-Paul Mazurier. Elle, c'est Jacqueline Esber, l'une des têtes des FARL, les Fractions armées révolutionnaires libanaises. Elle est recherchée par toutes les polices occidentales. Tout de même, me faire venir à Belgrade, un week-end, pour me fixer rendez-vous éventuellement le lendemain, à Paris, et juste en bas de mon bureau... Je suis trop tendu pour apprécier le côté dérisoire de cette situation.

Attendre, toujours attendre dans cette chambre d'hôtel. Surtout ne pas dormir. Viendra-t-il? Je ne le connais pas. J'ouvrirai ma porte à celui qui frappera... Une heure du matin. Je n'en peux plus d'attendre. Je descends boire un verre dans l'espèce de bar de nuit, au sous-sol de l'hôtel. Les membres d'une chorale y fêtent leur triomphe d'un soir dans un théâtre de troisième catégorie. Ils m'accueillent et chantent pour moi. J'oublie, le temps de quelques refrains slaves et de quelques whiskies, j'oublie ce que je suis venu faire dans ce pays. J'oublie ma solitude, cette solitude écrasante et incontournable, à laquelle les types comme moi doivent se cramponner s'ils veulent vivre.

Plus seul que jamais, je remonte dans ma chambre. J'y veille, en vain, le reste de la nuit.

Dimanche 25 novembre, 21 heures. L'homme n'est pas là. Il ne viendra pas. Il a dû être abattu sur le chemin de mon bureau ou, plus probablement, enlevé et torturé. Par les gens du Mossad, le service secret israélien? Il fait froid, ce dimanche à Paris, il fait froid dans tout mon corps. Dans ce grand bar-restaurant, il n'y a qu'un couple, un homme accoudé au bar, et moi. J'ai attendu 21 heures. « Un jus d'orange, s'il vous plaît. » 21 h 15 : « Pouvez-vous me mettre de la vodka dans mon jus d'orange? » 21 h 45 : il ne viendra plus. Je remonte dans mon cabinet et je compose le numéro habituel, celui-là même que j'avais formé pour téléphoner de l'escale de mon avion à Zurich. Je m'annonce à l'homme qui décroche.

« Simon à l'appareil.

– Ne quittez pas. Je vous passe le colonel.

– Mes respects, mon colonel. Il n'est pas venu au rendez-vous. Qu'est-ce que je fais?

– Ce n'est plus la peine d'attendre. Rentrez chez vous, nous levons le dispositif de surveillance. Allez voir Georges demain. Racontez-lui. »

Un stupide miroir me renvoie mon image, celle d'un type de trente ans. Un type exténué, désabusé. J'ai l'air d'une épave qui n'a jamais navigué, d'être revenu de tout sans être allé nulle part. 25 novembre 1984 : cela fait trois mois que je suis un agent de la DGSE. Trois mois que mon métier d'avocat n'est plus qu'une façade, une couverture. Une légende, comme l'on dit en termes de Service.

Je rejoins la femme que j'aime. J'ai quitté Paris si précipitamment que je n'ai pas eu le temps de la prévenir. Je suis sur les nerfs. J'ai, une fois de plus, risqué ma peau et la prison, et la voilà qui se jette sur moi. Je lui montre mon passeport, le visa yougoslave, ce qui coupe court aux reproches qu'elle me fait régulièrement quand je me rends à de mystérieux rendez-vous, à des heures impossibles, ou quand je pars subitement pour l'étranger.

« Tu as une maîtresse. Avoue-le. »

Je ne lui ai jamais avoué que ma maîtresse était la Direction générale de la sécurité extérieure, la DGSE. Je me tais. Je suis fatigué, je désire me reposer, mais elle me harcèle de questions.

« Qu'es-tu allé faire en Yougoslavie? Tu es parti hier et tu rentres aujourd'hui... »

Sa mère soutenait que je devais me livrer au trafic d'armes, sinon de drogue. De toute façon, pour elle, c'est clair, je la trompe. D'ailleurs c'est vrai, je la trompe. Si je lui disais tout, là, maintenant, à supposer qu'elle me croie, serait-elle fière de son « petit loup » qui court de si grands risques pour notre chère patrie, ou m'opposerait-elle son mépris? Mépris de savoir que j'abuse de la confiance de mes clients pour les trahir, même si c'est pour une « noble » cause. Mentir m'insupporte. Je fais un sale boulot. Mais je suis irremplaçable : la DGSE ne peut pas fabriquer du jour au lendemain un avocat qui aurait la confiance des FARL.

« Tu as des questions à me poser, peut-être? Non? S'il te plaît, fais-le, je veux dire la vérité. »

Je veux dire que l'on échappe parfois à son destin, rarement à celui des autres.

JEAN-PAUL MAZURIER

1.

ALEX

Jean-Paul Mazurier. – Un soir de mai 1982, je suis allé ouvrir la porte du cabinet de groupe, que je partageais, au cœur du quartier Latin, avec quatre avocats. Il devait être plus de 18 heures, puisque nos secrétaires étaient parties.

Un homme, barbu, se tenait devant moi. Je me rappelle parfaitement son visage, ou plutôt son regard, qui n'a pas changé depuis lors : j'ai vu quelqu'un qui avait à la fois beaucoup de douceur et de détermination dans les yeux. L'homme m'a demandé si Me Jean-Paul Mazurier était là. Je lui ai répondu que c'était moi et l'ai invité à passer dans mon bureau. Une fois assis, il s'est tout de suite inquiété :

« Puis-je parler librement? »

Un peu surpris, j'ai rassuré mon interlocuteur. Il était vêtu sobrement, en costume, mais en le regardant, j'étais frappé par sa barbe qui lui mangeait la moitié du visage. C'était tellement évident que cela m'empêchait de m'attarder sur tout autre détail physique. Je ne sais même pas quelle était la couleur de ses yeux, noirs ou bruns. Il avait le nez légèrement busqué, les lèvres assez pincées mais somme toute banales, un visage ovale, régulier. Je lui aurais donné trente-cinq ans.

« Je m'appelle Alex. Je suis un militant révolutionnaire arabe. Je viens vous voir parce que vous êtes l'avocat de Frédéric Oriach. Je voudrais entrer en contact avec lui. Et vous demander si vous pouviez également défendre un autre militant révolutionnaire, Mohand Hamami. Je souhaite aussi rencontrer les camarades d'Action directe. »

Laurent Gally. – Voilà une entrée en matière des plus directes. Oriach, Hamami, Action directe... Vous étiez donc un avocat de militants soupçonnés ou mêlés à des affaires terroristes?

J.-P. M. – Pas du tout. Je suis tombé des nues. Certes, j'étais le défenseur d'Oriach, que j'avais connu par l'intermédiaire d'un de mes clients, un braqueur condamné pour une affaire de droit commun et qui avait été incarcéré dans la même prison qu'Oriach. Celui-ci avait donc entendu parler de moi en détention, et il m'avait demandé de m'occuper de ses intérêts civils. Une affaire de divorce, tout bêtement. Je ne sais pas comment mon interlocuteur était au courant, je ne le lui ai même pas demandé. « Alex » m'a expliqué qu'il s'intéressait à Oriach, parce que ce « militant révolutionnaire » avait soutenu la cause palestinienne et les FARL. Je ne savais pas ce que cachait ce sigle, et « Alex » ne m'en a guère dit plus. Par nature, je parle assez peu, et là, indolence ou calcul, je n'ai demandé aucun détail, j'ai « laissé venir » mon interlocuteur. Je ne lui ai même pas demandé qui étaient ces FARL et s'il en faisait partie.

L. G. – Mais étiez-vous en terrain familier, ou du moins connu?

J.-P. M. – De Frédéric Oriach, je ne savais pas grand-chose, sauf qu'il était, bien sûr, un militant politique, et qu'il avait été incarcéré à la suite d'une tentative d' « action » perpétrée dans le cadre de son mouvement, les NAPAP, autrement dit les Noyaux armés pour l'autonomie populaire. En fait, trois personnes en tout et pour tout dans l'affaire que j'ai eu à connaître. L'un avait laissé sa carte d'identité sur les lieux de l'attentat, et Oriach s'était blessé en maniant l'engin explosif qui devait atteindre la cible visée. Quoi qu'il en soit, et pour me laisser le temps de mieux apprécier la situation, j'ai simplement répondu à mon visiteur que je ne pouvais pas joindre Oriach pour le moment.

Pour ses autres demandes, jai dû me décider très vite, presque d'instinct. Il me demandait d'être le défenseur de Mohand Hamami : c'était mon travail d'avocat de défendre les intérêts de qui me le demandait. Je n'avais donc pas d'objection de principe, si Hamami, que je ne connaissais pas, acceptait de me désigner. Il avait été arrêté dans une affaire d'armes de la rue du Borrego, avec une jeune fille appelée Joëlle Aubron, et les médias les présentaient tous deux comme des militants d'Action directe. Encore une fois, j'avais une connaissance très vague de tout cela, je me souviens que j'ai dû faire appel à la presse, mon visiteur parti, pour un peu mieux me fixer les idées sur des sujets qui m'étaient étrangers. C'est ainsi, par exemple, que j'ai appris que la police avait saisi, dans le box fermé servant de garage rue du Borrego, une mitraillette STEN qui avait, selon les expertises balistiques, servi au mitraillage d'un bâtiment officiel israélien, au cours d'une action ensuite revendiquée par les FARL.

L. G. – Cet « Alex » tourne de près autour d'Action directe, puisque non seulement il s'intéresse à Hamami, mais qu'il veut être directement en contact avec le groupe.

J.-P. M. – Oui. Je ne me souviens plus si à cette époque – mai 1982 – les « têtes » supposées d'Action directe étaient ou non recherchées par la police et si les contacts avec eux étaient illégaux. Mais moi, avocat, j'entendais ne pas être mêlé à tout cela. J'étais évidemment intrigué qu' « Alex » me le demande. Je n'avais aucun lien avec Action directe, dont je lisais les revendications dans la presse après chaque action. Mais je le faisais comme n'importe quel lecteur ou téléspectateur, sans avis autorisé. Je jugeais instinctivement que ce groupe faisait un peu n'importe quoi, tout en agitant des motifs révolutionnaires. Bref, je ne prenais pas Action directe au sérieux, comme un danger pour notre démocratie. A l'époque, les actions du groupe n'occasionnaient que des dégâts matériels, sans faire de victimes. C'est pourquoi j'ai simplement déconseillé à cet « Alex » d'entrer en contact avec eux. En lui disant, bien sûr, que je ne connaissais pas les leaders du groupe – lui non plus, visiblement, sinon je ne vois pas pourquoi il m'aurait sollicité. J'y suis allé un peu à l'esbrouffe, lui brossant une petite fresque assez sentimentale, étant donné ma faible culture politique, sur le thème : « Ce sont des zozos, pas vraiment sérieux. » Je naviguais à vue, en me demandant sur quoi cet entretien allait me conduire et que cachait cette visite impromptue.

L. G. – « Alex » se dévoile très vite, dès cette rencontre. Et ses demandes débordent largement une prise de contact avec un avocat. Cela ne vous a pas gêné?

J.-P. M. – Si, mais seulement en cours d'entretien. Il m'a d'abord parlé, de manière très normale, de la défense d'Hamami. Il ne m'a pas expliqué son intérêt dans l'affaire autrement qu'un soutien matériel et intellectuel à quelqu'un qui partageait ses idées. Je devais, selon lui, contacter Hamami en détention et lui faire passer un message l'assurant que je venais de la part de « Georges ». Je ne lui ai posé aucune question sur cette nouvelle identité. Après tout, il pouvait avoir deux prénoms. Hamami et « Alex–Georges » se connaissaient donc depuis un certain temps, mais j'ignorais encore dans quelles circonstances. Quelques mois plus tard, j'ai appris, au travers des dossiers judiciaires et de la presse, qu'Hamami aurait distribué des tracts revendiquant et expliquant l'assassinat du diplomate israélien Yacov Barsimantov, un meurtre revendiqué par les FARL, alors qu'Oriach avait pris fait et cause dans des revues gauchistes confidentielles pour le mitraillage, également revendiqué par les FARL, d'un immeuble d'une mission d'achat israélienne, quelques mois auparavant, boulevard Malesherbes à Paris.

L. G. – Et donc toujours ce mot butoir, les FARL, en fait les Fractions armées révolutionnaires libanaises, groupe particulièrement actif sur le plan terroriste au printemps 1982 – déjà – à Paris.

J.-P. M. – A cette époque, cela ne signifiait strictement rien pour moi. Mes lectures politiques s'étaient limitées aux grands classiques nécessaires pour la licence en droit, type Platon, Aristote ou saint Thomas d'Aquin. Et je n'avais jamais milité dans un groupe ou un parti politique, ni même dans une organisation syndicale.

En fait, j'avais simplement participé – et peut-être de façon prémonitoire – à certaines manifestations du comité de soutien à Klaus Croissant, l'avocat ouest-allemand alors sous la menace d'une extradition et cloué au pilori comme « avocat de terroristes ». Mon premier acte politique réel sera ensuite de prendre une carte d'électeur et de voter en mai 1981 lors de l'élection présidentielle.

L. G. – Comment « Alex » a-t-il réagi à vos dérobades?

J.-P. M. – Il ne m'a rien rétorqué, et je ne sais pas s'il en a tiré des conclusions. La conversation est restée très générale, nous n'avions rien de comploteurs. Je lui ai fait part de mes sentiments, comme s'il avait sollicité un conseil plutôt que fait des demandes précises. J'avais accepté, au conditionnel, d'assurer la défense d'Hamami, éludé le problème d'Oriach, pour lequel je n'éprouvais aucune sympathie particulière, et écarté la demande concernant Action directe, à laquelle j'aurais en tout état de cause été bien incapable de répondre. Je disais oui professionnellement, peut-être personnellement, et non politiquement. Bien sûr, mais c'est plus facile de le dire a posteriori, en 1986, avec quatre ans de recul, j'aurais pu, ou dû, éconduire « Alex ». En fait, sa venue m'intriguait. Pourquoi moi ? Que cachait tout cela ? Y aurait-il des suites, et lesquelles ? J'ai agi en joueur, je voulais qu'il se découvre un peu plus, et nous sommes convenus de nous revoir, officiellement pour nous entendre sur les détails matériels de la défense d'Hamami.

L. G. – Aviez-vous une réputation, une clientèle d'avocat « gauchiste » ?

J.-P. M. – C'est difficile à dire. J'étais un très jeune avocat, vingt-huit ans à peine. Mais j'étais un pénaliste, c'est-à-dire un avocat traitant des dossiers criminels et plaidant en cour d'assises, ce qui est à la fois une vocation et une spécialité assez restreinte dans la profession. Parmi mes clients, je comptais, par exemple, Philippe Maurice, le dernier condamné à mort par les jurés de Paris avant l'abolition de la peine capitale, son frère Jean-Jacques, etc. J'avais également été désigné parmi les défenseurs d'une ancienne consœur, l'avocate Brigitte Hemmerlin, détenue pour avoir tenté de faire évader Philippe Maurice. Le parquet s'y était opposé, m'estimant trop « présent » dans cette affaire, même si je n'y étais pour rien. Cela a peut-être contribué à me donner – au Palais de Justice et là seulement – une réputation d'ultra-gauchiste. J'ai expliqué mon absence totale de culture politique marxiste ou même de gauche : mon grand-père était pétainiste, ma grand-mère gaulliste, ma mère mitterrandiste et mon père votait pour le PCF. Adolescent, j'avais estimé que cela suffisait comme mélange et que les appartenances politiques ressemblaient décidément plus à des divergences familiales qu'à des choix personnels. Et quand « Alex » m'a parlé politique tous azimuts, j'ai pensé qu'il devait me prendre pour le défenseur

« politique » d'Oriach, et non un avocat chargé de débrouiller un divorce. Je ne l'ai pas détrompé, pour ne pas décevoir un début de confiance, car je voulais savoir sur quoi cela allait déboucher.

L. G. – « Alex » vous a-t-il parlé dès cet instant de ses choix politiques?

J.-P. M. – Non, sauf par de vagues formules du type : « Je suis un militant révolutionnaire arabe. » En fait, cette première prise de contact, si négative soit-elle pour lui, a été suivie de beaucoup d'autres rencontres. « Alex » a pris l'habitude de venir me voir, à mon cabinet, sans prendre rendez-vous ni même téléphoner, à n'importe quelle heure de la matinée ou de la soirée. Si je n'étais pas là, il s'en allait, sans laisser de message, peut-être en raison de consignes de sécurité. Ma secrétaire me disait simplement : « Le barbu vous a demandé. » Notre lien officiel, c'était la mise en place de la défense d'Hamami, dont il restait le « commanditaire ».

Nous n'avons guère reparlé d'Action directe, mais « Alex » m'a précisé, pendant la période d'environ deux mois où il venait me voir, qu'il cherchait à fonder un mouvement révolutionnaire « internationaliste ». Et je supposais qu'Oriach, Hamami ou des militants d'Action directe pouvaient lui servir de troupes, au moins d'appoint.

L. G. – Pourquoi ne pas avoir prévenu les autorités?

J.-P. M. – Un avocat n'est pas un délateur ou un indicateur. On nous confie beaucoup de secrets dans nos cabinets. Je n'ai pas agi, non par respect du secret professionnel, puisque « Alex » n'était pas mon client, mais parce que tout ce qu'il évoquait n'était que virtualité. Je n'imaginais pas, dans le cadre de nos conversations, entrer dans le moindre commencement d'action.

L. G. – Y avait-il alors une sorte de fascination à son égard, soit pour sa personnalité, soit pour les thèmes de son discours, de son engagement?

J.-P. M. – J'écoutais « Alex » et je le revoyais chaque fois avec une sorte d'excitation : il me changeait de mes clients habituels, des intérêts parfois très égoïstes et à court terme que je représentais dans mes dossiers courants. En outre, il était racé, intelligent, cultivé. C'était le portrait type du chef : calme, impénétrable, autoritaire. Il ne haussait jamais le ton, ne s'enflammait pas. Il avait dû me dire qu'il était libanais, mais il ne paraissait pas spécialement affecté par les effets de l'invasion israélienne dans son pays, qui se déroulait à la même époque. Il ne semblait considérer que le long terme. Je suis incapable, aujourd'hui, de restituer la teneur de nos entretiens, comme si j'avais voulu depuis – et partiellement réussi – à les effacer. Bien sûr, il me parlait de la révolution, des Palestiniens, de la cause arabe, mais sur un plan très théorique, sans se référer à la moindre anecdote. Il n'évoquait même pas le rôle de la Syrie, l'intégrisme iranien ou l'influence internationale de la Libye, par exemple. Je l'écoutais, sans intervenir, ponctuant son discours de brèves appréciations, à la limite de simples hochements de tête. Comme pour lui indiquer que je suivais le fil de ses pensées, même s'il pouvait croire que je lui manifestais une approbation sans réserve.

Cette dérive, ce glissement se sont produits presque imperceptiblement : « Alex » venait me voir irrégulièrement, parfois deux fois par semaine, parfois en espaçant de plus de dix jours ses apparitions dans mon cabinet. Mais il s'insinuait dans ma vie, jusqu'à tenter de me faire sortir de mon rôle d'avocat, de me recadrer dans une activité militante. Il m'a ainsi développé un soir sa théorie du discours « révolutionnairement utile » : il estimait qu'il n'avait aucun détail à me donner si cela n'intéressait pas directement la cause qu'il poursuivait. Et donc pas un mot sur sa famille, sa vie privée ou ses goûts personnels. Mais il avait des objectifs précis. C'est ainsi qu'une fois, je crois vers la fin juin 1982, il m'a glissé, comme s'il me demandait un service : « Ce serait bien si ton cabinet pouvait servir de point de rencontre pour les camarades. » Il me tutoyait lorsqu'il s'adressait politiquement à moi, et me vouvoyait lorsqu'il parlait à l'avocat... J'ai aussitôt esquivé, me réfugiant dans une dénégation pratique, en insistant sur le fait que je ne travaillais pas seul, que les autres avocats pourraient s'étonner, sinon enquêter, etc. Il a très bien, trop bien pris la chose : il m'a même félicité de ne pas vouloir mettre en danger la sécurité des « frères ». Or ces frères, il ne me les a jamais nommés, jamais présentés. Il a dû être conforté dans son idée que je devenais peu à peu l'un de ses possibles hommes de confiance.

A partir de cet instant, j'ai songé à rompre, mais je ne savais plus comment le faire en douceur. Et quelques jours plus tard, lorsque je l'ai revu, « Alex » a refermé sur moi le piège que je n'avais pas su éviter. Il m'a tendu une lettre écrite en arabe, puis l'a traduite devant moi avant de me la confier. C'était un texte de revendication, au nom des FARL, d'un attentat dont la date et le lieu avaient été laissés en blanc. Là, j'ai paniqué, j'ai bredouillé je ne sais quoi en lisant le texte. Celui-ci disait : « Nous, FARL, revendiquons l'attentat commis le... », puis venait un blanc, « contre... » et encore un blanc. Suivaient des considérations politiques habituelles, anti-impérialistes et antisionistes, sur les motifs de cette action. « Alex » m'a demandé de remplir, le moment venu, les blancs, en m'assurant que je serais prévenu, puis de diffuser cette revendication auprès de la presse. J'étais effondré, mais je n'ai pas voulu refuser de prendre ce texte, par peur de représailles, puisque j'en savais désormais trop. Quand « Alex » est parti, je crois sans noter mon trouble, je me suis empressé de brûler cette lettre. J'ai épluché toute la presse, pendant quelques jours, en espérant qu'il n'y aurait aucun attentat de commis. Puis « Alex » est revenu me voir, et c'est finalement lui qui m'a sorti de l'impasse : « Jette le papier que je t'ai donné, ce n'est pas ton rôle de revendiquer un attentat, tu es avocat... » J'étais si soulagé que je n'ai pas pipé mot, et encore moins avoué que le texte était brûlé depuis plusieurs jours.

« Alex » est alors parti, sans me fixer de nouveau rendez-vous, et je l'ai perdu de vue. Au cours de l'été, dans le courant du mois de juillet, selon mes souvenirs, je sortais un jour de mon bureau quand je l'ai revu. « Alex », habillé de façon sport, portait un sac de camping plein à ras bord dans le dos, et attendait à un arrêt de bus. Je me suis approché pour le saluer, mais il a fait celui qui ne me voyait pas et quand je suis arrivé près de lui, il m'a, d'un signe impératif de la main, demandé de m'éloigner. J'ai obéi sans plus chercher à comprendre.

L. G. – Qu'avez-vous pensé lors de l'attentat de l'avenue de La Bourdonnais, survenu si peu de temps après, le 22 août 1982, et encore revendiqué par les FARL?

J.-P. M. – Après l'attentat, et les deux morts – deux artificiers venus désarmer la bombe – qu'il avait causés, j'ai eu un mouvement de rage et de regret, me disant que peut-être j'aurais pu éviter le drame si j'avais gardé le contact avec « Alex », gagné progressivement sa confiance, et de ce fait connu les actions de son groupe. Je pensais encore que j'aurais pu, éventuellement, intervenir seul, sans prévenir les services officiels ou la police. Pas un instant, je n'ai douté que la revendication était fausse, et j'imaginais « Alex » et les FARL la diffusant désormais par leurs propres moyens. Je n'ai même pas pensé une seconde qu'il s'agissait peut-être d'un autre attentat que celui que j'avais été chargé de revendiquer, puisque c'était le premier attentat perpétré au nom des FARL depuis les quelques semaines où je n'avais plus vu « Alex ». Mais en même temps, j'étais soulagé de ne plus avoir de contact et de m'être tiré au mieux d'une histoire qui m'avait mis en relation avec le terrorisme.

Du reste, « Alex » avait toujours la possibilité de revenir, nous ne nous étions pas quittés fâchés. Il ne m'avait même pas demandé le silence sur nos entretiens, comme s'il était évident que, pour lui, je ne parlerais pas. En fait, je ne m'attendais pas à le revoir. Écœuré de ce qui s'était passé avenue de La Bourdonnais, je me suis retiré de la défense d'Hamami la veille de l'audience, où il a, du reste, été relaxé. Comme si, par dépit de mon inefficacité, je ne voulais plus rien avoir à faire avec ce type de militants.

L. G. – Vous aviez quand même suivi l'affaire Hamami et donc celle de la cache d'armes de la rue du Borrego tout au long de l'instruction?

J.-P. M. – Oui. Comme « Alex » me l'avait demandé, j'avais fait passer un message en détention à Hamami, en citant le nom de « Georges ». Cela avait eu un effet immédiat, et j'avais rejoint aussitôt les autres avocats qui assuraient sa défense. Hamami ne m'a pas paru d'un niveau intellectuel, ni même politique, transcendant. Je le surnommais le « distributeur de tracts ». Il refusait de parler au juge d'instruction, mais je lui avais plutôt conseillé d'entreprendre le magistrat sur la Palestine et sur le Proche-Orient en général, sujet favori de tous les « révolutionnaires ». Cela peut paraître dérisoire, mais la méthode avait marché, d'autant qu'il n'y avait aucune preuve matérielle contre Hamami. Celui-ci m'avait aussi paru très immature : il avait été placé en détention avec un autre de mes clients, un braqueur qui avait déjà comparu à plusieurs reprises en cour d'assises. Les deux hommes s'étaient bagarrés. Hamami avait pris un coup de tabouret sur la tête et il était allé se plaindre comme un petit garçon au directeur de la prison, comme s'il voulait que l'autre détenu soit sanctionné, puni d'un séjour au « mitard ».

Je ne sais pas si j'étais très content de moi. Toujours est-il que la veille de l'audience où le tribunal correctionnel devait le juger, je suis allé le voir pour lui expliquer que j'avais fait mon travail, mais que cette histoire ne m'intéressait plus, que je n'étais pas d'accord avec sa ligne politique, son système de défense, et que je ne plaiderais pas pour lui, d'autant qu'il avait d'autres avocats.

Il y a eu du reste un épisode assez curieux, qui m'est arrivé pendant l'instruction de cette affaire, et qui est aussi survenu à l'un des avocats d'Hamami peu après : les freins avant de nos deux motos ont lâché alors que nous roulions tranquillement en ville, à quelques jours d'intervalle. Selon mon garagiste, cela ressemblait bel et bien à un sabotage.

Cet incident, intervenu bien avant l'audience de jugement, n'a eu aucune influence sur moi. Je ne savais pas, à l'époque, si Hamami serait relaxé, et là encore, je n'ai pas cherché à renouer avec « Alex » à travers Hamami, une fois celui-ci libéré. Et je l'ai perdu de vue – même si certains policiers ont reparlé récemment de son possible rôle dans la fusillade de l'avenue Trudaine – comme j'avais abandonné tout contact avec Oriach et, bien sûr, avec « Alex ».

Car je n'ai plus revu personne... jusqu'à l'arrestation d'Oriach, à nouveau, vers la fin de l'année 1982. Il m'avait désigné, dès sa première comparution devant le juge d'instruction, pour assurer sa défense, mais cette fois sur le plan politique. Il m'avait écrit pour m'annoncer cette « bonne » nouvelle et me demander de lui rendre visite. Je n'en ai rien fait, refusant de le défendre et jouant le mort. Quelque temps après, un groupe d'inconnus s'est présenté à mon cabinet, emmené par Régis Schleicher, une des « têtes » supposées d'Action directe après Jean-Marc Rouillan et Nathalie Ménigon. Je ne connaissais pas Schleicher, qui vient de passer – brièvement – devant la cour d'assises de Paris pour le meurtre de deux policiers, le 31 mai 1983, dans la fusillade de l'avenue Trudaine. Il s'est présenté lui-même, avec arrogance, un peu comme s'il m'annonçait qu'il était le pape. Il m'a donné une lettre à transmettre à Oriach. J'ai eu une réaction assez violente, ne voulant plus rien avoir à faire avec cette sorte de gens, et je les ai tous fichus à la porte. Je commençais à savoir me débarrasser du terrorisme.

2.

UN REVENANT

Tu m'avais laissé en plan, avec cette revendication pleine de blancs. Oh, ma première réaction était sûrement la bonne : tout déchirer et brûler les bouts de papiers épars, comme pour exorciser la panique que tu m'avais causée. Petit garçon, j'avais tenté de te saluer en te revoyant par hasard, mais le grand conspirateur était toujours aussi impératif, et un simple froncement de tes sourcils m'avait arrêté.

Ah, si je te revoyais... Il y a déjà deux morts entre nous, deux morts qui ne comptent peut-être pas pour toi, deux artificiers de la préfecture, presque des flics. Mais deux morts dont tu me dois compte, ou plutôt deux vies que je n'ai pas su te soustraire. Car c'est toi, je le sens. Mais est-ce toi? Je ne sais. Aurais-je pu seulement intervenir? Avec tes mots habitués à ordonner, sans rien expliquer, m'aurais-tu tenu encore à l'écart, au moment décisif, parce que mon métier, « révolutionnairement utile », m'excluait de toute opération sur le terrain?

Reviens, Alex, reviens. Montre-moi le bout de ta barbe, et je te jure que je m'y accrocherai. Comme une teigne, un tic, un parasite avec lequel tu apprendras à vivre, à penser à haute voix. Je me ferai humble, dévoué, silencieux, mais je serai là. Est-ce que je te hais? Mais non, même pas. Tu m'as fasciné, c'est vrai. Tu venais du bout du monde, ou peu s'en faut, ta vie semblait un mystère et tes camarades des ombres. Un livre de politique ou d'économie à la main, tu télécommandais d'un gant de fer une machine infernale. Et si j'y mettais un doigt, ma tête, mon corps, pour l'enrayer? Tes précis marxistes ne te suffisaient pas pour agir, je savais déjà que mon code pénal ne me serait pas d'une plus grande utilité. Mais petit livre rouge contre petit livre rouge, à tout prendre je préfère le mien. Venge-t-on une injustice par une autre injustice, répare-t-on le malheur des uns en semant le malheur chez les autres? L'humiliation de tes frères ne s'apaisera pas par la mutilation des miens. Je m'y emploierai. Et sans demander la moindre garantie.

Jean-Paul Mazurier. – L'été 1984, je passais le mois de juillet à la campagne, chez mes parents. J'étais convalescent après un accident de moto. L'actualité n'était pas axée sur le terrorisme, même si la presse en parlait par intermittence. Les FARL n'avaient pas réapparu depuis 1982, avant de revendiquer un attentat contre le consul américain à Strasbourg, une tentative d'assassinat, le 26 mars 1984. Je songeais encore à « Alex », de temps en temps. Je commençais surtout à m'ennuyer et je revins en milieu de semaine à Paris, pour lire mon courrier au cabinet. Là, le téléphone sonna.

« Allô? Maître Mazurier? Pouvons-nous encore compter sur vous? »

J'avais instantanément reconnu la voix d'« Alex », qui raccrocha très vite, me disant qu'il viendrait me voir après que j'eus acquiescé. Enfin, le contact était renoué. Cela signifiait que des événements se préparaient, que je pouvais y être une nouvelle fois mêlé, même de loin, et qu'il fallait agir.

Laurent Gally. – Votre retour à Paris ressemble à un pressentiment.

J.-P. M. – Cette histoire me taraudait depuis deux ans, et je ne cessais de regretter de n'avoir pas su mieux agir. Cette fois, je réfléchis pendant une journée, me sachant seul et désarmé pour prévenir, de mon cabinet, toute nouvelle tentative terroriste.

Le lendemain, j'appelai le Palais de Justice et demandai un

juge d'instruction en qui j'avais confiance. Je tombai sur son greffier, en fait son assistant, qui me précisa que le juge était en vacances mais qu'il pouvait lui faire passer un message. Je lui dis que le juge serait assez aimable de me rappeler, à mon cabinet, pour un problème très important. Le magistrat me téléphona quelques heures plus tard.

« Mes respects, monsieur le premier juge. Merci de me rappeler. Il m'est difficile de parler par téléphone, mais j'ai le sentiment qu'il risque d'arriver des choses graves, et que l'on pourrait prévenir. Je ne sais pas trop quoi faire. Peut-être devrais-je avoir un contact avec les autorités concernées. »

Le juge ne fit aucun commentaire, m'assurant simplement qu'il allait réfléchir et qu'il me rappellerait.

L. G. – Est-ce habituel, pour un avocat, de se confier ainsi à un juge d'instruction, avec qui il n'a été face à face que pour tel ou tel dossier?

J.-P. M. – L'avocat n'est pas l'ennemi des juges d'instruction et réciproquement, même si chacun a des intérêts divergents et parfois contradictoires. Cela n'empêche pas de s'apprécier, d'être sensible à la franchise ou la loyauté avec lesquelles sont menés une procédure ou des interrogatoires. Je connaissais ce magistrat depuis pas mal de temps et je savais qu'il ferait le nécessaire. Je n'attendis guère : le lendemain matin, le juge me téléphona, très tôt, à mon domicile.

« Je vous réveille? »

En fait, je n'avais pas dormi, trop tendu à la suite de ma démarche, en rupture avec mon rôle d'avocat.

« Je vous ai obtenu un rendez-vous, en début d'après-midi, au ministère de la Sécurité. Vous y êtes attendu par un collaborateur direct de M. Joseph Franceschi. Vous lui exposerez vos craintes et vos informations. Mon rôle s'arrête là. »

A 14 heures, j'étais rue des Saussaies, dans le bureau d'un des bras droits du ministre. Je ne lui dis pas grand-chose de constructif, évitant même de lui parler d'« Alex », parce que si je connaissais et appréciais le juge d'instruction que j'avais contacté, je me retrouvais ici face à un haut fonctionnaire. Celui-ci risquait de juger d'un sale œil l'épisode de la revendication confiée par « Alex », voire d'estimer que j'avais été complice, au moins par mon silence, d'un groupe qui jusque-là avait agi en toute impunité. Je me présentai surtout comme un avocat de militants extrémistes, dont Oriach et Hamami, et lui fis part, assez maladroitement, de mon désir de m'engager dans la prévention du terrorisme. Je lui offris même de quitter mon métier d'avocat, le mot « indicateur » me faisant horreur. Je n'entendais dénoncer personne, mais empêcher la préparation d'un nouvel attentat.

L. G. – Ce fonctionnaire a dû être perplexe, sinon méfiant, face à votre démarche pour le moins inhabituelle. Si vous ne vouliez pas lui expliquer grand-chose, cela pouvait-il déboucher sur un résultat?

J.-P. M. – Mon discours embarrassé le laissa visiblement sceptique. Il devait me prendre pour un illuminé, et m'assura simplement qu'il retenait ma proposition et aviserait très vite. Je rentrai au cabinet, dépité. Le lendemain, les journaux annonçaient à la une la disparition du ministère de la Sécurité en tant qu'organisme gouvernemental autonome! Je laissai tomber mon idée, ne voulant pas retourner faire une deuxième démarche, au ministère de l'Intérieur, cette fois. Rien ne suivit mon entrevue rue des Saussaies, sinon la visite de deux policiers en civil qui vinrent interroger ma concierge pour la traditionnelle enquête de personnalité à laquelle sont soumis nombre de candidats fonctionnaires! Je ris de cette approche, abandonnant l'idée de travailler avec des gens qui se fiaient à des méthodes aussi dépassées, compte tenu de l'enjeu.

« Alex » ne se manifesta plus pendant plusieurs semaines, et je repris mon métier d'avocat, sans entrain. Le téléphone que j'attendais jour après jour, et que je redoutais en même temps, survint à la mi-août, un samedi matin.

« Allô, maître Mazurier?... Tu me reconnais? Je voudrais passer, c'est urgent. Cet après-midi? »

« Alex » zigzaguait entre le tu et le vous, et moi, le combiné à l'oreille, je dus me décider en un éclair. J'étais toujours seul, sans le moindre contact, mais j'avais cette fois le sentiment qu'il se remettait entre mes mains. J'y pensais depuis deux ans, mais c'est presque instinctivement que j'acquiesçai à sa proposition.

L. G. – Toujours votre tempérament de joueur, qui dit banco à ce qu'il n'a pas su maîtriser la première fois?

J.-P. M. – Là, je ne m'engageais pas à corps perdu. Si j'acceptais de le recevoir, c'est parce que j'étais déterminé à ne plus le lâcher, quitte à ne pas agir seul. Je ne savais pas encore comment, mais je devais d'abord regagner sa confiance, savoir ce qu'il mijotait, et au bout du compte peut-être sauver des vies humaines. Je n'avais toujours pas le moindre attrait pour les thèses terroristes et la logorrhée révolutionnaire.

« Alex » n'avait pas changé physiquement : toujours bien mis, et ce même regard, de feu et de glace.

« Tu vas bien, depuis tout ce temps? J'ai besoin de toi. Un camarade a été arrêté, il y a dix jours, en Italie. Je voudrais que tu ailles le voir, pas pour assurer sa défense, c'est trop tôt, mais pour lui remettre un message. Il ne parle ni français ni anglais, j'aimerais que tu le rassures. Simplement. »

Une fois de plus, je débarquais dans une histoire dont je ne savais rien. Que s'était-il passé en Italie? « Alex » me mit au courant, pour une fois en détail : un nommé el-Mansouri avait été appréhendé dans un train, près de Trieste, avec des explosifs, et était détenu dans cette ville. « Alex » le désignait comme un « lionceau » et m'expliqua que tous les jeunes militants palestiniens qui n'avaient pas assez de poil au menton pour porter la barbe étaient désignés par ce même terme.

Pour la première fois, « Alex », qui me semblait plus détendu que lors de nos rencontres précédentes, rit à plusieurs reprises en me racontant les circonstances de cette arrestation. Mansouri se trouvait dans l'express Ljubljana-Paris, assis dans son compartiment, quand son vis-à-vis voulut entamer la conversation. Mansouri restait de marbre, et pour je ne sais quelle raison, le voyageur ressentit son attitude comme une insulte. Le ton monta, ou plutôt les gestes, et les deux hommes en vinrent aux mains. Je ne savais pas à l'époque que Mansouri avait quinze ans, mais l'autre était visiblement plus costaud que lui et entreprit de le virer du compartiment, avec ses bagages. Le contrôleur, alerté par l'échauffourée, inspecta les affaires des deux trublions et découvrit les sept pains d'explosif que Mansouri transportait enveloppés, chacun dans un pantalon. D'où son arrestation.

L. G. – L'anecdote vaut ce qu'elle vaut. Mais comment « Alex » le savait-il?

J.-P. M. – Je me suis, bien sûr, posé la question, mais je ne lui ai rien demandé, fidèle à ma technique de le laisser venir. J'apprendrai plus tard, par le dossier judiciaire, que Mansouri ne voyageait pas seul. Il avait logé dans un hôtel yougoslave – on a retrouvé sa fiche – puis pris le train en compagnie de Daher Ferial, une Libanaise qui appartient, elle aussi, selon les enquêteurs, aux FARL. Je me retrouvais donc, dès cette nouvelle entrevue avec « Alex », au centre de ce groupe révolutionnaire, et il me chargeait d'aller réconforter l'un de ses membres. Selon les policiers, Daher Ferial voyageait probablement dans le compartiment voisin de celui de Mansouri, pour des raisons de sécurité. Elle a pu voir l'arrestation de son camarade et profiter du détour par Rome prévu sur leurs deux billets pour alerter « Alex ».

L. G. – Le scénario de cette arrestation est quand même rocambolesque. Ne pourrait-il pas avoir été l'œuvre de services spéciaux ?

J.-P. M. – C'est une hypothèse plausible, mais invérifiable. J'apprendrai ensuite, et toujours par les dossiers judiciaires, que le Mossad, le service secret israélien, était depuis des années sur la trace des FARL et qu'il pourrait avoir été à l'origine de l'arrestation. Mais je n'exclus pas non plus le hasard, mécanisme qui fait souvent le plus avancer les enquêtes délicates, quoi qu'en disent les policiers par la suite. « Alex » penchait évidemment pour cette seule explication, sinon il n'aurait pas été aussi hilare en me racontant l'« incident ».

L. G. – Le fait que Mansouri transportait lui-même sept kilos d'explosifs contredit la thèse, souvent avancée par des spécialistes de la lutte antiterroriste, que les armes et les explosifs servant à de futurs attentats pourraient voyager très officiellement, dans certaines « valises diplomatiques », c'est-à-dire par le truchement d'ambassades de pays intéressés.

J.-P. M. – Oui, et d'après ce que je sais, les membres des FARL se chargeaient eux-mêmes d'acheminer les armes dont ils pensaient avoir besoin. « Alex » me racontera même que les camarades les amenaient par pièces détachées, et il m'a parlé à ce propos de lance-roquettes. Cela ne contredit pas forcément la thèse du rôle des ambassades, qui peut être parallèle, mais je n'ai aucun élément d'appréciation. Simplement, l'explosif que transportait Mansouri était du Semtex, d'origine tchécoslovaque, un explosif très répandu puisque retrouvé pratiquement sur les lieux de chaque attentat en France depuis 1981.

L. G. - Quelle mission vous a confiée alors « Alex »?

J.-P. M. - Il m'a chargé de me « débrouiller » - c'était l'un de ses mots favoris - pour aller à Trieste prendre contact avec Mansouri. Il usait habilement et de mon statut d'avocat, qui devait me permettre de demander un permis de visite, et de ma position supposée de militant. Je n'allais pas assurer la défense de Mansouri, mais lui porter un message de soutien d'« Alex » et, à travers lui, du groupe tout entier. Nous devions nous revoir pour qu'il me donne l'argent du voyage et du séjour prévisible à Trieste, ainsi que le message. Mais j'avais en tête, et encore plus qu'auparavant, l'idée d'alerter les autorités, un terme vague auquel je devais encore réfléchir, au regard de ma première expérience.

« Alex » est revenu me voir deux ou trois jours après, sans que j'aie résolu mon problème. Il m'a remis 700 dollars et m'a demandé un reçu à sa façon : j'ai dû écrire le chiffre 7 sur un bout de papier blanc, sans même signer! Je lui avais demandé 10 000 francs, ce qui correspondait au prix d'un billet d'avion et des frais de séjour d'une semaine à Trieste, plus le manque à gagner professionnel que représentait mon absence de Paris. Mais « Alex » m'assura que les « camarades » avaient fixé collectivement mon dédommagement! Il me remit aussi un petit carré de papier, écrit en arabe, quatre ou cinq mots, pas plus, et me recommanda de montrer par gestes au « lionceau » que je venais en « frère ». Mansouri devait signer ce billet pour qu'« Alex » puisse contrôler que je m'étais acquitté de ma mission.

Dès qu'il m'eut quitté, je me rendis au Palais de Justice revoir le magistrat qui m'avait écouté précédemment. Je lui racontai toute l'histoire, sans rien omettre.

« Je ne fais ce voyage à Trieste que pour obtenir des renseignements utilisables. Il n'est pas question pour moi de prendre en charge, comme avocat, la défense d'el-Mansouri et de devenir l'avocat des FARL. Si les autorités ne prennent pas une décision quant à mon rôle futur, avec la confiance que cela implique, je me retirerai de cette affaire dès mon retour. »

Le magistrat me semblait rester sceptique. Il ne prenait aucune note et m'assura qu'il aviserait.

L. G. – Vous aviez une idée plus précise sur votre rôle possible?

J.-P. M. – Même pas. Je suis parti pour Trieste à l'aventure. J'avais l'impression d'être un passeur, avec le billet d'« Alex » dans mon portefeuille, comme si je transportais des explosifs. Le voyage fut banal, hormis un détour obligé par Venise, que je découvrai et qui me stupéfia par sa beauté et me fit oublier un instant mon angoisse. A Trieste, je choisis un hôtel central, à côté de la gare et proche du palais de justice. J'entrai en contact dès le lendemain matin avec le procureur, en lui racontant, en anglais, une fable larmoyante : jeune avocat français, j'avais eu la visite dans mon cabinet parisien de parents éplorés, qui m'avaient indiqué que leur fils avait été arrêté à Trieste. Ils ne savaient rien de l'affaire et m'avaient supplié d'intervenir parce qu'ils ne connaissaient personne en Italie. Je venais donc aux nouvelles, en voyage d'information.

Le magistrat me délivra un permis de visite valable une seule fois. Mais je ne pus me rendre à la prison dans l'après-midi, celle-ci fermant ses portes dès 14 heures! Je tuai le temps jusqu'au lendemain, non sans avoir repéré, dans la pizzeria où je me restaurais, des « têtes » qui me semblaient bizarres.

L. G. – Vous étiez surveillé, suivi?

J.-P. M. – Je ne me le suis pas dit sur le moment, mais cela m'a mis en éveil. Je n'en aurai la certitude que le lendemain, en sortant de la prison. Mon entrevue avec Mansouri avait été très courte, et quand je suis ressorti, plongé dans mes pensées, j'ai vaguement entendu une moto qui démarrait. J'ai tourné machinalement la tête : l'engin fonçait sur moi, a fait un écart au dernier moment alors que j'étais immobile et presque tétanisé. Le passager de la moto m'a braqué avec un revolver, avant de disparaître à pleine vitesse. Ce n'était, bien sûr, qu'une mesure d'intimidation, puisqu'il n'a pas tiré, mais j'ai cru sur le moment qu'il avait tenté de m'assassiner. J'étais téméraire et non pas courageux, ce qui fait que je n'ai même pas songé à abandonner l'affaire.

L. G. – Et l'entrevue avec Mansouri?

J.-P. M. – Je l'ai rencontré au parloir de la prison, dans une pièce où les gardiens ne nous surveillaient pas directement. Je n'avais pas été fouillé, dès l'instant où j'avais exhibé mon permis de visite, et l'on s'était contenté de me demander si je n'avais pas d'armes. Un gardien me montra, tout heureux de parler français, la pièce centrale de contrôle de la prison, d'où les autorités pouvaient surveiller sur des écrans vidéo chaque corridor, chaque entrée, et notamment le parloir. Quand le gardien a introduit Mansouri, j'ai été frappé par son extrême jeunesse. C'était vraiment un gamin, mais son regard était très méfiant. On l'avait sorti de la cellule où il était placé à l'isolement, sans le moindre contact humain, et je me suis rendu compte qu'il me fallait l'apprivoiser. J'ai fait le V de la victoire discrètement, la main sur ma poitrine, et son visage s'est légèrement éclairé. Nous nous sommes assis, je ne lui ai pas parlé puisqu'il ne comprenait que l'arabe, et j'ai fouillé dans ma sacoche, sortant un dossier pour détourner l'attention tandis que je lui glissais dans la main le message de Georges. Il me donna l'impression de lire et relire les quelques mots qui le reliaient de nouveau à l'extérieur, et il se redressa, son visage s'épanouissant comme si le bon Dieu lui faisait personnellement signe. Je lui fis comprendre par gestes qu'il devait signer le message. Il griffonna en français « Abdallah ». Je lus ce mot, sans comprendre. Depuis, la presse a avancé que Mansouri était peut-être l'un des jeunes frères d'« Alex-Georges » Ibrahim Abdallah. Mais j'ignorais alors l'identité de celui qui n'était pour moi qu'« Alex », et je pensais que Mansouri avait signé de son seul prénom, celui d'Abdallah étant très courant en arabe, un peu comme Michel ou Jean en français.

L. G. – Abdallah, à cette époque, ne signifie rien pour personne?

J.-P. M. – Non, ni pour moi ni pour personne, sauf peut-être pour certains services secrets, comme les hommes à la moto. Je quittai Mansouri au bout de cinq minutes à peine et il leva la main vers moi, que j'étreignis en lui tapant dans la paume avant de serrer sa main, les doigts vers le haut, comme s'il s'agissait de montrer qu'un courant passait entre nous. C'était à la fois un salut et un geste de fraternité, de complicité. Dans un italien sommaire, Mansouri me demanda de revenir le lendemain, ce que j'étais incapable de faire, avec mon permis de visite qui n'était valable qu'une seule fois. Je ne pus lui faire comprendre la situation, et je ne retournai pas voir les magistrats italiens, ma mission étant accomplie.

En sortant, avant que l'épisode de la moto ne survienne, je me sentais peu fier de moi. Mansouri était un enfant, je l'avais abusé parce qu'il croyait retrouver un camarade, un ami, alors que j'avais un tout autre état d'esprit. J'avais un billet d'avion à date fixe, inchangeable vu mes finances, et encore trois jours à perdre à Trieste avant de pouvoir regagner Paris. Je ne voulais pas revoir Mansouri, n'ayant rien de précis à lui dire, sans permis de communiquer, et inquiet de ce que les gardiens avaient pu remarquer sur leurs écrans de contrôle.

L. G. – Les magistrats italiens ne s'attendaient-ils pas à ce que Mansouri vous désigne comme son défenseur?

J.-P. M. – Probablement, mais je ne les ai plus revus. Et le procureur de Trieste s'en étonnera, estimant que je l'avais dupé et le notifiant par écrit à sa hiérarchie, quand l'affaire prendra ses véritables proportions.

Je ne fis pas grand-chose de mes journées, sentant l'atmosphère s'alourdir autour de moi, avec des personnages qui me semblaient se relayer pour s'asseoir non loin de moi, chaque fois que je m'attablais dans un restaurant ou un café. Ces gens portaient la plupart du temps des parkas de toile, de type militaire, ce qui me semblait étrange vu la chaleur ambiante, et des barbes. Un soir, je commandai un taxi pour aller dans une boîte de nuit, et mon chauffeur remarqua que nous étions suivis. Je ne fis aucun commentaire, mais je lui demandai de revenir me chercher à minuit pour me reconduire à l'hôtel. Je passai deux heures à me détendre, sans penser à rien. A l'heure dite, pas de taxi. J'attendis quelques minutes, quand je vis enfin ce que je croyais être mon taxi. Il me fit des appels de phare, sans que je l'appelle, et fonça sur moi! Cette fois, si je n'avais pas fait un saut en arrière, j'aurais été renversé. Là aussi, j'avais agi par réflexe. L'air de Trieste devenait décidément irrespirable.

L. G. – A qui attribuiez-vous ces mesures d'intimidation musclée?

J.-P. M. – Aux services secrets israéliens. « Alex » m'avait prévenu des dangers que je pouvais courir à l'étranger. En France, selon lui, je ne risquais pas grand-chose, protégé par mon statut d'avocat. « Alex » savait que le Mossad était à ses trousses et puisqu'il venait me voir au cabinet, les Israéliens ne pouvaient que s'interroger sur mon rôle exact.

Je suis rentré à Paris un dimanche. En m'accueillant, ma compagne me fit part des rendez-vous qui m'attendaient, dont celui d'un certain David Besnard, qui désirait me voir de toute urgence. J'avais autre chose en tête, et avant même de recevoir la visite d' « Alex », je me rendis au Palais de Justice pour raconter ma semaine italienne au juge d'instruction qui était devenu mon confident. Le magistrat m'écouta, sans faire de commentaires, toujours sans prendre de notes. J'étais un peu dérouté par son attitude : je pensais manier une bombe à retardement, et il semblait impassible. Aucun rendez-vous ne fut programmé, il ne me proposa rien. Il me restait à voir « Alex », à l'heure et au jour que celui-ci choisirait, comme d'habitude.

En sortant de chez le juge, je retournai à mon cabinet pour expédier les affaires courantes. Je n'avais rendez-vous qu'à 18 heures, avec ce M. Besnard. Celui-ci fut ponctuel. Je l'introduisis dans mon bureau.

« Maître, pouvons-nous parler? »

Je faillis rire, entendant la même phrase qu'avait prononcée « Alex » deux ans auparavant. Je savais déjà que ce client ne venait pas pour une affaire de divorce, comme il l'avait prétendu en prenant rendez-vous.

« Je n'irai pas par quatre chemins. Je représente les services spéciaux français. Nous savons que vous venez de Trieste, et qui vous y avez rencontré. Je pourrais détailler heure par heure votre emploi du temps là-bas. Voulez-vous collaborer avec nous? »

L. G. – Vous ne vous y attendiez donc pas, entre votre entrevue au ministère de la Sécurité et vos incessantes confidences chez le juge?

J.-P. M. – A vrai dire, je désespérais d'obtenir un contact utile pour la suite de l'affaire. Mais là, brusquement, c'était la franchise, et totale. Que savait cet homme de mes démarches préalables? Tout, mais je ne l'apprendrai que bien plus tard. M. Besnard jouait sur du velours. Moi, le mot de collaboration me hérissait, avec ses connotations historiques. Pourtant j'avais envie de lui sauter au cou, de soulagement, maintenant que mon attente prenait fin. Et je me jetai à l'eau. Je racontai tout ce que je savais, depuis 1982. En bloc, sans la moindre précaution chronologique ou oratoire, comme si je me vidais. Mon interlocuteur m'écoutait en prenant des notes, me posant des questions et faisant des commentaires. Il paraissait étonné.

« Ces gens ont agi sans que nous puissions les contrer, ni même les connaître. Vos informations sont très " pointues ". Nous tenons enfin une piste. »

Au beau milieu de la conversation, ma ligne directe sonna. C'était Georges.

« Allô, tu es de retour? Tu travailles? Je peux passer? »

Je ne m'attendais pas à ce qu'il me contacte si vite, lui qui m'avait appelé une fois à l'hôtel, à Trieste, et qui savait donc que tout s'était bien passé avec le « petit ». J'étais interdit, à moitié paralysé de trac.

« Non, ne passe pas, je suis en rendez-vous, je n'ai pas le temps ce soir. Viens demain. »

Je raccrochai, tremblant. Deux univers ennemis se dressaient, face à moi. Mon cabinet se transformait en un huis clos qui pouvait tourner au drame. La conversation avec M. Besnard se prolongea pendant une heure environ, puis il me laissa en m'assurant qu'il reviendrait me voir le lendemain, mais sans me laisser la possibilité de le contacter.

L. G. – Vous avait-il donné la moindre garantie?

J.-P. M. – Non, et une fois seul, j'eus des sueurs froides en revivant la scène. Je ne savais rien de cet homme dont l'identité était sûrement un pseudonyme, lui qui m'avait assuré que son prénom était « Damien », encore un pseudo, probablement. J'avais un besoin désespéré d'un conseil. Je passai la nuit dans l'excitation la plus totale et fonçai à la première heure dans le bureau du juge devenu mon mentor. Celui-ci me réserva un accueil glacial.

« Vous êtes d'une imprudence folle. Qui vous dit que cet homme n'est pas un membre des FARL, un camarade d' " Alex " venu vous éprouver? Et si vous vous étiez grillé? N'êtes-vous pas tombé dans un piège grossier? Si vous devez revoir cet homme dans la journée, demandez-lui des preuves de son appartenance à la DGSE. »

Plus angoissé que jamais, je retournai à mon cabinet et descendis une bouteille entière de whisky sans parvenir à me calmer. Je me lamentais devant ma secrétaire : « On va me tuer, on va me tuer... »

Par chance, « Alex » ne vint pas, contrairement à ce qui était prévu. Mon état d'ébriété et d'angoisse confinait au délire. M. Besnard me téléphona dans la soirée, me donnant rendez-vous dans un café. Je le vis seul et je lui racontai, comme un enfant buté, toute mon entrevue avec le juge, dans la matinée. Puis je me tus. Il essaya de me calmer, de me convaincre, mais comment me prouver qu'il appartenait à la Piscine? Aucune carte barrée de tricolore, aucun badge n'en attestant, bien évidemment. J'étais entre ses mains, lui ayant tout raconté, et j'étais condamné à lui faire confiance, ne pouvant revenir en arrière. Rien de constructif ne sortit de cet entretien et nous avons décidé de nous revoir, le lendemain.

Ce fut « Alex » que je vis le premier. Il se présenta au cabinet, de bonne humeur : il semblait fier de l'efficacité de son nouveau militant-juriste. Il scruta la signature de Mansouri, apparemment étonné d'y trouver le mot d'« Abdallah ». Il me fit raconter l'essentiel de mon voyage. Je lui fis part des « incidents » de la moto et du taxi, ce qui le fit rire. Puis il changea de registre, devenant soudain grave.

« Tu sais, il faut maintenant que tu ailles voir Oriach en prison. Avec mes camarades, nous envisageons une opération d'envergure, comme personne n'en a vu jusqu'alors. Du moins dans les pays occidentaux. Elle a été réalisée une fois, ailleurs, et avec succès. Là, nous voulons obtenir les libérations du " petit " et d'Oriach, mais aussi d'autres camarades. »

Il me cita des noms qui ne me dirent rien, des Italiens, des Allemands, et le militant japonais condamné pour le massacre perpétré sur l'aéroport israélien de Lod.

« Les États concernés n'accepteront pas tous nos exigences, nous le savons déjà, mais nous refuserons tout compromis, toute satisfaction partielle de nos objectifs. Les camarades seront libérés tous ensemble, et si les États s'y refusent, nous avons programmé une seconde opération encore plus décisive. »

L'information était de taille, et je ne me hasardai pas à demander la moindre précision. Je savais qu'Oriach avait été condamné à cinq ans de prison, pratiquement pour délit d'opinion, puisqu'il avait approuvé plusieurs attentats revendiqués par Action directe, après avoir déjà soutenu les FARL en 1982.

L. G. – A chaque nouvelle étape, il semble que vous-même, mais aussi « Alex » sinon ce « Damien » qui ne vous connaît guère, avancez en vous découvrant, de façon abrupte. Est-ce de la naïveté ?

J.-P. M. – Ni « Alex », ni « Damien », ni moi n'avions le choix. Je crois que, pour la Piscine, je représentais une occasion inespérée, à l'époque, d'infiltrer les FARL. « Alex » m'avait lâché en 1982 sans que je manifeste ouvertement de réserves contre lui. S'il est revenu vers moi, c'est parce que j'étais probablement le seul qui puisse aller voir Mansouri. Quant à moi, assis entre deux chaises, j'ai commis d'autant plus d'imprudences que ma situation était inconfortable et que j'étais totalement seul et angoissé.

3.

BON POUR LE SERVICE

Je rentrai d'Italie un dimanche. J'avais accompli la mission confiée par « Alex », mais également celle que je m'étais moi-même fixée. J'avais fait ma part de travail. Aux autres de jouer maintenant. Jean-Paul Mazurier contre le Proche-Orient, cela suffisait.

Je retrouvai ma compagne, et ceux que j'aimais. Le soleil tapait dur ce jour-là à Paris. Tout allait bien, et j'étais pourtant gagné par une étrange sensation, qui me deviendra familière avec le temps. Je venais de faire quelque chose d'extraordinaire, car me sortant précisément de mon ordinaire. Et j'avais à nouveau devant moi une éternité d'ennui. Demain, cette semaine, les jours allaient s'aligner dans la routine de mon cabinet.

En huit jours, j'avais entrevu Venise, épuisé la carte locale des plats de pâtes, et aperçu le « lionceau ». Maigre bilan en apparence, qui avait suffi à ce que pas mal de gens se collent à mes semelles. Cela ne m'effrayait pas, les soldats allant au front partent souvent la fleur au fusil. Mais mon travail d'éclaireur était fini, si personne ne prenait le relais. Je ne voulais plus qu' « Alex » envahisse à tout moment mon bureau. J'attendais un autre client.

Jean-Paul Mazurier. – « Alex » m'avait fait part de cette opération dans la soirée. Il n'était pas parti depuis une heure que « Damien » lui succédait, dans le même fauteuil. J'étais hyper-excité, mais inquiet. « Alex » m'avait laissé entendre qu'à chacune de ses visites, plusieurs de ses « camarades » surveillaient les alentours de mon cabinet, pour être sûrs que la voie était libre. Je pense que ce dispositif était levé sitôt « Alex » parti. Quant aux mesures de sécurité du Service, « Damien » m'avait appris que la Piscine ne connaissant pas les FARL ou presque, mon immeuble ne serait pas surveillé dans un premier temps, pour ne pas attirer l'attention.

Face à lui, je voulais surtout qu'il me donne enfin des assurances. C'était notre troisième entrevue, et il m'avoua, un peu confus, qu'il s'était fait sermonner pour n'avoir pas su me mettre en confiance. Il me proposa alors de rencontrer certains de ses supérieurs dans un local de gendarmerie, pour authentifier le caractère officiel de ses fonctions.

Laurent Gally. – « Damien » pouvait tout aussi bien appartenir à la DST, le service de contre-espionnage qui agit à l'intérieur des frontières françaises!

J.-P. M. – Oui. Je déclinai sa proposition, la trouvant concluante sans avoir envie de la vivre. « Damien » me donna le téléphone du central de la Piscine, classé « secret défense », avec son numéro de poste personnel. J'essayai très vite ce numéro, quand il m'eut quitté, et je restai interdit en entendant le fond musical censé me faire patienter : c'était les premières phrases d'une vieille chanson de Nino Ferrer, *Le Sud*, aux paroles plutôt lénifiantes.

Mais je ne voyais pas « Damien » pour parler musique : une fois rassuré, je lui rapportai les propos d' « Alex ». Je précisai que l'opération projetée allait, selon celui-ci, viser notamment des intérêts français, pour justifier la demande de libération de Frédéric Oriach, mais qu'elle ne devait pas se dérouler dans notre pays. Nous nous sommes alors perdus en conjectures, essayant de prévoir la forme que pourrait prendre cette opération : détournement d'avion, attaque suicide contre des forces armées internationales au Liban, prise d'otage d'un ou de diplomates représentant les pays concernés, qui détenaient les prisonniers réclamés? Nous n'avions évidemment aucun élément de réponse.

Plutôt que de se lancer dans la politique-fiction, « Damien » voulut très vite rendre compte à sa hiérarchie des projets d' « Alex ». Il me croyait, visiblement, même si l'ampleur prévue du projet le laissait songeur.

L. G. – Vous apportez sur un plateau des informations inédites à la DGSE, aussitôt que vous êtes contacté. La mariée n'était-elle pas trop belle?

J.-P. M. – C'est vrai, mais « On » ne pouvait pas négliger des informations de cette importance. Bien sûr, la confiance ne s'établira pas d'un seul coup entre le Service et moi, et inversement. Loin de là. J'ai eu l'impression pendant plus de six mois que la suspicion demeurait à mon encontre. Presque à chaque contact, mon correspondant m'entreprenait, sur le thème : « Mais enfin, pourquoi bénéficies-tu d'une telle confiance de tous ces révolutionnaires? Ce ne peut pas être pour des raisons professionnelles! Tu n'as pas fait que les défendre, tu as dû les aider, de façon pratique. Tu peux nous le dire. Si c'est toi qui as revendiqué l'attentat de l'avenue de La Bourdonnais, nous passerons l'éponge. Le passé, c'est le passé. »

Je dus prouver ma bonne foi, en recherchant comment cet attentat avait été revendiqué, depuis la Grèce ou Beyrouth. Je comprenais la position du Service, mais ne l'admettais pas : après tout, j'étais dans une situation encore plus difficile, à devoir sans cesse donner des gages des deux côtés.

L. G. – Vous voyiez uniquement « Damien »?

J.-P. M. – Non, au bout de trois semaines, il sortira de mon existence. Il passa le relais à « Antoine », comme s'il n'était pas à la hauteur, compte tenu de la complexité croissante de l'affaire. En fait, le courant ne passait pas vraiment entre « Damien » et moi, alors que le contact fut immédiat avec « Antoine ». Je ne voyais que lui, sauf quand il était en mission et qu'il était remplacé par « Christian ». Je donne d'autant plus facilement tous ces prénoms qu'il s'agit de pseudonymes que ces hommes se choisissaient pour leur travail. Moi-même, je dus choisir un nom de code pour appeler le Service : j'optai, pour « Simon » en souvenir d'une chanson de Serge Reggiani : « Le temps, petit Simon, où tu m'arrivais à la taille, ça me semble encore tout à l'heure mais déjà tu m'arrives au cœur. Pour toi commence la bataille. Le temps, petit garçon, que je te fasse un peu l'école... » C'était un souvenir à la fois personnel et de circonstance.

L. G. – Il y a un côté « chevaleresque » dans un engagement à la Piscine?

J.-P. M. – Et pourquoi pas? Cela a surtout un aspect faustien : on entre dans le Service, mais on ne le quitte pas. C'est le Service qui vous quitte, ou qui vous met en sommeil, pour une durée indéterminée, avant de vous réactiver à sa guise. « Damien » m'avait expliqué ces règles lors de nos premières entrevues. Pour l'heure, j'étais uniquement obsédé par des problèmes pratiques : prévenir tout attentat, dans la mesure où « Alex » m'en donnerait l'occasion.

Le Service me demanda de me « débrouiller » – les tics de langage étaient les mêmes que ceux d' « Alex » – pour obtenir le plus de détails possible sur cette fameuse opération. Quand je revis « Alex », celui-ci mentionna le 15 octobre, mais peut-être pour me calmer et stopper les questions lancinantes que je lui posais, assez maladroitement.

« Il faut que je me prépare, que je n'aie pas de dossier important en cours qui m'impose des rendez-vous impératifs pendant et après l'opération. Je ne te demande pas où et comment elle se fera. Mais il faut que je sache quand elle aura lieu, pour me rendre disponible. »

Mes arguments tenaient la route, mais mon attitude était

certainement trop pressante. Je pris néanmoins cette date au sérieux, sans savoir si elle correspondait à une référence historique dans les événements du Proche-Orient ou dans la mémoire palestinienne. Le Service se préparera aussi pour le jour dit, se mettant sur le pied de guerre. Nous étions fin septembre ou début octobre 1985.

L. G. – Mais « Alex » n'envisageait aucun rôle précis pour vous à l'occasion de cette opération?

J.-P. M. – Non. Du reste, il devenait de plus en plus prudent. Nos rendez-vous ne se faisaient plus à mon bureau, et je devais le rejoindre, après chaque appel téléphonique, aux alentours d'une cabine publique, toujours la même, cinq minutes après qu'il eut raccroché. Je marchais cinquante mètres derrière lui, il suivait un trajet déterminé à l'avance, et nous nous retrouvions dans un café assez proche de mon cabinet. Ces précautions me semblaient assez dérisoires.

Si « Alex » ne mentionna plus l'opération du 15 octobre, il me brancha, toujours début octobre, sur une autre action. Son groupe, assura-t-il, détenait du « matériel stratégique » – en fait des armes – dans une de ses planques. Il voulait mettre à l'abri ces armes, très sophistiquées à l'en croire, et qui tenaient toutes dans une valise. « Alex » me précisa que les armes en question ne devaient pas servir à l'opération du 15 octobre, mais éventuellement à l'action suivante, qui doublerait la première en cas d'échec. Seulement, il tablait sur une telle « répression », c'est-à-dire une activité policière tous azimuts, après le 15 octobre, qu'il préférait cacher les armes dans la nature.

L. G. – Vous confiait-il la responsabilité de ces armes?

J.-P. M. – Oui. Cela me stupéfia, mais il ne me le proposa pas directement. Avant de mentionner l'existence de ce petit arsenal, « Alex » me dévisagea avec acuité.

« Mes camarades et moi, nous nous sommes aperçus que nous ne savons rien de toi. J'ai discuté un certain nombre de fois avec toi, mais je ne connais rien de ton passé. Et je veux que tu t'expliques. »

J'avais l'impression d'avoir face à moi un détecteur de mensonges. Je sentis que je jouais une partie décisive, et je lui rappelai d'abord, pour le rassurer, ma « disponibilité » en 1982 et mon silence depuis lors. Puis je lui parlai de ma famille, de manière assez banale, de ma vie privée, tout aussi normale, et de mon travail, que je critiquai pour son conservatisme social et son formalisme, tout en l'assurant – à mon tour – qu'il me permettait d'être « révolutionnairement utile ». Et de citer Oriach, Hamami, le voyage à Trieste, bref les missions dont « Alex » m'avait chargé et que j'avais effectuées.

Rétrospectivement, je crois qu'il ne cherchait pas à me coincer, mais plutôt à conforter les a priori favorables qu'il avait sur moi. Après tout, depuis 1982, une autre vague d'avocats « militants » s'était manifestée au Palais de Justice. Mais c'était moi qu'il était revenu voir. Et pendant trois heures d'affilée, je dus quand même réciter le catalogue des idées révolutionnaires, répondant à chaque question d' « Alex » par ce qu'il me suggérait de dire, dans l'énoncé même de ses demandes.

L. G. – A vous entendre, on en vient à douter du coefficient intellectuel d' « Alex ».

J.-P. M. – Non, il était supérieurement intelligent, mais il se trouvait déjà au milieu du gué : me soupçonner en cours de route l'aurait obligé à s'interroger sur lui-même et à reprendre de zéro ses contacts, sans la moindre garantie de succès. Il savait que je n'avais pas parlé. S'il avait des doutes, bizarrement, c'était plus parce qu'il redoutait que mon engagement révolutionnaire ne passe pas seulement par lui... et que je me serve des armes qu'il entendait me confier pour des opérations différentes, avec d'autres militants que j'aurais pu connaître. Cela peut paraître ahurissant, mais dans ces milieux, on passe autant de temps à se soupçonner qu'à se méfier du monde extérieur. Ce travers, je le retrouverai aussi à l'intérieur de la DGSE.

Une fois « Alex » rassuré, nous avons mis au point le déroulement de l'opération pour cacher les armes. Je n'avais pas de voiture. Il en prévoyait deux, une où nous devions nous trouver, lui et moi, pour ouvrir la route, et une autre, avec laquelle nous correspondrions par talkies-walkies, où seraient les « camarades » et le « matériel stratégique ». Mon rôle était de trouver la nouvelle cache des armes et de les garder. Ce jour-là, « Alex » ne me dit rien des planques de son groupe, m'assurant seulement qu'il en disposait de plusieurs, et de deux types différents : les caches temporaires, qui étaient évacuées tous les deux ou trois mois, et les planques permanentes, qui pouvaient dormir des années. Si c'était vrai, « Alex » disposait d'une logistique très importante.

L. G. – C'est contradictoire avec le cadeau royal qu'il vous fait, en vous donnant la responsabilité des armes. Pourquoi le groupe ne les a-t-il pas déménagées, sans vous, dans l'une de ses planques permanentes?

J.-P. M. – Il ne faut pas oublier l'opération annoncée pour le 15 octobre. « Alex » et ses camarades devaient y participer, à l'étranger. Il pensait sûrement m'appeler ensuite pour que je leur livre ces armes, utiles à la deuxième phase de l'action. « Alex » craignait peut-être aussi les inquisitions policières parce qu'aucune planque n'est totalement sûre, tandis que j'étais avocat, et pas l'avocat des FARL puisque je ne défendais pas Mansouri. Je pouvais donc transporter sans problèmes une valise où on me le demanderait, une fois les armes « déterrées ». « Alex » pensait peut-être aux « porteurs de valise » de la guerre d'Algérie!

Je décidai, avec lui, d' « inhumer » la valise d'armes... dans le jardin de la maison de campagne de mes parents. Ce qui dut le rassurer sur la modestie de mes moyens logistiques! Mais il était surtout embarrassé que je ne dispose pas d'un véhicule. Nous avons quand même fixé un itinéraire et un horaire : je devais être libre le week-end suivant et celui d'après. « Alex » passerait me prendre à mon cabinet. Je supposai donc que sa planque d'armes était parisienne, mais sans autre détail.

Je le quittai vers 22 heures, totalement épuisé. Mais je téléphonai aussitôt à la Piscine pour avertir mon correspondant de la tournure des événements. Rendez-vous fut pris pour le lendemain matin, à la première heure. Je voyais encore « Damien » à cette époque, et je lui fis un compte rendu aussi détaillé que possible de mes trois heures de discussions de la veille. Il voulut en référer à ses supérieurs, et nous devions nous revoir ensuite.

Comme d'habitude, « On » m'ordonna d'obéir à « Alex » et de faire ce qu'il me demandait. Mais je devais tenir ferme sur ma pauvreté : « Alex » m'avait demandé de me « débrouiller » pour disposer d'une voiture, et le Service de me « débrouiller » pour lui expliquer que cela m'était impossible. « On » voulait qu' « Alex » se découvre, loue une voiture et dépose une carte de crédit, donne une identité à l'agence de location. Pour les armes, « Damien » me garantit que le trajet serait libre, « ouvert » mais évidemment surveillé.

Je me sentis très mal : comment « Alex » croirait-il que je n'avais pas le moindre ami susceptible de me prêter sa voiture pour une journée et pas de carte de crédit pour en louer une? Quant à la DGSE, je n'avais pas non plus confiance : et si elle arrêtait le convoi au cours de notre périple de 400 kilomètres, quelle aubaine pour le Service, quels titres pour les journaux! Difficile d'imaginer que je passerais seulement quarante-huit heures de garde à vue, puis qu'on me laisserait reprendre ma robe noire en toute tranquillité. « Damien », à qui je fis part de mes craintes, essaya maladroitement de me rassurer : quarante-huit heures dans les locaux de la police, ce n'était pas une épreuve insurmontable! « On » devait dégager ma responsabilité, tout en faisant en sorte qu'« Alex » ne se doute de rien. L'opération « jardinage », comme la Piscine l'avait baptisée, risquait de tourner au désastre pour moi. Il est évident qu'« Alex » et ses amis seraient armés et qu'ils ne se laisseraient pas arrêter sans dégâts. Je n'avais aucune envie d'être pris entre deux feux.

L. G. – Mais étiez-vous officiellement déjà un agent du Service? Payé comme tel?

J.-P. M. – Oui, mais rien ne le prouvait. Je ne suis pas un militaire, comme le commandant Mafart ou le capitaine Prieur, les deux agents de la Piscine pris sur le fait en Nouvelle-Zélande lors de l'affaire du *Rainbow Warrior* et qui ont pu se réclamer de leur qualité d'officiers français. Tout comme pour eux, car c'est une règle formelle, il n'était pas question que je proteste de mon innocence auprès des gendarmes en affirmant que j'agissais sur ordre du Service. « On » n'aurait eu aucune difficulté à me démentir! Quant à l'argent, ma solde mensuelle était dérisoire – je ne parle pas des frais de mission, comptabilisés à part –, de l'ordre de 2 000 francs au départ, mais je ne faisais pas cela pour de l'argent.

Si je voulais prévenir le terrorisme, je n'entendais pas être assimilé aux terroristes, comme les apparences semblaient le montrer. « Damien » se montra incapable de me donner la moindre assurance, ce qui provoqua, j'imagine, son remplacement par « Antoine ». « Alex » me téléphona à plusieurs reprises, sans venir me voir. Je lui dis que j'étais prêt, mais que je n'avais pas trouvé de voiture. Préparait-il, de front avec ce transport d'armes, l'opération du 15 octobre? Il ne me donna aucun détail supplémentaire, fixant le voyage au week-end suivant. J'avertis « Antoine » mais, la veille, « Alex » se décommanda, sans explication.

L. G. – Il semblait vous considérer comme un simple moyen logistique, que ce soit en tant qu'avocat ou comme militant.

J.-P. M. – Non. « Alex » ne m'avait certes pas fait rencontrer ses camarades, mais je tenais probablement pour lui une place à part, comme un pion indépendant qu'il maniait avec parcimonie, pour les actions qui lui semblaient indispensables. Je n'étais pas libanais et il n'avait pas à m'intégrer aux discussions de groupe, s'il y en avait. Elles se passaient probablement du reste en arabe. Il m'a quand même demandé, lors d'une de nos rencontres au cabinet, de téléphoner de mon bureau à l'étranger. Je ne parvins pas à discerner le pays qu'il appelait, avec le clavier à touches de mon combiné téléphonique. Mais il parla en arabe, d'un ton péremptoire, presque en monologuant, comme s'il n'entendait pas que ses directives donnent lieu à discussion.

L. G. – Depuis votre entrée dans le Service, votre état d'esprit avait-il changé face à « Alex »?

J.-P. M. – Non, pas véritablement. Dès qu'« Alex » avait repris contact avec moi, je n'avais plus songé rester seul face à lui. J'étais parti pour Trieste dans le seul dessein de collecter un maximum de renseignements, cela justifiait mon action. Que la Piscine me contacte m'avait soulagé : je n'attendais que cela, pestant que l'on me laisse seul face à ceux que je devinais comme étant les FARL. De la même manière que « Damien » représentait pour moi les services spéciaux, « Alex » incarnait à mes yeux le terrorisme proche-oriental.

Je vécus alors une semaine très tendue : « Alex » s'était décommandé une première fois, il ne venait plus me voir, et le week-end suivant représentait une date limite pour ce que je savais être une opération dangereuse pour moi. De l'autre côté, le Service était sur les dents : nous étions à la veille du 15 octobre,

« Antoine » me confirma que la mobilisation était générale, mais toujours aucune assurance quant à mon impunité si j'étais arrêté en compagnie d'« Alex ».

Le 15 octobre, je passai la journée aux aguets. J'avais une radio allumée sur mon bureau, écoutant chaque bulletin d'informations avec avidité. Rien. Je n'étais même pas rassuré, je ne comprenais plus rien. « Alex » m'avait-il menti? Où se trouvait-il? Qu'allait penser la Piscine? Me prendrait-on pour un menteur, un mythomane?

« Antoine » m'avoua la déception du Service, sans me faire le moindre reproche. Notre inquiétude commune grandit : et si nous ne revoyions plus « Alex »? J'attendais en vain, chaque soir à mon cabinet, un appel ou une visite de celui qui justifiait mon engagement d'agent. Je paniquais, redoutant que ma démarche ne soit plus justifiée par les faits, et que mes informations paraissent « du bidon ». Car le transport d'armes ne se fit pas non plus à la date prévue. « Alex » avait bel et bien disparu.

L. G. – Votre statut a-t-il vacillé, aux yeux du Service?

J.-P. M. – C'est difficile à dire. J'avais précisé, dès la première entrevue avec « Damien », comme je l'avais dit au ministère de la Sécurité, que je n'entendais faire que de l'action préventive, c'est-à-dire contribuer à empêcher tout attentat, dans la mesure de mes moyens. L'arrestation d'« Alex » ne m'intéressait pas en tant que telle, même si je la savais probablement inévitable pour contrecarrer ses plans. J'étais novice : je ne savais pas la différence entre la DGSE, les services secrets extérieurs, et la DST, le contre-espionnage intérieur, et les mots d'indicateur, de collaboration me faisaient horreur, je l'ai dit. Je voulais servir pour protéger les braves gens, la foule anonyme. Je n'avais pas de motivation politique, même si la résistance palestinienne m'était, et reste pour moi, intellectuellement sympathique.

Pour me calmer, sinon me rassurer, « Antoine » m'apprit ma position exacte dans le Service. J'étais devenu un « agent noir », c'est-à-dire un professionnel qui travaille à plein temps, et qui peut être médecin, journaliste, ingénieur ou avocat, mais qui s'engage, sous cette couverture, à agir quasi exclusivement pour le Service, y compris à partir en mission et être disponible à tout moment. Ce n'est donc pas un statut d'« honorable correspondant », dont on compte, paraît-il, 30 000 membres simplement en France. Ceux-ci font part des renseignements dont ils ont connaissance au Service, sans la moindre rémunération, simplement parce qu'ils estiment que cela fait partie de leur devoir. Mais ils ne sont ni formés ni entraînés, ils ont tout juste un contact. Un « agent noir », c'est un membre à part entière du Service, mais qui travaille « à l'abri » de la couverture que peut représenter son métier. Et la Piscine en a le plus grand besoin, parce que ces personnes doivent leurs informations à leur activité quotidienne.

« Alex » disparu, je n'ai pas senti que l'intérêt du Service faiblissait à mon égard. Même inexpérimenté, j'étais le seul lien avec « Alex », et je ne suis pas sûr que la Piscine était sur ses traces avant de me contacter : vouloir l'amener à louer une voiture pour obtenir son identité m'a paru assez symptomatique.

En outre, j'avais un joker dans ma manche, restant l'avocat d'Oriach, ce qui les intéressait presque autant, en raison de ses amitiés « révolutionnaires ». Il correspondait depuis sa cellule avec un nombre impressionnant de militants, de la Belgique à la Syrie, en passant par l'Italie, l'Espagne et l'Allemagne. J'en oublie certainement, mais que faire d'autre pour un intellectuel détenu que d'écrire? Oriach représentait, aussi, une possible planche de salut : c'est notamment pour obtenir sa libération qu'« Alex » avait prévu son opération en deux temps, à partir du 15 octobre. Il m'avait ainsi demandé de rendre visite à Oriach en prison, pour l'informer de ces projets. Sans oublier de lui transmettre notre « fraternité révolutionnaire »! Celui-ci avait paru très surpris de me voir, puisque je n'avais pas voulu assurer sa défense depuis l'automne 1982, époque de son arrestation, et je n'avais même pas pris la peine de répondre à ses lettres.

Face à lui, je mis en avant mon grave accident de moto et une convalescence difficile pour justifier mes absences. Contrairement à ce qu'ont affirmé certains médias, Oriach et « Alex » ne se connaissaient pas et n'avaient établi aucun contact direct. Mais il pouvait peut-être recevoir un signal de l'extérieur dans sa cellule, à propos de sa future libération, et je devais regagner sa confiance.

Côté Service, « On » continuait néanmoins à se méfier de

moi : mes informations ne se concrétisaient pas, et l'« On » pouvait penser que j'avais soit menti, soit averti « Alex » et mis en sommeil les FARL. « Alex », quand il avait peur de me confier les armes, me donnait plus d'importance que j'en avais, par je ne sais quel raisonnement tortueux, et la Piscine faisait de même, avec plus de logique, mais tout aussi peu de fondement. Et c'est une constante que j'ai observée depuis : j'étais beaucoup moins proche, dans ma façon de penser et d'agir, d'« Alex » ou de mon correspondant du Service qu'ils ne l'étaient entre eux. Ce qui est assez normal, puisqu'une des premières règles stratégiques pour combattre un adversaire est d'essayer de se mettre à sa place.

4.

LYON

Alex,

Que cette attente est longue... Je sens déjà que je ne « jardinerai » jamais avec toi, mais je ne le regrette pas trop, ne connaissant rien aux outils de mort, seuls capables, selon toi, de labourer le terroir de ta cause.

Mais pourquoi suis-je devenu si fébrile, à guetter la sonnerie du moindre appel téléphonique? Pourquoi m'obsèdes-tu au point de me faire bâcler tous mes autres rendez-vous? Nous étions convenus de nous revoir, « nécessité révolutionnaire » oblige. Mais tu fais le mort, et je suis dans le brouillard, tout comme mes nouveaux partenaires. Pas de nouvelles, bonnes nouvelles?

Nous en percevons une, des plus cocasses : de chypriote, d'algérien, de yéménite, de maltais, de libanais, te voilà lyonnais.

Jean-Paul Mazurier. – « Alex » ne se manifestait toujours pas. La fin du mois d'octobre approchait, et je me rongeais : quelle faute avais-je commise, quelle imprudence l'avait à nouveau fait fuir? Comment tenter de renouer les fils? Le 28, dans l'après-midi, je reçus une lettre recommandée, postée de Lyon. Un juge d'instruction m'informait qu'un certain Saadi Abdelkader avait été emprisonné sur son ordre et qu'il m'avait désigné comme avocat. Je n'avais aucune idée de qui il s'agissait, mais le patronyme arabe me mit la puce à l'oreille. Je téléphonai à l'avocat de permanence ce jour-là au palais de justice de Lyon, qui avait assisté « mon » client, puisque commis d'office, dans le cabinet du juge d'instruction. Je lui demandai de me décrire Saadi Abdelkader, et mon pressentiment devint une certitude en entendant : « Eh bien, c'est un barbu... »

Laurent Gally. – C'était « Alex », que vous retrouviez dans une situation inédite.

J.-P. M. – Oui, la description concordait point par point. Que faisait « Alex » à Lyon? Apprendre qu'il s'était présenté à la justice sous une nouvelle identité ne m'étonnait guère : je connaissais « Alex », qu'Hamami appelait « Georges », etc. C'est le B.A.-Ba des militants révolutionnaires de disposer de plusieurs passeports. De fait, « Alex » était inculpé par le juge de détention et d'usage de faux passeports. Quand les autorités procéderont aux vérifications habituelles, le passeport algérien de Saadi Abdelkader, citoyen algérien, se révélera authentique, ce qui embarrassera passablement Alger. En revanche, le passeport maltais établi au nom de Michael Kanary était un faux. Ce n'était pas le plus grave : le formulaire stéréotypé que m'avait adressé le juge indiquait qu'« Alex » était aussi inculpé d' « association de malfaiteurs ». Ce terme juridique est très vague, et les avocats le redoutent particulièrement : dès que la justice veut charger la barque contre quelqu'un que l'on soupçonne du pire sans disposer de preuves précises, on l'accuse de ce délit, l'association de malfaiteurs. Mais cela pouvait signifier tout autant qu'« Alex » n'avait pas été arrêté seul, et que peut-être certains de ses « camarades » étaient aussi en prison à Lyon. Quoi qu'il en soit, je devais m'y rendre de toute urgence. Je téléphonai au Service, pour prévenir mes supérieurs. Mon correspondant parut à la fois estomaqué et soulagé, et de retrouver en prison la trace d'« Alex » et que celui-ci m'ait immédiatement désigné comme son défenseur. Je ne reçus pas d'instructions particulières. Il fallait voir « Alex » avant tout.

L. G. – Vous attendiez-vous à cette arrestation?

J.-P. M. – Pas du tout, elle n'était dans l'intérêt de personne, et, en tout cas, pas du Service si nous voulions tenter de remonter la filière et surtout en savoir plus sur ce qu'il manigançait. « Alex » ne m'avait jamais parlé de Lyon et je me demandais si son réseau était en partie basé là-bas, ou s'il s'était fait pincer par hasard, bêtement. Je pris le TGV, catastrophé, parce que les « opérations » projetées allaient vraisemblablement se dérouler sans moi, et je me retrouvais hors de l'action, redevenant ce que je n'avais jamais voulu être : l'avocat d'un membre, sinon du chef, des FARL. Sans même parler de la publicité intempestive que je devrais affronter, simplement protégé – mais pour combien de temps – par l'anonymat de Saadi Abdelkader.

Dans le parloir de la prison Saint-Paul, à Lyon, j'eus une curieuse sensation en attendant « Alex » : désormais, c'était moi qui lui rendrais visite, au jour et à l'heure qui me conviendraient. J'éprouvais comme une revanche après avoir passé tant d'heures à l'attendre dans l'angoisse. En fait, là aussi, je me trompais : le voyage de Lyon deviendra presque immédiatement une corvée quotidienne, imposée par les besoins du Service.

« Alex » ne paraissait pas affecté par sa situation : il semblait vivre une farce énorme, presque absurde. Il m'expliqua que tout cela n'était qu'un malentendu. Il l'avait clairement laissé entendre aux policiers au cours de sa garde à vue en leur confiant qu'il venait d'évacuer les membres de son réseau hors de France et que Paris n'avait plus rien à redouter de son groupe, les intérêts français n'étant plus menacés. Il s'était présenté aux enquêteurs, comme la presse l'a rapporté depuis lors, comme un des membres du MRUA, le Mouvement révolutionnaire de l'union arabe, un groupement visant selon lui à déterminer les projets hostiles à la cause palestinienne émanant d'entités américaines ou sionistes établies en France. En lisant les procès-verbaux de la police, je m'aperçus tout de suite que les enquêteurs soupçonnaient « Alex », dès la première minute de son interrogatoire, d'appartenir et même de diriger les mystérieuses Fractions armées révolutionnaires libanaises, les FARL. Encore un point que je devrais éclaircir : de qui les policiers tenaient-ils leurs certitudes?

L. G. – Dès cet instant, vous avez pensé que l'arrestation d'« Alex » était programmée? L'aviez-vous entendu évoquer auparavant l'évacuation de son réseau?

J.-P. M. – Je ne savais rien des conditions dans lesquelles il avait été appréhendé. Il ne me les détaillera qu'au cours de mes visites ultérieures. Mais à partir de l'instant où il m'avait demandé de prendre en charge l'arsenal qu'il voulait déménager de sa planque parisienne, environ deux semaines plus tôt, je me doutais qu'« Alex », sinon l'ensemble des FARL, songeait à quitter la France. Temporairement, pour effectuer l'opération du 15 octobre, et peut-être pour beaucoup plus longtemps, puisque « Alex » m'avait précisé que les armes pourraient dormir deux ou trois ans, s'il le fallait.

Je ne savais pas où se trouvaient ses camarades. Mais c'est lui-même qui me le dit, ce jour-là, le 29 octobre 1984. Son regard se fit soudain impératif.

« Il faut que tu téléphones le plus vite possible à ce numéro, pour prévenir les camarades de mon arrestation. Ils sauront quoi faire. »

J'acquiesçai sans même regarder le nombre de chiffres du numéro en question, griffonné sur un bout de papier qu'il avait glissé dans ma main. Enfin! Je disposais d'une nouvelle donnée qui allait permettre au Service de « loger », pour la première fois, des membres des FARL, et peut-être de réaliser un coup de filet.

Une fois sorti de la prison, j'étudiai le numéro : il s'agissait d'un numéro en Italie, pays dont je connaissais par cœur l'indicatif, depuis mon voyage à Trieste. Je téléphonai à Paris, et « Antoine », après avoir pris connaissance de la mission que m'avait confiée « Alex », m'ordonna d'attendre les directives, une fois de retour à mon cabinet.

L. G. – C'est la troisième « percée » concernant l'enquête que vous annoncez à la Piscine. Et les deux premières ont avorté.

J.-P. M. – Oui, mais cette fois, c'est le Service qui va laisser filer. En venant me chercher à la gare de Lyon, « Antoine » me dit d'obéir, comme d'habitude, aux ordres d'« Alex » et de téléphoner comme ce dernier me l'avait demandé. Le Service n'avait installé aucun micro dans mon bureau, pas le moindre système d'écoute téléphonique, pour ne pas éveiller la méfiance d'« Alex » quand il venait me voir avant son arrestation. De même, aucun agent ne s'était risqué à le photographier alors qu'il se rendait à nos rendez-vous, toujours pour les mêmes raisons, et pour ne pas me mettre en danger. Ce qui fait que le premier portrait d'« Alex » que possédera la Piscine sera la traditionnelle photo d'identité prise par les policiers pendant sa garde à vue.

Cette fois, « Antoine » était venu m'attendre avec deux « techniciens » qui enregistrèrent mon appel vers l'Italie. Celui-ci fut des plus brefs. Je composai le numéro, la sonnerie retentit deux fois, et une voix de femme me dit « pronto ? »

« Bonjour. Vous parlez français ? » La femme acquiesça d'un bref oui. « Je suis Me Mazurier, l'avocat d'" Alex " à Paris. Il m'a demandé de vous dire qu'il a été arrêté à Lyon, il y a cinq jours... Je viens d'aller le voir à la prison. Il vous demande de prendre les dispositions nécessaires. »

Je laissai quelques « blancs » intentionnels entre mes bouts de phrase, pour que cette femme puisse me poser des questions. Rien. Elle me dit « merci » d'un ton neutre, comme si elle n'éprouvait pas la moindre surprise. Ce fut elle qui raccrocha la première, sans un autre mot.

Je regardai « Antoine ». Que faire maintenant ? Il m'expliqua que le numéro, vérifié par le Service, correspondait à la ville d'Ostie, en fait la plage de Rome, et à un appartement qui avait été identifié. Mais le Service ne voulait pas donner de coup de pied dans la fourmilière, en faisant arrêter des seconds couteaux au risque de déclencher une alerte générale dans le groupe qui ne pourrait que me mettre en cause. La stratégie était de « coller » à « Alex », et seulement à lui, le Service estimant qu'il était bien la tête des FARL. Ce que le coup de téléphone à Ostie semblait confirmer.

L. G. – La Piscine avait-elle prévenu les services italiens?

J.-P. M. – Sûrement pas. Et c'était de bonne guerre : les Italiens auraient pu décider de procéder à une arrestation express. La scène se déroulait chez eux et ils n'avaient pas à tenir compte de la tactique de la Piscine. Du reste, quand la DIGOS italienne arrêtera, plus tard, un groupe de Libanais préparant un attentat contre l'ambassade américaine à Rome, ce sera encore dans un appartement d'Ostie, sans que j'aie pu vérifier s'il s'agissait du même. En principe, une « planque » grillée n'est jamais réutilisée. Je n'exclus pas que le Service ait informé après coup son homologue italien, mais sans lui dire qu'il avait laissé se dérouler une évacuation d'un groupe terroriste. Il y a mille manières de présenter ces choses. « On » me dira par la suite que les Italiens avaient perquisitionné deux mois plus tard dans l'appartement, sans rien trouver, et pour cause. Ce que j'ignore, c'est si un correspondant du Service à Rome a pu être prévenu à temps et aller surveiller l'appartement avant mon coup de téléphone, pour savoir au moins combien de militants avaient été évacués, sinon pouvoir les photographier.

L. G. – C'était une tendance générale de la DGSE de jouer seule face aux FARL?

J.-P. M. – Elle y était, je crois, obligée. Quand je suis retourné voir « Alex », celui-ci m'a raconté, plutôt penaud, comment il avait été arrêté. Il se croyait suivi à Lyon par des agents du Mossad israélien, alors qu'il venait de récupérer la caution du loyer d'un appartement qui lui servait de planque sur place. A-t-il eu peur, était-il agacé? C'est de lui-même qu'il est rentré dans un commissariat et, la presse l'a rapporté, pour demander protection aux forces de l'ordre contre ses suiveurs. Mais ceux-ci étaient des policiers français, des membres de la DST, la Direction de la sécurité du territoire, qui ont aussitôt procédé à son interpellation.

L'anecdote paraît absurde, ou cocasse, mais elle pose le problème de fond de l'affaire. Premier élément : il n'y avait probablement pas la moindre coopération entre la Piscine et la DST face à « Alex ». La Piscine ne devait pas vouloir ébruiter qu'elle avait réussi, grâce à moi, à avoir un contact permanent, infiltré auprès d'« Alex ». C'est normal, sauf peut-être au sommet, au niveau quasi gouvernemental, puisque même au sein de la Piscine, la plupart des agents, pour des raisons de sécurité qui impliquent un cloisonnement très strict, ne connaissent toujours rien de mon rôle et me prennent probablement pour un avocat acoquiné avec les « terroristes ».

Deuxième élément : la DST, dans cette affaire, avait ses propres informations. Les avait-elle rassemblées de façon autonome, ou avec l'aide de services étrangers? Toutes les hypothèques ont été mises en avant, et ce n'est pas à moi de trancher. « Alex » lui-même n'a pas exclu, en maudissant ses propres « imprudences », avoir été filé depuis mon cabinet, quand il était venu me voir à mon retour de Trieste : parce que ce voyage que la DGSE connaissait, la DST pouvait tout autant l'avoir appris, peut-être même par les agents qui avaient tenté de m'intimider en Italie. En tout cas, ses informations étaient excellentes et allaient bien au-delà d'une simple filature : ce ne sont pas les policiers d'un commissariat lyonnais ni la brigade criminelle locale qui pouvaient rétorquer à « Alex », quand il évoquait le MRUA, que ce mouvement ressemblait à une version faussement modérée des FARL. Je crois même qu'« Alex » s'est trouvé brutalement, lors de son premier interrogatoire, face à un policier – un Français, un Israélien? – qui le « situait » assez bien, ce qui l'a obligé à sortir tout à trac sa version du MRUA.

L. G. – Vous avez des éléments précis appuyant cette thèse?

J.-P. M. – Oui, le procès-verbal de ses interrogatoires mentionne cette confrontation, sans préciser le nom de la personne en question. Mais ce qui me renforce dans mon sentiment, c'est qu'« Alex » cherche la protection de la police française, se sachant suivi. C'est donc qu'il pense n'avoir rien à craindre, au contraire. Il s'imagine pouvoir demander de l'aide. Je ne crois pas qu'il avait peur, physiquement, des hommes qui le filaient depuis trois ou quatre jours, à ce qu'il m'a expliqué. Il avait terminé sa « mission », déménagé son réseau – sous l'œil des policiers de la DST? – et apuré les comptes de ses planques. Avait-il agi en obéissant à des instructions? Son assurance face à la police française, son sentiment d'impunité, même lors de ma première visite en prison – il croit alors à sa prochaine libération – suggèrent qu'un pacte avait été conclu. Entre qui et qui? Mystère. Mais ce n'aurait pas été la première fois : la presse avait fait état, en 1983, d'une rencontre secrète entre Joseph Franceschi, ministre français de la Sécurité, et Abou Nidal, grand nom de terrorisme palestinien. Cette rencontre aurait abouti à un pacte de non-intervention des troupes d'Abou Nidal en France. De même, très récemment, Pierre Marion, ancien directeur de la Piscine de 1981 à 1983, a évoqué le pacte presque identique qu'il avait conclu, à la même époque, avec le frère du président syrien, Rifaat el-Assad, toujours au sujet d'une trêve des activités contre les intérêts français.

L. G. – En poursuivant cette logique, « Alex » ne pouvait-il pas être directement concerné par l'un ou l'autre de ces pactes? Sinon avoir passé lui-même un pacte analogue ou, inversement, être un « capitaine » des personnalités arabes que vous venez de citer?

J.-P. M. – Tout cela forme un faisceau d'hypothèses que personne, d'après moi, ne maîtrise complètement. La lecture du dossier et l'attitude initiale d'« Alex », d'un optimisme inébranlable les deux premières semaines de son incarcération, m'ont laissé supposer que son arrestation avait été fortuite. Quand il se réfugie dans le commissariat, les policiers de la DST entrés derrière lui doivent se décider très vite : maintenant qu'« Alex » est dans la gueule du loup, peuvent-ils le laisser ressortir en lui montrant des cartes de la DST, en lui assurant que tout va bien, que leur filature garantit sa sécurité personnelle? Ces policiers avaient-ils des ordres précis pour agir si « Alex » les remarquait? Ils n'avaient pas un grade très élevé, contrairement au patron de la DST lyonnaise qui a assisté en personne à l'interrogatoire d'« Alex ». Autre hypothèse, la hiérarchie de la DST voulait faire « tomber » « Alex ». Son escale lyonnaise était l'une des dernières occasions de l'appréhender, si du moins la DST avait, elle aussi, eu vent de l'opération du 15 octobre et entendait neutraliser « Alex » avant son départ de France. Le choix de Lyon n'a pas été très pratique : tous les juristes savent que les grandes affaires se traitent à Paris, avec l'intervention feutrée ou marquée du pouvoir politique, par le biais des magistrats du parquet, dépendants du ministère de la Justice. « Alex » arrêté à Lyon, cela signifiait automatiquement que le dossier d'instruction serait confié à un juge non spécialisé dans les affaires terroristes, et Mlle Kleinmann, le magistrat qui a mené l'épisode lyonnais de l'affaire « Alex », tenait là son premier grand dossier. Au point qu'après les élections législatives de mars dernier et le changement de majorité, une des premières lois sécuritaires adoptées par le Parlement prévoit la centralisation quasi automatique des affaires terroristes à Paris.

L. G. – Vous n'avez répondu ni sur les pactes de non-agression qui pouvaient concerner « Alex », ni sur sa possible appartenance à des organisations centrées au Proche-Orient, au Liban ou en Syrie.

J.-P. M. – C'est au pouvoir politique de dire s'il y a eu ou non un accord englobant les activités d'« Alex » et des FARL. On ne le saura probablement jamais, vu les développements ultérieurs de l'affaire, à moins de laisser les historiens consulter les archives gouvernementales. « Alex » obéissait-il à quelqu'un ? Je ne le crois pas, pour l'avoir rencontré plus d'une centaine de fois en quatre ans. Je l'ai déjà décrit comme le portrait type du chef, et il n'a jamais fait allusion devant moi à des noms connus du terrorisme international, sinon pour les critiquer. D'Abou Nidal, par exemple, il laissera tomber, mais beaucoup plus tard : « On ne peut participer au pouvoir et rester révolutionnaire. » C'était sans appel. En revanche, j'imagine très bien « Alex » se pliant à un accord quelconque, même gouvernemental, pourvu que les conditions qui lui seraient imposées aillent dans ce qu'il juge être le sens de la cause palestinienne. Il me l'a répété maintes fois, comme un credo : « La Palestine est le levier de la révolution. »

L. G. – A cette époque, vous assuriez seul la défense d'« Alex »?

J.-P. M. – Oui, car l'avocat, commis d'office dès qu'« Alex » avait été présenté devant le juge d'instruction, s'est retiré de l'affaire. Il avait été remplacé par un défenseur lyonnais, un ancien jésuite, Me Boyer. « Alex » l'avait désigné parce qu'il lui était plus commode de disposer également d'un avocat sur place. Une fois, je suis entré au parloir de la prison alors que mon confrère Boyer en sortait. Il me salua et me demanda si je persévérais dans mon intention de laisser traîner le dossier, puisque « Alex », en ma présence, refusait de répondre aux questions du juge d'instruction. Je fis un geste vague et l'avocat ajouta : « De toute façon, il m'a dit que cela s'arrangerait très vite, par un biais diplomatique. » Surpris, j'interrogeai « Alex » du regard et je le vis rougir, confus d'avoir laissé échapper une certitude que je devais être théoriquement le seul à connaître. Cela me renforça dans ma conviction que son arrestation avait été une erreur, puisqu'il semblait que les négociations diplomatiques étaient enclenchées. Mais il ne fut pas plus explicite à ce propos.

« Alex » m'avait désigné comme défenseur dès sa première comparution devant le juge. Il me raconta qu'il avait essayé de présenter ce choix comme anodin et presque fortuit : « Je me souviens d'un nom d'avocat, un Parisien. Je crois qu'il s'appelle Jean-Claude Maurien, peut-être Masurien... Non, je m'en souviens, ce doit être Jean-Paul Mazurier. » Le magistrat n'avait, bien sûr, jamais entendu parler de moi, pas plus que le parquet de Lyon.

Quelques semaines plus tard, quand « Alex » perd l'espoir de sortir immédiatement, nous nous sommes demandé s'il ne fallait pas m'adjoindre un autre avocat, pour monopoliser l'attention de la presse et de la police. Nous, et je dis bien nous, avons aussitôt pensé à Me Jacques Vergès, professionnel de grand talent et avocat « obligé », ou presque, de tous les « révolutionnaires » incarcérés en France. C'est un grand orateur, un fin juriste et un fabuleux homme de médias. « Alex » m'a demandé de l'aider à écrire la lettre à Me Vergès, pour solliciter son concours. Quelques jours plus tard, je téléphonai à mon confrère.

« J'ai appris que vous avez été désigné par un nommé Saadi Abdelkader. Que comptez-vous faire?

– Je vais consulter le dossier à Lyon et demander un permis de visite. Mais pourquoi cette question?

– Je me disais que si vous le vouliez, nous pourrions aller ensemble visiter notre client.

– Mais vous avez aussi été désigné? Dans ce cas, par courtoisie envers vous, il n'est pas question que je rentre dans cette affaire. Je vais écrire dans ce sens à votre client, en indiquant qu'il a fait un très bon choix et que deux avocats pour une affaire de faux passeports, cela me semble injustifié.

– Nous devrions peut-être nous unir. Derrière l'inculpation officielle, je crois déceler une affaire d'une tout autre ampleur. Je ne suis pas sûr d'être de taille à l'assumer seul.

– Je regrette. Quelle que soit l'affaire, vous êtes déjà désigné. Je ne veux pas empiéter sur votre domaine. Je ne rentrerai pas dans ce dossier. »

L. G. – Êtes-vous certain qu'« Alex » et Vergès ne se connaissaient pas? Et que sa désignation d'appoint n'entrait pas dans la stratégie de votre client?

J.-P. M. – Oui, je crois qu'ils n'avaient pas été en contact, même si j'apprendrai par la suite que c'est par ses camarades qu'« Alex » sollicitera à nouveau l'avocat. Et Me Vergès ne rentrera pas dans ce dossier pour le moment, ce qui semble prouver – à moins de soupçonner l'un et l'autre d'un extrême machiavélisme – qu'il ne savait rien des dessous de l'affaire.

L. G. – Alors, au contraire, n'était-il pas dangereux pour « Alex » de prendre comme défenseur Me Vergès, connu comme avocat de militants mêlés à des dossiers terroristes, alors que votre client se présente comme un intellectuel?

J.-P. M. – Quand il a compris que son arrestation n'était pas un malentendu et qu'il ne sortirait pas de sitôt, « Alex » s'attendait à ce que son dossier sorte, tôt ou tard, au grand jour. Ce qui a été le cas. Et alors, Me Vergès pouvait jouer son plein rôle. Certains médias ont, bien sûr, relevé que Me Vergès avait défendu Bruno Bréguet et Magdalena Kopp, les prétendus « amis de Carlos ». Et l'amalgame, inévitable, entre Carlos et « Alex » a été fait. Mais il aurait été fait de toute manière. « Alex » ne m'a, en tout cas, jamais parlé de Carlos.

L. G. – Quand Me Vergès est-il devenu l'avocat d'« Alex »?

J.-P. M. – Aussitôt que l'affaire prendra sa dimension publique. Un hebdomadaire sortira, en scoop, le week-end précédant Noël 1984, la véritable identité d'« Alex ». Ce dernier s'appelait en vérité Georges Ibrahim Abdallah et on le désignait comme le chef des FARL. L'article, repris dans toute la presse, était très complet, mentionnant notamment cinq ou six des identités successives d'« Alex ».

Me Vergès s'est rendu alors lundi suivant, 24 décembre, à la prison Saint-Paul pour rencontrer son client potentiel. Après tout, la clientèle d'un avocat dépend largement de ses apparitions publiques et du compte rendu des médias. En outre, le fait de réagir aussitôt après la divulgation du rôle d'« Alex » pouvait signifier que Me Vergès relevait le gant, dans une affaire publique et très « sensible ».

Moi, je me demandais surtout qui avait renseigné la presse. Des amis journalistes confirmèrent ce qui n'était qu'une impression : la DST aurait « balancé » celui qui était désormais, pour chaque Français, Abdallah.

L. G. – Peut-être, mais avec quel objectif? D'aucuns ont évoqué une possible peau de banane glissée par la DST sous les pieds des socialistes.

J.-P. M. – La diffusion de l'identité réelle – car elle est réelle, on finissait par se perdre un peu entre tous les pseudonymes d'Alex-Georges – d'Abdallah m'a ramené aux conditions de son arrestation à Lyon. Et si le gouvernement n'avait pas souhaité cette interpellation? Les confidences faites à la presse visaient peut-être tout bêtement à valoriser l'action de la police. Mais alors, pourquoi avoir attendu deux mois? Était-ce une fuite à l'intérieur de la DST? C'est possible, mais c'était alors le deuxième faux pas de cet organisme dans l'affaire, l'arrestation de Lyon pouvant avoir été le premier. La thèse de la DST embarrassant volontairement le gouvernement tient la route, mais j'en ignore les motifs, politiques ou policiers. Car il semblait constant, depuis 1974, et notamment lors de l'affaire de la libération d'Abou Daoud, ce Palestinien arrêté en France et réclamé par l'Allemagne fédérale car soupçonné d'être responsable du massacre au village olympique, lors des Jeux de Munich de 1976, que les autorités ne se souciaient pas de garder des détenus aussi embarrassants que des « têtes » terroristes originaires du Proche-Orient.

L. G. – Une fois Abdallah identifié et emprisonné, n'avez-vous jamais rien su des contacts diplomatiques, fin 1984 ou début 1985, visant à sa libération?

J.-P. M. – Jamais. Il ne me parlera de la visite d'émissaires algériens dans sa cellule – pour m'assurer qu'il avait refusé de les recevoir – qu'en avril 1985, un mois après les faits. Cette visite a eu lieu dans le cadre de l'affaire Gilles Sidney Peyroles, le diplomate français enlevé au Liban et détenu par les FARL, qui voulaient l'échanger contre Abdallah. Là aussi, la DST pourrait avoir sciemment torpillé l'échange prévu, comme si quelqu'un de très haut placé tenait mordicus à ce qu'Abdallah reste en prison. Mais j'étais un simple agent du Service et je ne faisais de la politique-fiction qu'à titre personnel.

L. G. – Comment se comportait Abdallah face au juge d'instruction?

J.-P. M. – Mlle Kleinmann sentait bien qu'elle avait là un gros dossier, rare chez un magistrat en début de carrière. Elle a tout fait pour aboutir, malheureusement en travaillant surtout dans le sens de l'accusation. Elle a ainsi envoyé une demande d'enquête au Liban dont les conséquences ont peut-être été désastreuses pour les intérêts français sur place : les phalangistes, qui contrôlent quand même l'essentiel de l'État libanais, ont été prévenus haut et fort qu'Abdallah, probablement un de leurs ennemis politiques les plus absolus, attendait des jours meilleurs dans une prison française. Ce qui a pu déclencher des négocations politiques visant, pourquoi pas, à son extradition pure et simple vers Beyrouth, après un jugement de pure forme. Cette thèse a aussi été développée par certains médias.

Bien sûr, « Alex » n'a pas été compréhensif avec le juge, et il s'est toujours muré dans un silence hautain, jusqu'à son procès. Je ne l'ai vu éclater de rire qu'une fois, et cela a été noté dans le procès-verbal officiel de son interrogatoire, quand cette jeune femme magistrat lui a présenté ce qu'elle pensait constituer une preuve décisive contre lui : ses empreintes avaient été retrouvées sur une bouteille de corrector, dans un appartement servant de planque-arsenal aux FARL. En revanche, il a toujours gardé une attitude très politique, presque accusatrice, face au statut du juge : il refusait de répondre, non à Mlle Kleinmann, mais au magistrat « exécutant les ordres de l'État français, allié objectif de l'impérialisme et du sionisme », selon sa phraséologie. Il lui déniait a priori toute indépendance dans ses fonctions.

5.

LE MESSAGER

Tu es là, devant moi, dans ce parloir anonyme d'une prison d'un autre âge. Tu es seul, désarmé, encore fanfaron et déjà penaud. Tu n'as plus le choix, il te faut sauver les meubles, et je suis ton déménageur obligé.

Je me rappelle ce film de Losey, The Go-Between, *où un petit garçon fasciné se faisait le messager des amours interdites entre un paysan et la dame du château. Ne me dis rien, je connais déjà mon rôle, le « casting » a distribué les personnages. Je serai ton coursier, apparemment complaisant et servile, sortant des murs gris de la détention tes messages et tes ordres. Des mots de fraternité et d'espoir pour tes camarades, des mots de cendres et de mort pour tant d'autres.*

Alex, je ne suis pas fasciné le moins du monde. Tu me prends peut-être pour un petit garçon, mais le film romantique tourne au polar, avec son cortège de victimes. Tu vas apprendre à te méfier des petits garçons.

Jean-Paul Mazurier. – Le Service ne décolérait pas de l'arrestation d'« Alex ». Nous étions début novembre 1985, rien ne s'était passé comme annoncé le 15 octobre et les semaines suivantes. La disparition d'« Alex » avant son arrestation avait renvoyé aux calendes grecques le transport prévu de l'arsenal parisien des FARL et, du même coup, toute prise de contact avec d'autres membres du groupe. De plus, pour ne pas perdre la confiance d'« Alex », le Service m'avait laissé évacuer la planque d'Ostie : notre seul lien avec les FARL restait « Alex » et lui seul, mais nous savions bien qu'il restait le plus gros « poisson ». La stratégie était simple : maintenant qu'il était théoriquement coupé du monde extérieur, il fallait qu'il fasse appel à moi pour maintenir les liens avec son groupe, et je devais coûte que coûte disposer de sa confiance.

Laurent Gally. – « Alex », puisque, à cette date, il n'est pas encore officiellement Abdallah, était-il réellement coupé de l'extérieur, dans sa cellule?

J.-P. M. – Oui et non. Comme tout détenu, il s'arrangeait pour correspondre avec l'extérieur, mais plutôt pour faire sortir des messages de prison qu'en recevoir, ce qui était quand même plus risqué. Ainsi « Alex » m'apprendra, mais seulement plusieurs mois plus tard, qu'il a pu envoyer de la prison Saint-Paul de Lyon, probablement en décembre 1985, trois cassettes enregistrées dans sa cellule. Cela représente des heures de directives et de consignes d'action! Il les avait fait sortir avec la complicité d'un caïd de cette prison, un truand corse qui faisait la loi en détention. « Alex » a même eu la confirmation que les messages étaient bien arrivés!

J'ignore ce qu'il demandait à ses camarades dans ces cassettes. Prévoyait-il de se faire échanger contre un Français kidnappé au Liban, trois mois avant l'enlèvement du diplomate français Gilles Peyroles? Mystère. Cela peut paraître incroyable pour le grand public, mais les murs des prisons sont très perméables : des détenus rentrent, d'autres sont libérés, les prisonniers arabes ont une solidarité de fait entre eux, quelles que soient leurs opinions politiques. En tant qu'avocat, je pense que c'est normal, la prison reste un milieu où l'on peut agir, mais de façon occasionnelle, et encore, si l'on n'y est pas détenu au régime très strict de l'isolement. Celui-ci ne se justifiait en rien concernant « Alex », vu les inculpations banales figurant dans son dossier.

L. G. – C'est le seul cas de « fuite » dont vous avez eu connaissance dans le dossier Abdallah?

J.-P. M. – Non, mais j'estime que cela n'a pas changé grand-chose sur le fond de l'affaire. En 1986, Abdallah m'assurera, avec force détails, qu'il avait chargé un Syrien remis en liberté d'aller porter chez les siens plusieurs lettres qu'il avait écrites en prison.

L. G. – « Alex » ne pouvait quand même plus diriger son groupe depuis sa cellule?

J.-P. M. – Non, et c'est ce que déplorait la Piscine, car le Service ne savait plus rien des activités que préparaient des militants peut-être ulcérés par l'arrestation de leur chef. Et c'est là que l' « On » m'a fait jouer un rôle de courroie de transmission essentiel : je suis devenu le messager quasi quotidien entre Georges – j'avais modifié ma façon de l'appeler – et l'extérieur. Il me l'avait ordonné dès notre première entrevue au parloir, en me demandant de téléphoner à Ostie, mais une fois cette mission accomplie, le scénario s'est légèrement modifié : il me dictait à chaque visite, et pendant tout le mois de novembre 1984, une dizaine de bouts de phrases très imagées mais assez inintelligibles, qui constituaient autant de messages codés. Je reprenais le train Lyon-Paris dans l'après-midi, puis revenais m'installer très ponctuellement à mon bureau entre 18 et 20 heures, attendant l'appel de la personne à qui je transmettais ces messages. Elle m'en dictait d'autres pour Georges, qui étaient autant de réponses, je suppose, aux messages de la veille, et je les rapportais le lendemain matin à Lyon. Tout cela m'obligeait à d'incessants allers-retours que l'instruction menée par le juge ne justifiait en rien. Mais personne, au palais de justice comme à la prison Saint-Paul, ne semblait s'étonner de mon excessive conscience professionnelle.

L. G. – Êtes-vous sûr qu'aucun magistrat lyonnais n'était au courant de votre rôle?

J.-P. M. – Absolument. Je suis certain que le juge parisien à qui je m'étais confié, et que je revoyais de temps en temps, n'a rien dit à l'un quelconque de ses collègues. Du reste, à Lyon, Mlle Kleinmann, le juge d'instruction chargé du dossier, me manifestait, derrière une politesse glaciale, un mépris visible. Dans le palais de justice, je suis sûr que je passais pour un avocat de terroristes, sinon un avocat terroriste. Mais il n'y avait rien contre moi, la fonction de défenseur est assez protégée, et j'ai pu sortir de prison autant de messages de Georges qu'il m'en donnait, sans la moindre fouille. Les avocats ne passent que sous des portiques de détection, destinés à repérer d'éventuelles armes. Il est certes illégal de transmettre des lettres de ses clients détenus, mais la pratique est souvent très différente de la théorie. Pour des raisons humanitaires très simples : le code de procédure pénale interdit même à un avocat de donner des nouvelles de la santé d'un détenu à sa famille.

L. G. – Le Service savait-il décoder tous ces messages?

J.-P. M. – Bien sûr, et très vite, sinon il n'aurait pas été question de me laisser jouer ce rôle. Les spécialistes de la Piscine ont tâtonné quelque temps, puis c'est devenu un jeu d'enfant... au point qu'en 1985, ils sauront traduire les messages reçus par Georges de l'extérieur, alors que celui-ci, affaibli ou fatigué par sa détention, commençait à perdre la mémoire de certaines clés de son propre code, comme il me l'a avoué. Il n'y avait que moi qui ne savais pas « lire » ces phrases! Le Service ne m'en disait rien, c'était la règle, pour ne pas influer sur mon comportement. J'ai évidemment essayé de saisir le sens des messages, et Georges le savait : un jour, il m'a demandé ce que je comprenais d'une phrase que je devais transmettre. Je lui en donnai une traduction au jugé, qui me paraissait assez évidente. Il sourit, l'air satisfait : « Tu es logique, c'est bien. Si ton cabinet est sur écoutes, ce n'est pas grave, car s'ils font la même analyse que toi, ils se lanceront sur des fausses pistes. »

L. G. – Avez-vous des exemples précis de ces phrases qui constituaient les messages d'Abdallah?

J.-P. M. – J'en ai peu de souvenirs. Et aucune trace matérielle, puisque je transmettais au Service ce que Georges me dictait, sans faire de photocopie. C'était une règle de prudence, je ne voulais pas risquer le moindre pépin en cas de perquisition à mon cabinet des enquêteurs, une procédure rare mais toujours possible si l'on vous soupçonne de complicité. Et je n'oubliais pas que la DST et la DGSE avaient des attitudes très différentes sur cette affaire.

Une fois, ma secrétaire rentra à l'impromptu dans mon bureau où s'étalait le message que je devais dicter dans l'heure suivante. Elle y jeta un coup d'œil machinal, et sourit : « Tiens, vous faites des poèmes maintenant? » En fait, les phrases de Georges ressemblaient assez à celles que l'on a entendues, du temps de la Résistance et lors du débarquement allié de 1944, et plus généralement à tous les messages non chiffrés que l'on peut s'envoyer en codant ses propos.

La phrase la plus classique dont je me souviens était : « La clé du trésor. » Abdallah parlait-il de finances ou d'armes? Une fois, il mentionna l'« œil du pigeon », sans m'expliquer qui s'incarnait dans ce volatile. Une autre phrase, plus politique, assurait qu'« on ne transige pas avec le grand animal, et encore moins avec celui qui détient le pétrole de La Mecque ». Par déductions, j'en ai conclu que le grand animal devait représenter la Syrie; quant au détenteur de pétrole, il pouvait s'agir de l'Iran, mais ce sont là des hypothèses, l'Arabie Saoudite étant une solution trop immédiate, et ce pays n'intervenant pas dans cette affaire, d'après ce que j'en sais. Georges me commenta cette phrase, en me l'expliquant par une autre maxime : « Je suis entré rouge et je sortirai rouge. » Il m'assurait ainsi qu'il tenait par-dessus tout à sa qualité de militant révolutionnaire et qu'il n'était pas disposé à payer sa liberté d'une quelconque inféodation à l'un des grands pays du Proche-Orient censé le soutenir. De côté, je n'exclus pas que le Service ou même le gouvernement aient jaugé, par le biais de tels messages, les résultats à attendre de contacts diplomatiques entre Paris et divers pays.

Abdallah ne parlait pas souvent politique dans ces messages : il y transcrivait ses directives d'action, s'adressant plus particulièrement à tel ou tel membre de son groupe. Ainsi, après avoir reçu des lettres du Liban, il me dictera ce message : « Je ne veux parler qu'à ma confidente. C'est à elle et à elle seule que je fais confiance. » Là, le message était limpide, probablement pour enfoncer le clou et redonner le pouvoir de décision à quelqu'un qui était en train de le perdre au sein du groupe.

L. G. – Savez-vous qui était cette confidente?

J.-P. M. – Oui, puisque je dictais les messages de Georges au téléphone à une voix de femme. Elle s'était présentée comme « Nathalie » et m'avait demandé, le soir même de ma deuxième entrevue avec Georges en détention, des « nouvelles de la santé de son grand frère qui est à l'hôpital ». Et pour me mettre parfaitement à l'aise, elle avait ajouté : « C'est à moi que vous avez téléphoné l'autre jour... » J'avais reconnu la voix de la femme qui m'avait répondu quand j'avais fait évacuer la planque d'Ostie. Et c'est elle qui me téléphonera pratiquement tous les soirs, entre 18 et 20 heures.

De sa cellule, Georges semblait régler le cas de chacun de ses proches. Un de ses premiers messages concernera « l'Anglaise » : « Faites attention à elle. Je l'aime comme une sœur. Elle n'est pour rien dans tout cela. » Il s'agissait, je l'apprendrai par la suite, de Joséphine Abdo Sarkis, une Libanaise parlant parfaitement l'anglais. Il semble que d'une manière générale, Abdallah était aussi explicite que possible quand il évoquait la position personnelle de tel ou tel camarade, mais qu'il codait beaucoup plus ses messages quand il donnait des ordres stratégiques, ou des consignes d'action.

Parlait-il de Me Vergès? Georges me dictera, courant novembre 1984, le message suivant : « Dites au semi-Asiatique de venir voir Kasem. » Or Me Vergès est d'origine asiatique et réunionnaise, et Kasem se révélera être une des nombreuses identités d'Abdallah qu'il avait utilisée sur l'île de Chypre, des années auparavant. C'était à l'époque où Vergès m'avait refusé de rentrer dans le dossier.

Un autre message était plus sibyllin. « Raymonda doit rester chez le frère de la femme du petit salaud. C'est à mon père, et seulement lui, de s'en occuper. Si elle veut faire l'oiseau, laisse-la. » Le texte devait peut-être concerner la moitié d'un village libanais, sinon la structure interne d'un groupe des FARL, « petit salaud » étant la traduction littérale en français d'un mot affectueux en arabe. A ce propos, Georges me dictait souvent des phrases assez mal tournées en français, parce qu'elles devaient correspondre à une construction grammaticale précise, une fois traduites en arabe.

L. G. – Il ne vous a jamais parlé de sa famille et notamment de ses frères?

J.-P. M. – Non, jamais. Une fois, il m'assura que son père lui avait inculqué des notions de médecine, alors qu'il se plaignait des yeux ou des dents en détention. Au printemps 1985, il me dira aussi, assez brièvement, que sa « petite sœur » avait été enlevée et torturée par les phalangistes libanais. Je ne sais s'il s'agissait d'une vraie sœur ou d'une militante jeune et particulièrement proche de lui, mais l'épisode survint alors que la justice française avait envoyé une commission rogatoire internationale à Beyrouth, c'est-à-dire une demande officielle de renseignements qui donnait un prétexte à la police libanaise pour intervenir contre la famille ou les amis de Georges.

Les médias ont glosé sur le « clan Abdallah » et les villages libanais de Koubayat et d'Andakat, censés concentrer à eux seuls la quasi-totalité des militants des FARL. Face à moi, Georges n'a jamais évoqué ces noms, m'assurant simplement : « C'est rassurant, ce sont des imbéciles. Ils oublient les poules et les œufs. »

L. G. – Avez-vous pu déterminer d'où vous appelait « Nathalie »?

J.-P. M. – Je n'en sais rien. Je l'avais laissée le 29 octobre au soir à Ostie, et elle a pu prendre l'avion comme se réfugier dans une autre planque italienne, sinon dans un pays européen voisin. Quand je me plongerai dans les dossiers judiciaires, je noterai, d'après toutes les enquêtes policières, l'extraordinaire mobilité des FARL qui pouvaient faire des milliers de kilomètres en très peu de temps, pour les besoins de leur cause. Les révolutionnaires utilisent tout autant l'avion que les hommes d'affaires.

Mes contacts téléphoniques avec « Nathalie » dureront un mois, et encore, puisqu'il seront entrecoupés de voyages. Elle ne me rappellera pour la première fois que le 8 août 1985. C'est dire qu' « Alex » a dû ensuite soit trouver une autre méthode pour atteindre l'extérieur, en disposant d'autres messagers, mais de façon probablement irrégulière, soit être relativement isolé.

L. G. – Comment apprécier l'utilité, pour le Service, de ces messages?

J.-P. M. – Tout dépend du décodage, et de la lecture pratique qui en a été faite, sinon des résultats sur le terrain. Moi, j'étais chargé de transmettre les morceaux d'un puzzle qui se reconstituait pièce par pièce. Cela ne devait pas être inutile, puisque la confiance que me manifestait la Piscine était de plus en plus évidente. J'ai pu le juger à l'augmentation sensible de mon indemnité mensuelle. Mon correspondant me fit aussi rencontrer un autre personnage, « Monsieur Jean », dont on me précisa par la suite qu'il était psychologue. C'est donc que l'on me testait, encore et toujours, pour me confier d'autres tâches.

L. G. – Inversement, Abdallah était content de vous?

J.-P. M. – Je faisais mon travail « normal » de militant, à ses yeux. Il était quand même très soucieux de ma sécurité. Pour l'inciter à se découvrir davantage, car il n'y avait pas que ses relations avec ses camarades, je lui dis, début décembre 1984, que j'avais le sentiment d'être suivi. Il me demanda de lui décrire les suspects et je lui fis un portrait analogue à celui des hommes qui avaient voulu m'intimider à Trieste... Georges me suggéra alors de prendre un visa pour le Liban, m'assurant que je pourrais me rendre compte sur place de la vie quotidienne des militants et éventuellement y travailler, par exemple au service des visas du consulat de France! La proposition peut paraître naïve sinon cousue de fil blanc, mais j'étais alors son seul avocat, il avait un besoin presque organique que je reste à ses côtés, et ma sécurité lui était essentielle, sinon il ne disposait plus de courroie de transmission quotidienne. Je crois qu'il a eu vraiment peur pour moi, puisqu'il m'a expliqué que le Mossad avait pour tactique d'éliminer chaque relais d'un groupe ennemi. Je lui paraissais donc directement visé. Mais il ne me donna pas pour autant un « contact » à Paris. Au contraire, une fois que mon visa libanais me fut refusé, il me demanda de prendre une semaine de vacances, pour me faire oublier de mes suiveurs éventuels.

L. G. – Vous n'avez jamais eu de contact à Paris, depuis l'arrestation d'Abdallah?

J.-P. M. – J'ai cru en avoir. Vers la fin novembre, Georges était en prison depuis un mois et il n'estimait plus qu'il s'agissait d'un malentendu. Selon les bribes d'informations que me donnait le Service en pâture, Abdallah avait tout d'abord donné des consignes d'apaisement et de modération à ses camarades, à travers une série de messages. Mais il avait ensuite vu les choses de façon plus réaliste et compris qu'il lui faudrait passer à l'action pour obtenir sa libération. D'où des messages plus musclés, ce que me confirma un soir « Nathalie » par téléphone. Nous étions le 22 novembre 1984 et elle m'assura que « quelqu'un » passerait le lendemain à 11 heures à mon cabinet. J'avertis le Service, après avoir enregistré la conversation. « On » décida de me transformer en micro ambulant, en me fixant rendez-vous dès 9 heures le lendemain matin, près de mon domicile, à proximité de la place des Vosges.

En sortant de chez moi, je remarquai plus de clochards que le poivrot habituel qui couchait dans une porte cochère. Mon correspondant m'assura qu'il s'agissait d'agents du Service, grimés comme pour mardi gras, qui s'assuraient que la voie était libre. En fait, la Piscine avait renoncé à son projet initial de micros, l'estimant trop dangereux pour moi. « On » me faisait confiance et je devais tout mémoriser. Je téléphonai alors à ma compagne pour lui dire qu'elle pouvait disposer de la voiture – un cadeau récent, dont je n'avais pu faire bénéficier « Alex » pour l'opération « jardinage » – comme elle l'entendait. Elle me fit part d'un coup de téléphone personnel, survenu juste avant mon départ. Une voix d'homme m'avait demandé et, devant mon absence, avait laissé un message, après un instant d'hésitation : « Vous lui direz que c'est de la part d' " Alex ". »

J'étais certain qu'il s'agissait de mon rendez-vous de 11 heures, qui se décommandait, mais ce correspondant presque anonyme souhaitait peut-être reporter notre rencontre. Comment le rattraper? Le Service m'envoya attendre, presque pour la forme, l'homme à mon cabinet. Comme prévu, il ne vint pas et, hélas, ne se manifesta plus.

L. G. – Que ce soit ce mystérieux correspondant ou les coups de téléphone de « Nathalie », tout semble indiquer que les FARL n'étaient plus à cette époque à Paris, ou n'y venaient qu'à l'occasion.

J.-P. M. – C'est ce que j'ai pensé. « Alex » avait dû donner des consignes générales de prudence après son arrestation, puisqu'il ne savait pas de quelles informations disposaient ceux qui l'avaient repéré. « Nathalie » se trouvait hors de France, j'en aurai la preuve, et le camarade annoncé qui a fait faux bond au rendez-vous ne devait pas non plus être basé à Paris, car il m'aurait, sinon, retéléphoné dans la journée même. L'hypothèse d'une évacuation des FARL hors de France avait été avancée très tranquillement par « Alex », quand il avait été appréhendé par la police.

L. G. – Puisque vous n'étiez pas dans la confidence de la signification décodée des messages, comment perceviez-vous l'évolution tactique du groupe?

J.-P. M. – J'ai souligné qu'il y avait deux sortes de messages, des phrases très codées et d'autres plus personnelles. Et puis, je lisais dans les yeux de Georges la façon dont il recevait les messages, sans parler de ses commentaires personnels. Au cours de chacune de mes visites, je pouvais saisir une atmosphère, guère plus. C'était ce que voulait le Service, car je devais garder un rôle aussi neutre que possible. Alors, j'ai joué au facteur, lisant les cartes postales d'un genre spécial que l'on me confiait.

Mais je sais bien que l'essentiel se passait à un autre niveau. Georges me dicta ainsi un jour ce message pour « Nathalie » : « Il est en bonne santé. Il a bien reçu les deux lettres de Samuelsa. C'est à elle qu'il fait confiance. Qu'elle garde les petits chez son père, qu'elle ne se déplace pas beaucoup. Une fois par mois, c'est beaucoup. » Cela paraît compréhensible, dans son sens général, mais ce sont les détails qui comptent pour agir. Les « petits » désignent-ils des militants, des armes? Qui était Samuelsa? Il m'avait fait répéter ce nom à plusieurs reprises, pour être sûr que je l'avais bien saisi. Où vivait ce « père », au Liban ou en Europe?

Était-ce une personne ou une organisation? Et d'où venaient les deux lettres dont il était question? Là, je restais dans le flou le plus total. Ce ne devait pas être le cas pour le Service.

Peut-être que l'administration pénitentiaire a fini du reste par s'apercevoir que Georges recevait des messages de l'extérieur. Début janvier 1985, à Lyon, il me demanda de lui amener le lendemain un pull-over en lin, je crois. Quand je suis retourné à la prison Saint-Paul, le jour suivant, avec un tricot des plus communs, on m'apprit, sans commentaire, que mon client avait été transféré dans la nuit à la prison de la Santé à Paris. J'ai eu sur le coup un doute : craignait-on une tentative d'évasion à cause de ce pull, qu'il pouvait tenter de défaire et de retresser? Avait-on installé des micros capteurs dans le parloir? Me soupçonnait-on, même vaguement, de l'aider pour une éventuelle évasion?

L. G. – Hormis les messages et les lettres, Abdallah recevait-il beaucoup d'informations en prison?

J.-P. M. – Comme la plupart des prisonniers, il lisait certains quotidiens, mais français seulement, au contraire de Joséphine Abdo qui, dans sa prison italienne, pouvait s'abonner à des journaux libanais. Et Georges, qui deviendra vite une personnalité en détention, vu la résonance publique de son dossier, se promenait plutôt seul. Il se trouvait en prison à côté de détenus de droit commun avec qui il ne parlait pas politique et desquels il ne pouvait guère attendre de nouvelles. Mais il recevait des lettres d'Abdo, en arabe, lues au préalable par la censure, qui lui donnaient des précisions sur la situation au Proche-Orient. Tout partait et tout revenait vers Georges.

Ce qui l'a beaucoup plus isolé, ce sont les actions du Service. Abdallah appelait les agents de la DGSE les « petits garçons », peut-être en souvenir de ceux repérés au Liban. Mais il a très vite changé de ton, et en janvier 1985, il ne me donnera plus le moindre message, mes contacts avec « Nathalie » ayant été coupés. Car il était impossible pour le Service d'avoir à la fois un afflux de messages entre les différentes « têtes » du groupe et d'agir parallèlement, puisque chaque action, en principe fondée sur les informations des messages, devait logiquement tarir ceux-ci... en me faisant soupçonner. Georges, pendant un temps, me jugera chien fou, me reprochant mes imprudences quand je lui décrivais, à sa demande, ma vie quotidienne. Puis, mais il ne me le dira pas avant six mois, quand j'aurai été « blanchi » dans je ne sais quelles conditions, il demandera à ses camarades, probablement par un message confié à un détenu libéré, de faire une enquête sur moi. Je ne m'apercevrai de rien, je ne sais même pas si les FARL m'ont surveillé à Paris. Professionnels de l'action, ils étaient beaucoup plus méfiants que moi.

6.

JACQUELINE ESBER

Dans l'avion qui m'emmenait à Rome, j'étais assailli par des pensées contradictoires. Un mystérieux rendez-vous, avec une personne inconnue, dont je ne connaissais que la voix. C'était la trame d'un scénario!

En fait, le véritable début du film, on m'en avait déjà confié le premier rôle, sans même me demander mon avis. J'avais envie de modifier le cours des événements, d'influer sur le script : « Coupez, la scène est mauvaise, il faut la refaire. Et puis, qu'est-ce que c'est que cette histoire, le héros ne meurt pas à la fin. »

C'est vrai, quoi, on ne paie pas 30 francs sa place de ciné pour voir un mauvais remake, fait par des gens qui tirent leur inspiration de Marx ou de Lénine.

« Monsieur, vous n'avez rien à dire, vous n'êtes pas un spectateur, mais un acteur, et nous vous déplaçons à notre guise. Le cachet? Confortable, rassurez-vous. La fin du film? Comment, on ne vous l'a pas dit? Suspense, Simon, pardon, maître Mazurier. »

Ainsi, je délirais tandis que le commandant de bord annonçait, dans l'indifférence générale, que nous survolions les Alpes.

Dans tous les films d'espionnage, bons ou mauvais, il existe une constante : le héros, qui symbolise le bien, aura fatalement maille à partir avec le second rôle, en général une femme, qui incarne le mal. Est-il nécessaire d'ajouter que cette femme est belle à retourner un agent? Jusque dans sa tombe?

Comment est-elle, ma mystérieuse correspondante? Jolie,

séduisante, avec un charme ravageur? J'imaginais ses longs cheveux noirs, son visage en amande, ses yeux sombres qui s'éclaireraient en me voyant.

Je rêvassais. Ma mission était d'infiltrer les FARL et j'envisageais de suivre, quant à ma conduite avec la belle inconnue, une technique d'infiltration toute personnelle. J'avais une compagne avec laquelle j'étais d'une fidélité absolue, et je justifiais à l'avance l'écart que je ne manquerais pas de faire en invoquant les notions de devoir, de patriotisme et l'intérêt du Service.

J'en étais à un point tel que lorsque l'avion me déposa à Fiumicino, ce n'était plus une terroriste accusée d'assassinat que je m'apprêtais à rencontrer, c'était la femme de ma vie. L'avion avait atterri depuis belle lurette et moi, je planais encore, l'inconnue au cœur et ma mission en tête.

J'avais tout de même un peu peur qu'elle soit moche. Je n'eus pas peur pour rien. Et l'expression de son visage, son comportement me firent froid dans le dos.

Jean-Paul Mazurier. – J'étais plongé dans le dossier judiciaire d'un braqueur, mon lot quasi quotidien, ce 31 octobre 1984, quand le téléphone sonna.

« Bonjour. Il faut que vous veniez demain à Rome. Je vous attendrai à l'aéroport. Vous prendrez l'avion qui arrive en fin de matinée. Rendez-vous au bureau de poste de l'aéroport. Vous y demanderez des timbres, en français, en vous excusant de ne pas savoir l'italien. Je serais là.

– D'accord, je vais m'arranger. »

La voix était péremptoire. J'avais reconnu le ton sec de « Nathalie ». Du reste, j'attendais son coup de téléphone. Depuis que Georges m'avait fait évacuer la base des FARL à Ostie, je m'étais habitué à la voix de cette femme, à qui j'avais transmis la veille une série de messages de son chef. Depuis deux jours, j'étais comme immergé dans cette affaire : j'avais revu Abdallah pour la première fois en détention l'avant-veille, et j'étais déjà retourné le voir, dès le lendemain, à la prison Saint-Paul de Lyon. Pour la presse, celle-ci n'abritait qu'un détenu célèbre, Klaus Barbie, mais je savais bien que mon client risquait de faire autant parler de lui que le « boucher de Lyon ».

Laurent Gally. – Vous obéissiez aux « ordres », sans discuter?

J.-P. M. – Évidemment. Le Service m'avait demandé de suivre à la lettre les instructions de Georges et de son groupe, pour tenter de les infiltrer, puis de les remonter. D'un autre côté,

« Nathalie » comme Georges me considéraient comme un militant, et la discipline était donc de rigueur.

J'ai immédiatement averti mes supérieurs, qui m'ont donné leur accord. Je ne savais pas pour combien de temps je partais, et j'ai réservé une place « open » sur le vol Paris-Rome, à l'horaire indiqué par « Nathalie ». Et comme je ne savais pas où pouvait m'entraîner ce rendez-vous, j'ai fait mes bagages avec l'idée que je pourrais rester un temps indéterminé loin de Paris, dans l'espoir de rencontrer sinon de devoir suivre d'autres membres du groupe.

Le 1er novembre, j'ai débarqué à l'aéroport de Fiumicino, à l'heure dite, et je suis allé comme prévu au bureau de poste. J'ai demandé des timbres, face à la postière indifférente, dans une salle minuscule et déserte. Une jeune femme est entrée, sans me regarder. Elle était petite, assez boulotte, en pantalon. J'ai enregistré ces détails comme un flash, sans scruter la femme : c'était ma première mission hors de France, j'étais assez inquiet de ce qui pouvait survenir : et si nous étions tous deux surveillés, puis arrêtés, d'ici quelques minutes? Les autorités italiennes ne filaient-elles pas « Nathalie »?

L. G. – Étiez-vous « accompagné », surveillé ou protégé par le Service?

J.-P. M. – Je n'en savais rien. « On » m'a dit plus tard que oui, en me détaillant presque minute par minute ce que j'avais fait ce jour-là. Mais je n'ai rien remarqué, et c'est normal, puisque la surveillance devait être aussi discrète que possible pour ne pas me griller face à « Nathalie ». Celle-ci s'est approchée de moi :

« Je vois que vous ne parlez pas italien, monsieur. Puis-je vous aider?

– Merci, madame, vous êtes très aimable. Je voudrais des timbres pour des cartes postales. »

J'essayais d'avoir une voix aussi naturelle que possible, alors que je sentais ma gorge nouée. Sans me regarder, « Nathalie » s'est tournée vers la postière pour traduire ma demande, dans un italien qui m'a paru parfait. En même temps, elle m'a glissé dans la main, très discrètement, alors que nous étions les seuls clients dans la pièce, un ticket de bus en me disant à mi-voix, en français : « Je vous attends dans le bus bleu qui est devant l'aéroport. » Puis elle est ressortie, assez brusquement.

J'ai pris mes timbres alibi, puis je me suis dirigé vers la sortie. Un bus bleu, quel bus bleu? Il y en avait bien trois ou quatre, annoncés pour des directions différentes. J'ai eu un moment d'affolement : et si je ne la retrouvais pas, quel échec! Je scrutai chaque voyageur du grand hall, revenant même à l'intérieur de l'aéroport pour tenter de repérer « Nathalie ». Tout à coup, je l'ai vue, d'assez loin, se dirigeant vers un bus. Je l'ai suivie vers l'autocar qui partait pour la « stazione termini Roma », la gare centrale de Rome. Le bus était bondé, mais elle m'avait gardé une place libre à côté d'elle.

L. G. – A quoi ressemblait physiquement « Nathalie »?

J.-P. M. – Elle avait les cheveux noirs, des yeux de couleur foncée. Elle ne semblait pas se cacher, ne portant ni foulard ni lunettes. Je l'aurais prise pour une Romaine, tout simplement. Mais si laconique qu'elle soit, « Nathalie » – mon guide, dirait Bécaud, mais j'étais trop anxieux pour en sourire – me semblait présenter un léger défaut dans la mâchoire. J'ai pensé qu'elle avait peut-être été opérée d'un bec-de-lièvre dans son enfance : elle avait les deux incisives supérieures qui se chevauchaient. Je n'y ai guère prêté attention, jusqu'à ce que le Service me montre, quelques jours plus tard, les photos de Jacqueline Esber, militante recherchée des FARL, soupçonnée du meurtre du diplomate israélien Yacov Barsimantov, à Paris, début 1982. J'ai aussitôt reconnu « Nathalie ». Le Service m'a expliqué que le fils Barsimantov avait poursuivi la meurtrière de son père, qui lui avait fait face à un moment. L'adolescent avait remarqué deux choses : les grosses fesses de cette femme – que les policiers depuis surnomment élégamment « gros cul » – et ses dents de devant largement écartées, ce qu'à la campagne on appelle les « dents de la chance ».

Le postérieur de « Nathalie », caché par son manteau – nous étions début novembre – ne m'a pas paru de dimensions particulièrement notables. Quant à la position de ses incisives, qui se chevauchaient comme pour bien faire savoir qu'elles n'étaient pas écartées, un ami dentiste m'a expliqué par la suite qu'il était très facile de modifier, avec de simples couronnes, l'orientation des dents en général. Je n'en tire aucune conclusion, car je n'avais pas l'impression, en regardant « Nathalie », qu'elle avait de fausses dents.

L. G. – Quelle a été votre conversation, dans le bus?

J.-P. M. – Elle m'a tout de suite demandé les messages écrits d'Abdallah que je lui avais transmis au téléphone. Elle les a lus discrètement, sans parler, puis elle s'est étonnée que Georges ne les ait pas transcrits de sa propre main. Je ne savais pas quoi lui répondre, lui assurant simplement qu'il avait tenu à me les dicter. Puis « Nathalie » a fouillé dans son sac et m'a tendu 1 000 dollars, en coupures de cent. Cela devait me dédommager de mon déplacement et me permettre de couvrir les premiers frais de la défense d'Abdallah, notamment les incessants voyages prévisibles entre Paris et Lyon. Je me suis dit, instinctivement, qu'elle était chiche, puisque mon seul billet d'avion coûtait près de la moitié de la somme. Évidemment, le Service me défrayait de ce voyage, mais elle n'était pas censée le savoir. Enfin, je ne m'étais pas engagé dans cette affaire pour de l'argent, c'est évident.

Le reste du trajet m'a paru interminable : je suais à grosses gouttes, et « Nathalie » ne disait mot. Elle semblait anxieuse, scrutant les autres passagers, et m'a paru très nerveuse, probablement à cause de mon inexpérience qui devait lui sauter aux yeux. Quand le bus est arrivé à la gare centrale, elle s'est levée, s'est tournée vers moi en me glissant : « Je vous contacterai », puis s'est perdue dans la foule. Je me suis retrouvé seul, totalement désemparé dans ce hall de gare, ma mission finie aussitôt que commencée. J'ai erré dans le bâtiment désert, en ce jour férié, puis ai pris une réservation sur le premier avion pour Paris. Afin de tuer le temps, j'ai acheté une mini-machine à café dans le hall de la gare. Le Service me surveillait encore, puisque cet achat me sera reproché à Paris, longtemps après, comme l'une de mes imprudences : et si j'avais été suivi par les FARL, me diront mes supérieurs, ne se seraient-ils pas étonnés de me voir dépenser l'argent de la « cause » dans un achat personnel et coûteux?

L. G. – Avez-vous rendu compte sur-le-champ de cette entrevue?

J.-P. M. – Oui, tout de suite. J'ai téléphoné une première fois de la gare même de Rome à mes supérieurs. C'était encore une imprudence : je ne devais pas téléphoner d'une cabine publique, dans un endroit public, car elles sont reliées à des centraux que l'on peut surveiller et d'où l'on peut, non pas écouter une conversation, mais relever le numéro appelé. Or je composai un numéro « maison », enfreignant une autre des rares consignes formelles de sécurité que l'« On » m'avait apprises. « On » me révélera plus tard que le Service italien avait repéré l'appel et avait contacté à Paris la DGSE pour s'inquiéter de ce coup de fil.

Le Service avait ainsi reçu une demande de renseignements pour identifier le numéro de téléphone composé de la gare de Rome par Me Jean-Paul Mazurier, avocat de terroristes! J'en ai déduit que j'étais non seulement « couvert » par des gens du Service, mais également surveillé par nos homologues italiens, qui m'avaient repéré comme l'avocat des FARL. Heureusement, ils ignoraient que le numéro de téléphone en question était « protégé », sinon ils auraient tout su de mes relations avec la Piscine.

De retour à Paris, j'ai en outre dû, le soir même, faire un compte rendu oral des plus détaillés de cette « escale » romaine.

L. G. – Vous avez ensuite attendu longtemps des nouvelles de « Nathalie » – Jacqueline Esber?

J.-P. M. – Non, puisque les trois voyages – Rome, Genève et Belgrade – où je suis allé à la rencontre de « Nathalie » ont eu lieu entre le 1er et le 24 novembre 1984, soit à peine plus de trois semaines. A mon retour de Rome, je suis allé voir Georges pour lui raconter mon entrevue avec « Nathalie ». Il m'a demandé de lui dresser un portrait physique de mon interlocutrice, comme s'il craignait que je ne sois tombé dans un piège. Une fois rassuré, il m'a dicté une autre série de messages pour « Nathalie ». C'était à l'époque où il croyait encore que son arrestation était une erreur et qu'il allait sortir prochainement, sans problèmes. Il semblait surtout ordonner, je l'ai dit, des mesures « conservatoires » à ses camarades, c'est-à-dire donner des instructions de maintien en l'état de son dispositif, sinon de ses bases. Il souhaitait qu'aucune action violente ne soit envisagée par les militants, ce qui aurait pu retarder son éventuelle libération.

J'étais allé voir Abdallah le lendemain de mon retour à

Rome, et « Nathalie » m'a appelé le jour suivant. Les échanges téléphoniques ont repris, au rythme de mes allers-retours entre Paris et Lyon.

C'est alors que le Service a décidé d'installer dans mon cabinet un dispositif d'écoutes téléphoniques permanent, que je déclenchais à volonté. Auparavant, comme j'étais convenu avec « Nathalie » que je serais à mon cabinet tous les soirs entre 18 et 20 heures, le Service m'envoyait deux techniciens, pour enregistrer nos conversations. Je m'étais même « amusé » à enregistrer certaines conversations téléphoniques, et pas exclusivement dans l'intérêt de la Piscine, puisque j'ai enregistré – et gardé – certaines communications avec le Service, au contenu sans la moindre équivoque sur ce qu'« On » attendait de moi.

Un soir, vers la mi-novembre, « Nathalie » m'a à nouveau demandé de la rejoindre.

« Il y a un TGV qui part dans une heure pour Genève. Prenez-le, je vous attends. »

Toujours le même laconisme, encore des directives péremptoires, mais j'avais ordre d'y déférer sans protester. J'ai tout juste eu le temps de prévenir mon « correspondant » et de filer gare de Lyon. A Genève, la nuit était tombée. Elle n'était pas sur le quai de la gare et j'ai commencé à tourner en rond, du buffet à la salle d'attente, pour repérer « Nathalie ». Personne. L'attente a peut-être duré un quart d'heure, au maximum, mais cela me semblait une éternité. Comme à Rome, j'étais sur des charbons ardents. Je suis sorti de la gare, puis rentré à nouveau, et je l'ai finalement vue dans le grand hall, habillée presque de façon identique qu'à l'aéroport de Rome. Elle devait s'être cachée de manière à observer si je n'étais pas suivi ou « accompagné ».

Elle m'a salué de manière plus cordiale que lors de notre première rencontre et m'a entraîné dans un café, après quelques essais infructueux dans des brasseries qui fermaient leurs portes. Nous étions les derniers clients et nous avons commandé du vin, avant de parler. Encore une fois, elle a lu les messages de Georges, ou plutôt son message qui comportait une dizaine de points, probablement classés par ordre de priorité.

Il y en avait un, et d'importance, dont nous avons discuté, « Nathalie » et moi : Abdallah lui ordonnait de faire référence au mot « opération » si le groupe était prêt à entrer dans une phase plus active. Je n'avais aucun autre détail, ne sachant si cela signifiait précisément la préparation d'un attentat, mais « Nathalie » devait en prévenir Georges, le moment venu, au téléphone, par mon intermédiaire. Un autre point, mineur, demandait à « Nathalie » de donner de l'argent au « petit avocat ». J'avais demandé à Abdallah de s'expliquer sur ce qualificatif : il avait avancé mon âge et mon apparence de très jeune homme pour se justifier. Pour me venger, j'avais modifié de mon propre chef le bout du message me concernant, lui faisant dire de donner « beaucoup d'argent au petit avocat », et non pas simplement de l'argent... Plus tard, Georges me désignera dans ses messages sous le sobriquet de « petit salaud ». Il m'assurera qu'il s'agit de la traduction littérale d'une expression arabe affectueuse, une sorte de code entre lui et ses camarades. Je ne crois pas qu'il y avait là anguille sous roche, puisque dans un de ses messages, Abdallah m'avait dicté : « Raymonda doit rester chez son petit salaud... » C'était une référence importante, car il s'adressait à une personne de son groupe, lui disant de ne pas prendre d'initiative personnelle, mais d'attendre ses ordres par les messages que je transmettrais au groupe.

« Nathalie » et moi avons ensuite bu un coup, comme peuvent le faire des copains, ou des amoureux. Elle s'est enquise de la santé de Georges, de son moral, de ses conditions de détention, tout cela dans un français parfait, avant de me remettre seulement 500 dollars. Mon stratagème pour gonfler mes honoraires ne l'impressionnait guère! Nous nous sommes quittés au bout d'une vingtaine de minutes, presque gentiment, puisqu'elle m'a conseillé de choisir un hôtel bon marché, en m'indiquant une direction de la main. « Nathalie » devait, comme d'habitude, reprendre contact avec moi par téléphone.

L. G. – Vous en avez rendu compte immédiatement au Service?

J.-P. M. – Non, je n'ai pas répété, cette fois, l'erreur de Rome. Je n'ai appelé que le lendemain matin, pour résumer ma très brève mission. Mais comme à Rome, j'ai encore fait quelques écarts : hôtel de luxe près de la gare, avec l' « argent de la cause », petits achats onéreux, du genre radio-réveil-téléphone portatif. Je ne concevais pas à l'époque la vie d'agent comme un sacerdoce, je ne comprenais pas l'utilité des conditions très strictes imposées au cours d'une mission.

Le même jour, j'étais à Paris et j'ai, à nouveau, rendu des comptes : une fois au Service, une fois à Georges.

L. G. – Cette référence au mot « opération » a-t-elle eu des répercussions, entre votre déplacement à Rome et celui à Belgrade?

J.-P. M. – Non, je suis retombé dans une « routine » qui avoisinait en fait le surmenage. Abdallah me confiait des messages, « Nathalie » m'appelait le soir, j'étais épuisé de mes allers-retours quotidiens à Lyon. L'instruction se poursuivait, j'avais mes autres affaires, j'étais débordé. En revanche, le Service pensait enfin tenir un élément déterminant : les FARL allaient passer à l'action et la Piscine serait prévenue à l'avance, avec possibilité probable d'agir sur le cours des événements, dès que Georges se ferait transmettre ce fameux mot d'« opération ».

Je n'allais pas attendre longtemps. « Nathalie » m'a téléphoné un vendredi matin, le 23 novembre 1984, pour me demander de prendre l'avion, un aller simple pour Belgrade, et de la rejoindre le soir-même. J'avais quatre heures de battement pour sauter dans un moyen-courrier à Roissy... mais le Service, prévenu, m'a interdit ce déplacement. « On » m'a expliqué que le délai était trop court, la mission dangereuse (le fait de me demander de prendre un aller simple renforçait cette conviction), et que le « Chauve » – ce qui désignait le Monsieur Finances de la Maison – n'était pas d'accord. J'apprendrai plus tard que ce refus du Service tenait au fait que, cette fois, je devais me rendre dans un pays de l'Est. Et que là, « On » ne pouvait ni m'accompagner ni me couvrir. J'étais relativement nouveau dans ce « job », comme l'on dit à la Piscine, et je me retrouvais seul, ma sécurité en jeu. Ce qui ne modifiait pas, en fait, ma conduite, puisque j'avais toujours imaginé que je voyageais seul, à Rome comme à Genève.

A l'heure où j'aurais dû atterrir à Belgrade, nouveau coup de fil de « Nathalie ». Elle s'étonnait de ma présence à Paris. Je lui ai expliqué que je n'avais pu réunir l'argent nécessaire à mon voyage. Elle s'est faite insistante, mais sans tension :

« Venez, j'ai besoin de vous, je suis malade. Je dois entrer à l'hôpital pour être opérée. »

C'était le mot magique : le Service le savait depuis Genève, et cette fois, mon départ fut décidé en un tour de main, dans l'excitation la plus totale, sans que ma sécurité semblât encore entrer dans le processus de décision.

Le lendemain, j'étais à l'aéroport de Belgrade. « Nathalie » était là, dans le hall d'arrivée, et nous sommes allés à la cafétéria, au premier étage de l'aéroport. Je ne sais si elle le désirait, mais mes rencontres avec « Nathalie » ont toutes eu lieu dans des endroits déserts. Là, c'était particulièrement impressionnant, et j'avais peur. « Nathalie », au contraire, me semblait tout à fait à son aise. Était-ce parce qu'elle me connaissait un peu mieux, ou en raison de notre lieu de rencontre, loin des polices occidentales? Plus tard, Abdallah me confirmera cette impression, m'assurant que ses camarades et les Arabes en général sont chez eux dans les différents pays de l'Europe de l'Est, par lesquels ils transitent à leur gré, sans le moindre problème de visa ou contrôle des autorités.

L. G. – C'est une tendance, sinon une constante, soulignée par les enquêtes policières lors de nombreuses affaires terroristes. Et notamment quant au rôle particulier de la Yougoslavie, base probable de préparation de l'attentat de la rue Marbeuf. Là, vous êtes encore en Yougoslavie, d'où était parti el-Mansouri pour gagner Paris, avant son arrestation dans l'express Ljubljana-Paris...

J.-P. M. – Oui, mais pas seulement la Yougoslavie. Sans aller jusqu'à la filière bulgare évoquée dans l'attentat contre le pape, je ne peux qu'évoquer un souvenir personnel. Quand Frédéric Oriach voudra rencontrer les « camarades » en Syrie, au printemps 1986, Georges lui dira qu'il ferait mieux de se rendre dans une capitale de l'Est, n'importe laquelle, et d'y attendre d'être contacté directement. Ce qui laisse supposer que les FARL avaient leurs entrées dans nombre de ces pays.

Pour l'heure, c'était moi qui étais à Belgrade, dans un décor d'aéroport aussi gai que son architecture stalinienne. « Nathalie » a commencé par me faire des reproches. D'abord, je lui aurais fait rater un avion, du fait de mon retard de vingt-quatre heures. Je lui ai répété que mes finances ne me permettaient pas d'obtempérer aussi rapidement qu'elle le souhaitait, à coups de cartes de crédit, à ses convocations. Elle m'a ensuite fait remarquer que je ne devrais pas descendre parmi les derniers de l'avion. Là, je n'ai pas compris et j'ai esquivé toute discussion. C'est Georges qui m'apprendra, par la suite, que tout militant « se débrouille » pour descendre parmi les premiers de la passerelle d'un avion, afin de repérer s'il est éventuellement suivi. Quand on descend le dernier, on ne peut savoir si les gens chargés de votre filature ne vous reprennent pas « en charge », une fois les formalités de douane accomplies.

L. G. – Vous étiez encore porteur de messages d'Abdallah?

J.-P. M. – Bien sûr, je transportais, comme lors de mes précédents voyages, les papiers où étaient écrits les bouts de phrases que j'avais dictées à « Nathalie », par téléphone, et dont elle tenait à vérifier l'authenticité. Et, comme pour mes déplacements de Rome ou de Genève, mon départ avait été si précipité que je n'avais pas eu le temps d'en prévenir Georges et de lui donner la possibilité d'écrire un nouveau message pour cette rencontre avec sa « confidente », comme il la désignera dans un autre message.

Après ses remontrances, « Nathalie » lut les messages de Georges, très attentivement, puis me parla de l' « opération » :

« Vous allez prendre une chambre à l'hôtel Moscou, dans le centre-ville. Vous y serez contacté par un camarade. Nous l'appelons le " Blond ". Il vous donnera les détails de l'opération. Vous les " lui " transmettrez. Si ce camarade ne peut venir au rendez-vous, je vous ai pris une réservation pour Paris, dans l'avion de demain matin. Vous verrez alors le " Blond " dans la soirée, à 21 heures, au café en bas de votre cabinet. »

Je n'ai pas réagi sur le moment, habitué à ne pas poser de questions. Comme auparavant, « Nathalie » faisait référence à Georges en disant « lui », sans l'appeler par son prénom. Je ne savais rien de l'hôtel et je ne comprenais pas pourquoi ce n'était pas elle qui me précisait ce que serait la fameuse opération. Son ton, autoritaire, ses manières peu souriantes, sa concision, tout suggérait chez « Nathalie » l'âme d'un chef, et j'ai réalisé qu'elle devait être un ou le bras droit de Georges. Je ressentais un mélange de peur et d'excitation à l'idée de rencontrer un autre cadre du groupe et d'avoir des détails sur l'action en cours. « Nathalie » me fournissait un contact chargé de me renseigner, peut-être en raison du cloisonnement classique des organisations « révolutionnaires », mais elle devait la connaître elle aussi puisqu'elle me dicta, parmi les messages à remettre à Georges : « Ceux qui sont près de la mer vont agir. »

Il faut restituer très précisément cet épisode : je suis parti pour Belgrade un ou deux jours après que le mystérieux correspondant, que je devais voir à Paris, se fut décommandé par téléphone en laissant un message « de la part d'Alex ». S'agissait-il du « Blond »? En tout cas, le groupe essayait de me joindre de toutes sortes de manières différentes, pour prévenir Abdallah de l'imminence de l' « opération ».

« Nathalie » m'a ensuite remis une enveloppe en me disant qu'elle contenait 1 000 dollars. Quand j'ai vérifié son contenu, il manquait 100 dollars, ce qui m'a paru bizarre de la part de gens apparemment habitués à planifier des opérations terroristes dans leurs moindres détails. Mon interlocutrice m'a questionné, presque rituellement, sur la vie de Georges en prison, et son état d'esprit. Nous n'avions même pas pris un café, assis côte à côte sur une banquette de l'aéroport, quand elle m'a quitté, presque en s'évaporant au bout d'un couloir. J'ai aussitôt lu le télex de réservation de mon vol pour Paris que « Nathalie » m'avait remis : il était écrit au nom de « Mazurien », et non Mazurier, mais je ne savais pas si la faute venait d'elle, ce qui semblait étonnant puisque j'étais son contact officiel avec Georges, ou de l'employé de la compagnie qui l'avait délivré.

J'ai alors pris un taxi pour me rendre à l'hôtel, une construction de luxe mais où j'ai dû faire mon lit en arrivant dans la chambre, puisque les draps étaient pliés au carré, sur le matelas. Il devait être aux alentours de 18 heures, et je n'avais qu'une chose à faire : attendre. Attendre le « Blond », sans manger, sans sortir. Des heures de gamberge à lutter contre la faim, le sommeil, à vivre dans la tension, en guettant le moindre bruit de pas dans le couloir. Rien. Vers 1 heure du matin, je suis descendu au bar de l'hôtel, à bout de nerfs, laissant des consignes au portier. Whiskies et refrains slaves m'ont distrait une heure au plus. Je suis remonté, presque aussi tendu, pour finir cette nuit blanche dans ma chambre. Le « Blond » n'est pas venu.

Au petit matin, je n'avais plus d'autre solution que rentrer à Paris. Le vol que « Nathalie » m'avait retenu faisait curieusement escale à Zurich, au total quatre ou cinq heures de transit et un voyage me prenant toute la journée. Sur l'aéroport de Zurich, j'en ai profité pour appeler le Service, raconter mon rendez-vous remis, mais surtout dicter les messages dont j'étais porteur et notamment celui concernant les « gens près de la mer ». Ce qui m'étonnait, dans le schéma décrit par « Nathalie », c'est qu'elle me fixait rendez-vous avec un « camarade » au cœur de Paris, alors qu'elle avait toujours tenu à me voir hors de France et que, au total, elle m'avait fait venir à Belgrade pour me renvoyer à Paris! Je me perdais en conjectures sur le rendez-vous avorté de l'hôtel, comme sur l'identité réelle de mon contact. Un supérieur de « Nathalie »? Pour moi, après l'épisode d'Ostie, les « gens près de la mer » désignaient probablement des militants basés en Italie.

L. G. – Le Service a-t-il prévenu son homologue italien, cette fois-ci, et contrairement à l'épisode d'Ostie? Et a-t-il essayé de tendre une nouvelle souricière, autour de votre cabinet, à Paris?

J.-P. M. – Je suis presque sûr que nos collègues italiens ont été prévenus. Quant aux dispositions mises sur pied à Paris, un dispositif de surveillance a été organisé, plutôt qu'une souricière, puisqu'il n'était pas question d'arrêter mon « messager ». Mais ce n'était pas évident : le délai était assez court, et quand je suis entré dans ce café, il était presque désert, un couple et un homme constituaient les uniques clients. Ils semblaient si naturels que je n'ai pas pensé qu'ils appartenaient au Service. J'ai attendu trois quarts d'heure, en vain. Le « Blond » ne s'est pas montré. J'ai averti mes supérieurs, qui m'ont ordonné de décrocher et d'aller tout raconter à Georges. Celui-ci m'assurera plus tard, que le « Blond » avait été enlevé à Paris, sur le chemin de mon cabinet, puis torturé et abattu par le Mossad. Une hypothèse invérifiable, mais, dans cette affaire, beaucoup de services de pays différents ont agi, pas forcément dans la plus totale coordination. Et c'est un euphémisme! J'ai même imaginé que si le « Blond » était venu m'attendre longtemps à l'avance, pour repérer les lieux, il pouvait avoir remarqué des allées et venues louches et s'abstenir. Sans en déduire automatiquement que je jouais double jeu : il était normal que l'avocat de Georges soit surveillé, et de près, notamment par le Mossad.

L. G. – Vous avez revu Jacqueline Esber?

J.-P. M. – Non, je n'ai plus eu rendez-vous avec celle que je continue, tout comme le Service, à appeler « Nathalie ». A cette époque, « Alex » était toujours pour la presse et le grand public Saadi Abdelkader, un Algérien arrêté et détenu pour une vague histoire de faux papiers. L'épisode du « Blond » a rompu tout contact entre elle et moi, même téléphonique, jusqu'au début août 1985, quand elle recommencera à me dicter des messages pour Georges. Et lui-même m'expliquera, à ce moment-là, qu'il avait ordonné à son groupe, par un canal autonome, de rompre tout contact avec moi pendant un temps. Il pensait que j'avais été suivi à Belgrade et que j'avais commis nombre d'imprudences qui avaient peut-être coûté la vie du « Blond ».

L. G. – Le message que vous avez porté à Abdallah compensait quand même l'absence d'informations de la part du « Blond »?

J.-P. M. – Cela n'a pas joué en ma faveur, car il est devenu suspicieux à mon égard. Il savait que je connaissais la phrase sur les « gens près de la mer », et depuis le veille, les événements s'étaient précipités en Italie. D'abord, le jour où je suis revenu de Belgrade, un homme a été arrêté avec des explosifs à l'aéroport de Zurich. Je n'en ai rien su sur-le-champ, alors que cette arrestation – j'ignore s'il s'agissait d'un militant supposé des FARL ou, mieux, si c'était le « Blond » – a peut-être eu lieu pendant mes heures de transit dans cet aéroport. Il y a eu un entrefilet dans un journal, et Georges n'a jamais évoqué cet incident, dont je ne peux établir s'il était en rapport avec mon voyage.

En revanche, un ou deux jours après mon retour à Paris, les policiers italiens – et plutôt la DIGOS, homologue transalpine de notre DST – ont arrêté à Rome sept ou huit Libanais, soupçonnés de préparer un attentat à la voiture piégée contre l'ambassade américaine à Rome, via Veneto. Ce groupe s'est réclamé du Djihad islamique. Une première, à ma connaissance, en Europe. Étaient-ils ces « fameux gens près de la mer » dont parlait le message de « Nathalie »? Abdallah semblait connaître ces militants, puisqu'il m'a assuré, de façon lapidaire, en commentant ces arrestations : « Ce n'est pas grave, puisqu'ils n'ont pas trouvé les armes. » Je ne saurais être affirmatif, mais ces Libanais ont quand même été appréhendés à Ostie, l'ancien port de la Rome antique et la ville même d'où j'avais fait évacuer, sur l'ordre de Georges et avec l'accord du Service, la planque des FARL où se trouvait « Nathalie », à peine un mois plus tôt. C'est un premier élément.

Le deuxième, c'est que Georges m'a assuré, dans la même conversation, que l'histoire de la voiture piégée était un leurre, et que l'action essentielle de ce mystérieux groupe visait à tenter de kidnapper dans le même temps, en profitant de l'affolement général, l'ambassadeur américain lui-même. Je ne sais pas pourquoi Abdallah m'a fait ces confidences, surtout s'il commençait à se méfier de moi, ni d'où il tenait ces informations. Selon mes souvenirs, le diplomate américain en question était juif, et son enlèvement aurait impliqué Israël. En outre, je sais par le dossier judiciaire de cette affaire, dont m'ont parlé des confrères italiens, que les Libanais possédaient dans la planque où ils ont été arrêtés un plan général de l'ambassade, mais surtout un plan particulier de la sortie du parking de la voiture de l'ambassadeur, avec ses horaires les plus fréquents. Selon la police et le dossier judiciaire, ce groupe a été appréhendé la veille du déclenchement de l'opération. Enfin, mais là c'est une appréciation quasi psychologique, les militants des FARL, selon ce que Georges m'a expliqué, se font un point d'honneur à réussir « parfaitement » leurs actions. Et s'ils sont pris, ou si leurs plans échouent, ils peuvent assumer leurs actes en les revendiquant au nom d'un groupe voisin, proche de leurs objectifs. Abdallah, une fois arrêté, s'était bien réclamé du MRUA, le Mouvement révolutionnaire de l'union arabe. Les personnes arrêtées à Rome se sont présentées comme membres du Djihad, une explication plausible pour les Occidentaux, puisque ce groupe avait revendiqué les deux attentats meurtriers de Beyrouth, qui avaient causé des centaines de morts, quand des voitures suicides piégées avaient explosé au cœur des états-majors des forces françaises et américaines d'interposition.

L. G. – Vous dessinez pratiquement les FARL comme l'internationale du terrorisme, et Abdallah comme son chef d'orchestre clandestin. Pensez-vous que l' « opération » de Rome était celle dont vous deviez avoir les détails à Belgrade?

J.-P. M. – Tout me porte à le croire, mais cela reste une supposition. Il faut quand même se rappeler que chaque fois que les FARL préparaient un attentat, les cadres qui l'avaient organisé quittaient la ville cible la veille de l'opération. Je me demande encore où « Nathalie » devait se rendre, et tout autant d'où elle venait, quand elle m'a reproché de lui avoir fait rater un avion. Quittait-elle un dispositif totalement prêt? Je ne peux être sûr de rien quant à ces hypothèses. Les coïncidences restent troublantes.

7.

DAMAS

Deux heures du matin. Ma main tremble un peu quand j'engage la clé dans la serrure. J'essuie sur le paillasson mes pieds souillés de solitude et de liberté. Je ne t'ai pas prévenue de mon arrivée. Seras-tu là, seule? Tu es là. Caroline, que tu es belle quand tu dors. Je te regarde dans la pénombre. Tu as un tel air de douceur que je te pense ainsi toute sortie du ventre maternel.

Il est tard, très tard. Je reviens de Damas et je rentre chez nous. Oh, pas directement : avant, j'ai vu le Service. Agent Simon, au rapport. Mais toi, tu ne sais rien de tout cela. Toi qui attendais un enfant de moi et qui es partie un jour de la maison, sans rien me dire, pour te faire avorter sur les conseils de ta mère et de tes amis. Tous jugeaient ma vie incompatible avec le statut de père de famille. C'est drôle, d'ailleurs : à l'échographie, à l'époque heureuse où nous voulions cet enfant, le médecin nous avait appris que c'étaient des jumeaux, mais qu'un fœtus était déjà mort et que l'autre grandissait en quelque sorte au détriment du minuscule cadavre que tu portais. En fait, je t'avais fait un enfant à mon image. Dans ton ventre, c'était moi, cet être déjà mort et cet autre aspirant à vivre, coûte que coûte, même au prix de ton existence.

Pendant deux longues semaines, je n'ai rien su de toi. Plus tard, j'apprendrai que tu étais restée huit jours en clinique, souffrant mille morts, puis que le père de ta meilleure amie t'avait recueillie. Une nuit, tu m'as téléphoné : « J'ai trop mal, viens me chercher. » Je suis venu. Enfin, je suppose que c'était moi, cette âme défigurée par cette blessure. Blessure de plus, blessure de trop que – j'allais dire toi, mais non, pas toi – la vie et le temps m'avaient infligée.

Mais c'est du passé, et le passé est un mort à qui je tente de fermer les yeux. Tu parles! Des mots, tout cela, des mots mis bout à bout qui me ressemblent, et c'est tout.

Cela fait un mois, déjà. Cette nuit, tu dors, et je te réveille doucement. Tu me dis que tu as pris des somnifères. Tu me demandes pourquoi je ne t'ai pas téléphoné.

Pour toi, j'étais simplement parti en vacances quelque temps. Chiquita, la chatte siamoise que tu m'avais offerte le jour de mon hospitalisation, il y a plusieurs mois, ne semble pas me reconnaître. Elle me fuit. Toi, tu veux te rendormir. Je ne suis parti que dix jours. Bon Dieu! Une espèce de rage me saisit. J'allume. Oh non, je ne joue pas au retour du héros que l'on fête au champagne, qui a droit à des lauriers. Mais souris-moi, bon sang, souris-moi! Tu me reproches de ne pas t'avoir téléphoné? Je ne le pouvais pas. Cela, tu ne le sais pas, mais j'ai pensé à toi. Oh oui, comme j'ai pensé à toi! A chaque minute, chaque seconde. Je te jure que c'est vrai.

En fait, je n'ai pas pensé à toi. Pas une fois. Je n'ai pensé qu'à ma mission. J'aurais préféré crever que rentrer bredouille, revenir avec le poids de l'échec, alors qu'en partant j'étais jalousé par les vieux briscards du Service.

Je suis là. Mais quand vas-tu me sourire, me faire comprendre malgré les somnifères que tu es heureuse de me voir? Rien. Tes grands yeux te mangent le visage, mais quand tu me regardes, c'est moi que tu dévores. Je me rends compte tout à coup que je suis chez nous comme en visite, et qu'il est grand temps que je nous quitte. N'aie pas peur, ma belle, je n'en serai pas quitte pour les pleurs.

Dors, mon amour, dors. Je promène une dernière fois mon regard sur cet endroit, ma « logistique amoureuse », comme diraient les militants, puis sur toi, mon « matériel stratégique », à en croire les mêmes. Ce crétinisme révolutionnaire ne fait plus rire personne mais, sur le moment, cela m'a empêché de me jeter par la fenêtre.

Je reprends mes bagages et je vais dormir ailleurs. C'est fini.

DAMAS

Je t'aimais, sache-le. Tu es la première femme que j'ai aimée. Sois heureuse, surtout sois heureuse. Et vis. Quelque part, n'importe où, mais ne meurs pas, ne meurs jamais. Nous étions ensemble depuis presque deux ans.

Putain de Georges, putain de DGSE.

Putain de moi.

Jean-Paul Mazurier. – Je travaillais presque à temps complet pour la DGSE, avec mes incessants voyages entre Paris et Lyon, puisque j'étais comme attaché à Georges, si l'on excepte mes sauts de puce en Europe, pour aller à la rencontre de « Nathalie ». L'enlèvement au Liban, le 23 mars 1985, de Gilles Sidney Peyroles, le fils du célèbre écrivain-journaliste Gilles Perrault, allait tout changer. Les négociations pour sa libération se multipliaient tous azimuts, et à tous niveaux. Et je me suis retrouvé, pour un temps, dans l'œil – excentré – du typhon... puisque très vite, les FARL avaient revendiqué cet enlèvement, indiquant au gouvernement qu'il avait quarante-huit heures pour libérer Abdallah, faute de quoi Peyroles, directeur du Centre culturel français à Tripoli, au Nord-Liban, serait exécuté. Heureusement, les FARL n'ont pas mis leurs menaces à exécution.

Laurent Gally. – On vous a contacté, officiellement, en tant qu'avocat d'Abdallah?

J.-P. M. – Rien n'est venu du côté français, puisque les transactions, à en croire tout ce qui a été publié depuis lors, ont été menées par l'intermédiaire de l'Algérie [1]. Le gouvernement n'avait pas oublié que le passeport trouvé sur Abdallah, lors de son arrestation, était un authentique passeport algérien, et que des autorités, à Alger, connaissaient donc les FARL. Mais j'ai reçu, le mercredi 27 mars au matin, à mon domicile, un coup de téléphone d'un diplomate syrien. Celui-ci me dit :

1. *Cf.* annexe n° 1.

« Pour des raisons humanitaires, nous avons décidé de vous accorder le visa que vous aviez demandé pour la Syrie. Pouvez-vous vous rendre demain au consulat, à 10 heures? »

Je connaissais ce diplomate. Georges m'avait demandé, fin décembre 1984, de prendre un visa pour le Liban et la Syrie, parce qu'il estimait que ma sécurité n'était plus assurée à Paris, et que je devais disposer d'une base de repli. J'en avais aussitôt référé au Service, qui m'avait donné son feu vert. J'étais allé d'abord au consulat du Liban à Paris, qui m'avait éconduit sans me laisser d'espoir : aucun visa touristique n'était délivré pour le Liban, m'assura un employé. Puis il me regarda, songeur : « Si vous voulez vous suicider, il y a des moyens moins chers... au revoir, monsieur. » Je m'étais alors retourné vers le consulat de Syrie, puissance tutélaire du Liban, et qui a une longue frontière commune avec ce pays. J'avais été tout aussi mal reçu. Le guichetier m'avait quand même pris mon passeport, s'était éclipsé quelque temps, puis m'avait signifié un refus catégorique. Je demandai des explications, et l'on m'introduisit dans le bureau d'un diplomate. Je lui réitérai ma demande, alors qu'il m'offrait un café. J'avais l'impression qu'il soufflait alternativement le chaud et le froid, qu'il poussait ses pions sur un échiquier. Il ressemblait de façon frappante à Omar Sharif, et il m'expliqua d'une voix neutre :

« Depuis la récente visite de votre Président à Damas, nous ne voulons plus que la Syrie garde cette réputation d'État terroriste ou protégeant des terroristes. Nous vous connaissons, vous êtes l'avocat de Georges Ibrahim Abdallah. Vous n'aurez jamais de visa pour la Syrie. Mais ma porte vous sera toujours ouverte. »

Je n'avais rien à ajouter. Et voilà que ce même diplomate, toujours aussi poliment, me téléphonait chez moi, d'urgence, pour m'attribuer d'office un visa que je n'attendais plus. J'ai alerté le Service, qui m'a donné son accord pour le rendez-vous du lendemain, sans instruction particulière sauf de repérer les lieux, les bureaux, de scruter les gens pour pouvoir les décrire, etc. A croire que j'étais le premier agent de la Piscine à pénétrer dans cette mission diplomatique!

L'entrevue a été des plus cordiales. Cette fois, le diplomate n'était pas seul : il m'a présenté à l'un de ses collègues, apparamment de haut niveau.

« Nous vous accordons un visa, pour que vous puissiez faire quelque chose pour Peyroles...

– Vous êtes très aimable, mais cette affaire me dépasse. J'ai demandé un visa touristique, je ne pars pas en mission diplomatique. »

Je faisais l'innocent, comme me l'avait demandé le Service. Cela ne prenait visiblement pas, mes interlocuteurs faisant des moues de circonstance. Mais je n'avais pas entendu le plus incroyable :

« Si vous pouviez aussi faire quelque chose pour MM. Carton et Fontaine... Allez là-bas et venez nous voir à votre retour, nous avons peu de nouvelles de ce qui se passe... Sur place, vous bénéficierez d'une aide, directe ou indirecte. »

J'opposai une résistance enfantine, me cantonnant à la version touristique de mon voyage. Les deux hommes me suggéraient, très officieusement, que les FARL pourraient être responsables non seulement du kidnapping de Peyroles, mais aussi des enlèvements ou de la détention des deux autres diplomates français, survenus plus tôt et officiellement revendiqués par l'organisation du Djihad islamique, depuis Beyrouth. Sans me demander mon avis, les responsables syriens ont alors téléphoné au directeur de l'agence Syrian Airlines pour prendre une réservation, à mon nom, sur le vol Paris-Francfort-Damas, et au tarif réservé aux nationaux de Damas! J'avais l'impression d'être un pion qu'ils déplaçaient à leur gré.

L. G. – Jugez-vous cet épisode plausible? Vous laissiez-vous manipuler sur ordre, où vos souvenirs tournent-ils à l'affabulation?

J.-P. M. – Je ne peux que répéter ce que je viens de dire. Il est trop tard, j'en suis trop loin, désormais, pour avoir la moindre envie d'enjoliver l'histoire. En sortant du consulat de Syrie, le temps pressait. J'ai appelé le Service, qui m'a confirmé son intérêt pour mon départ imminent, débloquant l'argent avant que je ne passe à l'agence. Cette décision s'explique par le fait qu'il ne se passait plus rien, depuis ma dernière rencontre avec Jacqueline

Esber à Belgrade, et qu'Abdallah ne me confiait donc plus de messages se méfiant manifestement de moi.

Il était capital de tester la réaction de Georges aux propositions syriennes, et je me suis rendu dans l'après-midi à la prison de la Santé pour lui demander son accord sur mon départ. Il s'est longuement interrogé, se prenant la tête dans les mains, pour savoir si je devais ou non partir. Sur le visa syrien, selon lui, il y avait un signe manuscrit en arabe qui pouvait me valoir les pires ennuis, dès mon arrivée à Damas. Pour Abdallah, les Syriens me tendaient un piège, c'était évident, mais il ne discernait pas ce que cachait ce voyage presque forcé. Il a finalement écrit une longue lettre que je devais remettre à ses camarades, mais il ne m'a donné d'adresse précise, ni de noms de personnes à contacter. Simplement, je devais téléphoner au journal progressiste libanais *As Safir* et dire à la rédaction que j'étais l'avocat d'Abdallah et que je venais d'arriver en Syrie.

L'entrevue a été si précipitée que je n'ai pas pensé à parler avec Georges de la référence syrienne aux otages diplomates, Carton et Fontaine. Je n'ai même pas évoqué la « suggestion » concernant Peyroles, car je craignais que Georges ne m'interdise alors de partir.

De Peyroles, il m'avait glissé un mot lors de ma visite précédente, laissant tomber, comme si cela ne le concernait pas directement : « C'est un " agent ". Au Liban, on les a tous repérés et depuis longtemps. » Il avait dit cela avec un tel mépris, que je n'avais pas osé poursuivre : son dédain me renvoyait trop brutalement à mon inconfortable position personnelle, et je ne pus prolonger le face-à-face. Il n'avait pas évoqué devant moi l'ultimatum posé par son groupe pour sa libération. Il venait de recevoir la visite de Me Jacques Vergès avant mon arrivée, et je ne sais s'il en avait parlé à son autre défenseur...

L. G. – Abdallah vous avait-il parlé auparavant de la série d'enlèvements survenus au Liban? Etait-il favorable, par principe, à ce moyen d'action?

J.-P. M. – Il n'avait jamais évoqué tel ou tel enlèvement, hormis son commentaire sur les fonctions supposées de Peyroles, pour la bonne raison qu'il désapprouvait le fait de prendre des gens en otages. Il se considérait lui-même comme un otage en

France. A posteriori, il me semble que Georges m'a laissé aller en Syrie pour que je puisse joindre ses camarades et leur rappeler qu'il n'était pas question d'échanger purement et simplement Peyroles contre sa liberté, sans s'assurer que Paris ne l'expulserait pas aussitôt vers Beyrouth. Où il risquait d'être immédiatement abattu par les phalangistes libanais.

L. G. – Et selon vous, quel était le but des Syriens en vous accordant ce visa?

J.-P. M. – J'avais évidemment conscience d'être manipulé par les Syriens. Le visa accordé à l'avocat d'Abdallah n'était probablement qu'un de leurs nombreux gestes de bonne volonté dans l'affaire Peyroles, qui les embarrassait considérablement. Car personne n'ignorait que leurs troupes contrôlaient la zone où le diplomate avait été enlevé, sinon celle où il restait détenu. Quelles étaient les motivations des diplomates, en me parlant de Peyroles, Carton, Fontaine? C'était au Service de les apprécier. Me soupçonnaient-ils d'appartenir à la Piscine? Pas forcément : j'avais demandé mon visa trois mois auparavant, et pas dans le cadre de l'affaire Peyroles. Le fait que j'accepte de partir dans cette période de crise, avec un délai de seulement vingt-quatre heures, aurait dû me faire réfléchir. Mais j'étais trop excité, et le Service aussi. Et puis, les Syriens savaient peut-être qu'Abdallah me faisait confiance, et que je pouvais porter un message, au moins oral, du chef à ses troupes, dans le sens de la modération – ce qui aurait pu les arranger – ou dans le sens de la fermeté, mais ils avaient alors tous les moyens de me neutraliser puisque j'allais me retrouver là-bas entre leurs mains.

L. G. – Quelle était l'analyse faite par la DGSE de cette entrevue au consulat?

J.-P. M. – Une fois le visa syrien en poche, j'avais eu un feu vert financier pour prendre mon billet. Dans l'après-midi, j'étais allé voir Abdallah en détention et j'avais remis sa lettre le soir même au Service pour qu'il la traduise et la décode, afin d'analyser ses intentions. Ce n'est que le lendemain, quelques heures avant le départ de l'avion, que mes supérieurs sont venus me chercher pour discuter, sur le fond, du voyage à Damas. Comme Abdallah, ils avaient très peur qu'il ne m'arrive malheur là-bas. Ils m'ont donc conseillé de téléphoner dès mon arrivée à un numéro « protégé », créé pour la circonstance. Ils ont maintenu la version touristique officielle de mon voyage, m'ordonnant à cet effet d'acheter un appareil photo! Ils se sont enfin étonnés des suggestions syriennes quant à Carton et Fontaine, sans les commenter. Pas plus qu'ils ne m'ont fait de développements sur Peyroles, qu'il n'était pas question que je contribue à libérer. Ma seule mission était de me débrouiller pour aller à Chtaura, au Liban, et d'y contacter des membres des FARL, en ramenant un maximum de renseignements sur ceux-ci. J'étais conscient de n'être qu'un pion que l'on manipulait en lui disant le moins de choses possible.

Je partais pour la Syrie comme fantassin de première ligne d'une opération toute militaire. L'un de mes correspondants me dira ensuite : « On était tous derrière toi. »

L. G. – C'est vrai, vous donnez l'impression dans cette affaire d'aller comme un soldat au feu, sur ordre, sans rien connaître des plans de l'état-major, ami comme ennemi.

J.-P. M. – Mais c'est la vérité. J'étais un « agent noir » du Service depuis seulement sept mois, et sans la moindre formation. C'était la règle du jeu, je l'avais acceptée. Pour cette mission, j'étais surtout pressé d'arriver à Damas, quelles qu'en soient les conséquences, et d'approcher ces FARL que je mythifiais un peu, après mes contacts avec Abdallah, ou ceux avec « Nathalie », qui avaient chaque fois tourné court. J'avais le sentiment d'aller pour la première fois réellement « au charbon », même si mes contacts avec Abdallah comptaient tout autant pour le Service. Nous nous étions habitués au maillon dirigeant, nous voulions tirer toute la chaîne. Personnellement, je pensais que, privés de chef, les membres des FARL ne pouvaient qu'être plus dangereux. Mais je n'avais aucune illusion sur mon possible rôle dans la libération de Peyroles.

L. G. – Cela s'est confirmé sur place?

J.-P. M. – J'ai eu l'impression de pénétrer en territoire ennemi dès que je me suis assis dans l'avion. Je n'ai rien repéré de particulier... hormis le directeur de l'agence aérienne syrienne à Paris, celui-là même à qui avaient téléphoné les diplomates. Mais le pilote s'est chargé de me distraire de mes soupçons : il faisait de véritables piqués pour nous faire admirer les montagnes de Crète, et à chaque virage, l'avion suivait une aire si serrée qu'un fauteuil s'est décroché sous l'effet de la force centrifuge. En tant que passager, je ne valais guère mieux.

Une fois arrivé à Damas, j'ai franchi sans difficulté les formalités douanières et de police. Un taxi m'a abordé – je le retrouverai par la suite – et m'a conduit dans un palace, alors que je lui avais demandé en anglais, qu'il comprenait parfaitement, un hôtel raisonnable. Je me suis retrouvé dans une chambre anonyme du Chams Hôtel où, en allumant la télé, je suis tombé sur un film de Lino Ventura en français. L'Hexagone me rattrapait. La plupart de mes interlocuteurs de l'hôtel me parlaient en français, y compris un jeune serveur tunisien qui m'affirma d'avoir fait des études d'ingénieur à Moscou.

Je n'ai pas, comme le Service me l'avait ordonné, téléphoné au numéro protégé qui avait été mis en place, pour assurer que tout allait bien. Je pensais que ce coup de fil risquait de me faire repérer, mais j'ai commis une grosse erreur, puisque j'ai mis Paris en état d'alerte, dès le début de cette mission. Je ne suis pas sûr, même maintenant, que les standardistes syriens n'auraient pas été intrigués de m'entendre téléphoner à une voix d'homme, et d'âge mur, dès mon arrivée, plutôt qu'à une fiancée.

J'ai appelé, de l'hôtel, le journal libanais *As Safir* qu'Abdallah m'avait indiqué comme seul contact. On ne pouvait, de Damas, téléphoner au Liban qu'entre minuit et 6 heures du matin, je ne sais pourquoi. Je suis tombé sur une voix anonyme, vraisemblablement un journaliste, à qui je me suis présenté, lui indiquant où j'étais. Il m'a assuré :

« Je vous envoie, dès demain, le premier journaliste de notre quotidien. »

Et j'ai recommencé à attendre, en vain, toute la journée du lendemain, puis du surlendemain. J'étais arrivé le 29 mars, nous étions le 31 et je brûlais d'agir, si le journaliste annoncé me faisait faux bond. Je me suis enquis, auprès des serveurs comme du directeur français de l'hôtel, de la façon la plus simple de franchir la frontière libanaise, en avouant carrément à ce dernier que je n'avais pas de visa.

L. G. – Tout cela n'était-il pas plus que voyant pour un

touriste qui s'enferme dans un hôtel, puis demande poliment comment effectuer un voyage manifestement interdit?

J.-P. M. – Pas forcément. J'étais un touriste qui avait entendu parler du Liban comme d'un pays magnifique, nous étions à trois quarts d'heure de taxi de Chtaura, l'agglomération libanaise la plus proche, et le directeur m'a expliqué que nombre de touristes faisaient l'aller-retour Chtaura-Damas dans la journée, laissant simplement leur passeport au poste frontière, en entrant au Liban, et le reprenant à leur retour.

Le directeur a quand même été plus prudent : il estimait que c'était de la folie pour un Français de vouloir se rendre au Liban sans visa, Peyroles étant toujours détenu. Il m'a conseillé d'aller d'abord à Amman, la capitale jordanienne distante de deux ou trois heures en taxi, pour y redemander un visa au consulat libanais. Car il n'y a pas de consulat libanais à Damas, comme pour marquer que les Syriens ne considèrent pas leurs voisins comme indépendants, mais comme des « frères » malheureusement séparés par l'Histoire.

J'ai donc commandé un taxi pour le lendemain matin, très tôt, auprès d'un Syrien de la direction de l'hôtel. Puis je suis allé au restaurant italien de l'hôtel, qui possédait trois restaurants distincts : un chinois, un international, et cet italien. Une fois de plus, j'ai commandé le même menu, des lasagnes et du vin. Il était environ 17 heures, quand j'ai été pris d'un violent malaise au milieu du repas. Deux serveurs ont dû me transporter dans ma chambre, quasi inconscient. Quand j'ai repris mes esprits, il faisait encore nuit et mon réveil marquait 6 heures. Je me suis habillé en hâte, de peur que le taxi commandé pour cette même heure la veille ne m'attende pas. Descendu dans le hall de l'hôtel, j'ai cherché en vain le taxi. En attendant, j'ai demandé ma note, mais on ne pouvait payer qu'en dollars, et je n'avais plus que de l'argent syrien sur moi. Les dollars que j'avais apportés de Paris m'avaient été volés pendant la nuit, je suppose. Très tendu, mais sans faire d'esclandre, j'ai demandé à changer de l'argent.

« Juste en sortant, monsieur, vous trouverez sur votre droite une petite bijouterie où l'on vous changera sans problème. »

Je suis sorti, par réflexe, et j'ai vu la rue animée, brillant de tous les néons des devantures. A 6 heures du matin? L'évidence m'a enfin sauté aux yeux : il était 18 heures, et non 6 heures. Affolé, je suis rentré dans le hall de l'hôtel : le calendrier du concierge indiquait « lundi, 1er avril ». Le traditionnel poisson d'avril était saumâtre : j'avais « dormi » vingt-cinq heures d'affilée ! Les crampes d'estomac et la nausée qui me tenaillaient m'ont resitué dans le plus classique des romans d'espionnage : on m'avait drogué, ce qui « leur » avait permis de me neutraliser et de fouiller tous mes bagages... dont la lettre de Georges aux siens. Je n'apprendrai que le lendemain, à Amman, que Peyroles avait été libéré pendant que je « dormais ».

J'étais assez paniqué, mais je devais tenter, coûte que coûte, de poursuivre ma mission. J'ai redemandé un taxi pour 4 heures du matin, sans broncher, puis suis allé dîner... au même restaurant italien, en demandant encore des pâtes et du vin. Ce n'était même pas un geste de défi : le vin, l'eau pouvaient être trafiqués, quel que soit le restaurant choisi. Il ne s'est rien passé d'anormal : le lendemain, le taxi m'attendait à l'heure dite.

L. G. – Mais votre mission avait-elle encore un sens, après ce « contretemps » révélateur ?

J.-P. M. – Je ne savais pas, sur l'heure, que Peyroles avait été libéré. Mais ma mission était autre et je ne voulais pas revenir bredouille. Je n'avais aucune illusion sur la surveillance constante dont je devais être l'objet. Mais je voulais agir étape par étape, en affrontant au fur et à mesure les obstacles.

Mon chauffeur de taxi parlait peu l'anglais et était très taciturne. Le trajet pour Amman a duré quatre heures, entrecoupé de multiples barrages militaires, que le taxi franchissait directement, au contraire des voitures particulières qui étaient fouillées, puis des formalités de douane. Je ne voyais même pas le paysage, puisque le jour n'était pas levé. En entrant dans Amman, j'ai été frappé par les innombrables et gigantesques portraits du roi Hussein, qui s'affichaient à chaque carrefour. L'étape a été de courte durée : le consulat du Liban m'a refusé tout visa, en regrettant que je ne l'aie pas demandé à Paris, comme devaient le faire les Français ! Je n'ai pas insisté : le chauffeur de taxi m'assurait qu'avec un bakchich suffisant, je pourrais traverser aisément la frontière syro-libanaise.

Retour donc sur Damas, sans la moindre interruption, puis

le taxi a bifurqué vers la route de Chtaura. La journée était interminable : mon chauffeur s'est arrêté une dizaine de fois, pour prévenir ses amis qu'il allait au Liban et prendre leurs commandes de nourriture et de marchandises, la vie au Liban étant nettement meilleur marché qu'en Syrie. Je me morfondais à chaque détour, chaque arrêt, mais je dépendais de la bonne volonté de ce chauffeur, et ses démarches me rassuraient : nous devions pénétrer sans difficulté au Liban, comme il me l'avait dit, s'il se chargeait de tant de commissions! Je regardais fréquemment la route derrière nous : nous n'étions pas suivis de façon ostensible, mais cela ne voulait pas dire grand-chose, les téléphones sont efficaces.

Nous avons dépassé les postes de douane et de police syriens, ainsi que celui de la douane libanaise, remplissant sans problème les formalités habituelles. Mais la police libanaise nous a arrêtés : je voyais mon chauffeur parler en arabe, montrer des liasses de livres syriennes, le sous-fifre en uniforme qui lui faisait face ne voulait rien entendre, au grand étonnement de mon chauffeur. Ce policier ne s'est jamais adressé à moi, me jetant un bref coup d'œil avant de se plonger dans mon passeport. Ses instructions devaient être formelles.

Je voulais passer. Je suis ressorti du poste de police pour tenter de parlementer avec les autres policiers présents, qui braquaient nonchalamment leurs mitraillettes Kalachnikov sur moi. Ils devaient avoir seize ou dix-sept ans, en moyenne. J'ai proposé de leur laisser mon passeport en dépôt. Encore un refus buté. Les autres voitures défilaient devant moi.

Soudain, une conduite intérieure noire, avec quatre hommes élégamment habillés, très calmes, stoppa à mon côté. Un passager ouvrit la fenêtre.

« Où allez-vous, monsieur? Puis-je vous aider? »

J'ai hésité, scruté les têtes des passagers, puis je me suis jeté à l'eau : « Je vais à Chtaura.

– Cela tombe bien, nous y allons aussi. »

En fait, nous étions à dix minutes à peine de Chtaura. Je dus lui dire que je n'avais pas de visa.

« Cela n'a aucune importance. Montez avec nous. » Je sentais son offre sérieuse et j'ai revu, comme dans un flash, le diplomate syrien me délivrant mon visa pour Damas à Paris et m'assurant : « Vous bénéficierez d'une aide, directe ou indirecte. » Mais j'ai eu peur, ils avaient des mines lugubres et leur voiture ressemblait tout à coup à un cercueil.

« Merci, vous êtes très aimable, mais je suis en taxi et je vais continuer avec mon chauffeur.

– Vous êtes sûr que vous ne voulez pas venir ? » insista l'homme. Nouveau refus de ma part. L'homme me dévisagea, puis referma sa vitre et la voiture noire reprit sa route.

J'ai eu l'impression d'avoir peut-être laissé passer une chance qui ne se représenterait pas et, en même temps, je ne regrettais rien. Cette voiture pouvait m'entraîner vers je ne sais quel piège, sinon vers la mort. Mais je me retrouvais au même point, face aux policiers impassibles et inquiétants, avec mon brave chauffeur de taxi. Il me conseillait de ne pas insister, de rentrer à Damas.

Je me suis alors résigné, mes poches vides, à lui confier une mission de la dernière chance. J'ai griffonné un mot qu'il devait remettre au pâtissier de Chtaura, dont Abdallah m'avait parlé sans me donner de nom précis. Le message était laconique : « Je suis " le " Français. Je suis bloqué au poste frontière. Venez me chercher. » J'avais conscience de mon imprudence et du peu de chances que cette démarche avait d'aboutir. Mais je n'avais plus le choix, et j'ai dû attendre le retour de mon chauffeur... dans les locaux du poste de police. Je me rendais compte que toutes mes initiatives étaient transparentes, mais heureusement je ne parlais pas arabe, cela m'a évité probablement bien des commentaires qui m'auraient fait frémir.

Je pensais attendre une demi-heure, quarante-cinq minutes au maximum. J'ai dû patienter environ quatre heures... avant de voir mon taxi, bourré jusqu'aux fenêtres de marchandises. Lui, au moins, n'avait pas perdu son temps. J'étais parti depuis 4 heures du matin, il était environ 21 h 30, et mon chauffeur m'a assuré, serein, qu'il n'avait pas trouvé le pâtissier de Chtaura, qu'il en était désolé et qu'il fallait maintenant regagner Damas. Je me sentais misérable, totalement impuissant.

Et je suis retourné à l'hôtel Chams que j'exécrais depuis mon empoisonnement et que je pensais avoir quitté définitivement. Je demandai quand même à mon chauffeur, en dépit de mes finances, de refaire le lendemain le voyage de Chtaura, pour tenter de prévenir les « camarades » par l'intermédiaire du pâtissier. Comble de l'ironie, le portier de l'hôtel me donna la même chambre que j'avais quittée au petit matin... Je n'avais plus de quoi régler la note.

En entrant dans la chambre, j'eus une autre demi-surprise : entre les deux lits, toute la console du téléphone pendait, les fils arrachés. Je n'étais plus étonné : j'avais été espionné pas à pas, je m'en doutais, mais je n'avais plus la force de me demander pourquoi les Syriens avaient saccagé une installation d'écoutes qui ne devait pas être bon marché. Je me suis endormi sans demander mon reste.

Le lendemain, un mercredi, j'attendais mon chauffeur vers midi. Personne. J'étais de plus en plus tendu, sans argent. Je me suis assis sur un pouf, dans le hall de l'hôtel, jusqu'à 21 heures. Le directeur a fini par téléphoner à la compagnie de taxis : mon chauffeur était resté chez lui, pour ne pas engager de frais d'essence à perte! Je n'ai pu que laisser en caution ma carte d'avocat à la réception – elle y est encore – et partir m'installer au Méridien... que je pouvais payer de Paris, par télex.

Toute la journée du lendemain, j'ai multiplié les démarches pour tenter de repasser la frontière et appeler ma famille à Paris pour sortir de mon guêpier financier. Cela me prit des heures, mais je pus commander, le soir venu, un taxi pour le vendredi matin. En direction de Chtaura. Je suis retombé sur le chauffeur qui m'avait pris en charge à l'aéroport, à mon arrivée à Damas! Décidément, cette capitale semblait un milieu clos. L'homme semblait ravi de me voir et me promit de m'emmener à bon port, quelles que soient les difficultés. Mais au poste de police libanais le refus des soldats de garde fut aussi net que la première fois, malgré les démarches en tous sens de mon chauffeur.

Plutôt que de renoncer et de revenir à Damas, j'ai fait stopper le taxi pour trouver une alternative. Un des innombrables camions militaires syriens qui passaient s'est arrêté. Dans un anglais approximatif, un jeune soldat, âgé de seize ou dix-sept ans, me demanda ce que je faisais là, et il me proposa finalement de me conduire à Chtaura, moyennant finances. Je dus débourser quelque 300 livres syriennes, pas grand-chose pour moi mais sûrement pas mal pour eux, et les soldats me firent monter à l'arrière de leur camion, avant de s'engager sur une route parallèle à la route officielle, séparée de celle-ci par un grand grillage et réservée aux convois militaires se rendant au Liban, sans aucun contrôle frontalier.

Je n'étais pas très rassuré, en me confiant à la bonne volonté de ces adolescents soldats. J'étais à plat ventre à l'arrière du camion, entre les pieds de deux rangées de soldats assis, la kalachnikov entre les jambes. Si un impertinent avait seulement pris une photo! Le camion s'arrêta après un trajet très court. Les soldats me projetèrent dehors : j'étais à moins de deux cents mètres du poste frontière, que j'apercevais au loin. Les policiers m'avaient aussi aperçu : ils coururent vers moi, leurs mitraillettes à bout de bras. Je ne voulais pas renoncer. Ils me menacèrent sur un ton sans équivoque, jusqu'à ce que le commandant du poste de police vienne lui-même me chercher et me reconduise dans son bureau, à coups de badine.

L'humiliation était totale. J'étais hors de moi, floué et ridiculisé. L'officier me questionna de nouveau sur mes intentions et me demanda le nom des amis que je voulais tant rencontrer à Chtaura. Je bredouillai « Georges », il répéta ce nom en moulinant l'air de sa main. Puis il me montra un registre où il consignait le nom de toutes les personnes qui passaient la frontière dans les deux sens.

« Lisez, vous êtes le seul étranger sur cette liste. On commence à ne connaître que vous, par ici. Et maintenant, Damascus. »

Le ton était sans réplique. Je protestai encore, évoquai mes finances à sec et l'argent que j'escomptais des « amis » de Chtaura. En vain. L'officier se prenait la tête dans les mains, face à mon acharnement, se demandant quel argument autre que la force il allait devoir employer. Finalement, je dus remonter dans le taxi qui m'avait amené et qui attendait la suite des événements. Sur le chemin du retour, mon chauffeur tenta de me consoler.

« Je suis désolé, monsieur, je suis si désolé pour vous... »

Je contemplais, vaincu, la rage au cœur, le paysage aride et morne, alors que le Liban, terre interdite, m'avait semblé verdoyant, avec ses neiges éternelles au loin et sa végétation omniprésente. J'arrivai à Damas au milieu de l'après-midi et je me suis terré dans un hall du Méridien, à ruminer mon échec. Mon avion partait le lendemain après-midi, j'avais encore une matinée pour faire un autre essai.

J'ai renoncé en me réveillant le matin suivant, trop las et malade comme un chien des suites de mon empoisonnement. Je n'avais aucune envie de revoir Paris avec le poids de cet échec, et c'est en traînant les pieds que je m'installai dans mon fauteuil de la Syrian Airlines. Le commandant souhaita la bienvenue aux passagers, les portes de l'avion étaient déjà fermées, quand une hôtesse fit une annonce :

« On demande M. Mazurier au poste de pilotage. »

Très étonné, je me suis dirigé vers l'avant de l'avion. A cet instant, la porte s'est rouverte et j'ai été projeté vers l'extérieur. Quatre hommes me dévisageaient sur la passerelle, qui n'avait pas été retirée.

« Monsieur, vous n'avez pas réglé la dernière nuit que vous avez passée au Chams Hôtel. »

C'était faux, mais je n'avais aucune preuve. Après m'être fait envoyer de l'argent par télex bancaire de Paris à l'hôtel Méridien, j'étais allé au Chams régler la nuit que je devais, mais j'avais oublié de demander un reçu. J'étais éberlué de ce dernier avatar. J'ai tenté de discuter, l'avion allait partir. Je donnais donc mes derniers dollars, ce qui sembla dépiter mes interlocuteurs. Ils me supposaient probablement sans argent, ce qui leur aurait permis de me retenir à Damas.

L. G. – A vous écouter, on a l'impression que les Syriens ont cherché sans cesse à vous humilier. Avaient-ils une chance de savoir que vous étiez un agent en mission?

J.-P. M. – Je ne sais pas. J'ai commis dans ce voyage beaucoup d'erreurs, et parfois graves, mais dont je ne dirai rien car elles relèvent de la sécurité du Service. Il est sûr que j'ai agi comme un chien fou, de façon voyante, mais je n'avais guère le choix.

Mes supérieurs m'ont accueilli plus que fraîchement; l'un d'eux m'a même dit : « Tu commences à devenir dangereux », ce qui me fit froid dans le dos. Depuis, on me brocarde encore sur la « campagne de Syrie », analogue dans le Service à la campagne de Russie et la retraite de la Grande Armée. Les reproches ont été nombreux, et le Service aurait même reçu certains télex demandant des explications d'urgence sur « ce fou que vous nous avez envoyé ». Plus tard, on me dira deux choses contradictoires; d'abord que j'avais failli faire échouer la libération de Peyroles, sans autre explication, et puis cet avis de mon chef: « En fait, ce n'est pas plus mal que vous ayez échoué dans votre mission. Si vous aviez réussi, vous y seriez probablement resté. »

L. G. – Des ratages similaires sont-ils courants pour des agents en mission?

J.-P. M. – Non. C'est un métier où l'on n'a pas le droit à l'échec. J'étais si malade en revenant que l' « On » m'a ordonné de prendre des vacances – un mois et demi sans contact, c'était déjà des vacances – et je n'ai plus vu, non plus, Abdallah pendant cette période. Je lui avais raconté mon voyage dès mon retour, et il s'était reproché de m'avoir laissé partir. « C'est ma faute, je n'aurais jamais dû te laisser y aller », m'a-t-il assuré.

Le Service me gardait, puisque je restais le défenseur de Georges, mais j'étais si désespéré que je me suis préparé à abandonner ma robe d'avocat, allant jusqu'à présenter mon omission au barreau. Mais cette démarche est restée sans suite.

L. G. – Une fois de retour à Paris, vous avez dû apprendre les développements de l'affaire Peyroles et la non-libération d'Abdallah, devenu un personnage public après la découverte, par la DST, de l'arsenal d'une des planques des FARL, un appartement situé rue Lacroix à Paris.

J.-P. M. – Oui. Mais n'oubliez pas que je suis allé voir une seule fois Georges en prison, que j'étais dans un état physique épouvantable, et que la découverte de cet arsenal avait été rendue publique pendant mon séjour à Damas. Abdallah était, bien sûr, devenu un personnage public et faisait figure de terroriste numéro un dans la presse. Mais il ne m'a pas parlé de cette opération de la DST sur le moment.

Et pourtant, les conséquences de cette annonce ont été incalculables : au lieu d'être libéré, Georges a repris un long bail avec la prison, puisque la découverte de cet arsenal a motivé l'ouverture d'une deuxième information judiciaire contre lui, à Paris et non plus à Lyon. Dossier qui lui vaut d'être jugé par une cour d'assises pour complicité dans trois des attentats revendiqués par les FARL début 1982. Je ne suis pas son défenseur dans ce dossier, qu'il jugeait lui-même secondaire à l'époque et qui n'a pris de l'ampleur qu'en 1986, après son procès et son jugement à Lyon. Seul Me Vergès reste son défenseur dans cette affaire. La roue tourne...

L'arsenal de la rue Lacroix était-il le fameux « matériel stratégique » que j'avais été chargé d'aider à déménager? C'est possible, même si j'en doute, puisque les armes dont la nature et la quantité ont été rendues publiques semblent assez communes, par rapport à ce que m'avait laissé entendre « Alex ». Mais impossible de savoir si toute la vérité a été dite d'un côté ou de l'autre.

L'important, dans cet épisode syrien, c'est que la Piscine s'est comme déconnectée du dossier Abdallah pendant l'affaire Peyroles, au contraire de la DST, dont je m'interroge toujours quant aux objectifs : a-t-on voulu sciemment empêcher la libération de Georges? Contre des promesses gouvernementales? Sous ses prolongements judiciaires, la détention d'Abdallah est, dès lors, devenue un dossier politique, tant sur le plan interne qu'au niveau international.

8.

ROME ET TRIESTE

Rome, Turin, Venise, Udine, Trani, Florence, et je dois en oublier : j'ai connu l'Italie non par ses villes mais par ses prisons. Merci quand même, Joséphine.

Abdo fut transférée à Trani. Une petite ville au sud de l'Italie, au bord de la mer. Celle-ci était si proche de la prison que les vagues noires de l'Adriatique se fracassaient contre les hauts murs de cet ancien monastère.

Vingt-quatre heures de train pour te retrouver, Joséphine, mais je le savais, j'aurais ma récompense : la joie illuminera ton visage et nous nous embrasserons. Comme frère et sœur, proches de l'inceste.

Je trouvai péniblement à me loger, à l'hôtel de la Plage. Aucune des chambres ne donnait sur la mer, mais c'était le seul hôtel ouvert, et tout de même proche de l'océan. Pour me rendre à la prison, la « carcere speciale », j'empruntai le bord de mer. Tôt le matin, deux kilomètres de marche à pied, cela vous réveille son homme. Je me remémorais ce vers de Paul Valéry : « Et c'est la mer, la mer toujours recommencée », que Brassens avait transformé en : « Et c'est la mort, la mort toujours recommencée. »

Et c'est la trahison, la trahison toujours recommencée, se disait Simon qui pensait au poète de Sète. Il n'avait qu'une ambition dans la vie, celle d'être un brave type. Il était mort quelques jours avant mon premier procès d'assises. Huit accusés comparurent. Seul mon client put sortir le jour même. J'étais heureux, mais lui, il était mort, lui à qui j'aurais tant voulu dire : « Regarde, j'essaie de marcher sur tes traces. »

A mi-chemin de la prison et de l'hôtel, se dressait une espèce de boutique battue par les vents. Je m'y arrêtai, commandai un whisky. Le barman me regarda, les yeux ronds. Oui, il est bien 8 heures du matin. « Un petit? » Non, un double. Combien? Trente deniers?

Lorsque je vis Joséphine, elle était resplendissante. Moi, j'étais blême. Après trois heures de discussion, j'étais vidé et je devais encore revenir le lendemain. Sur le chemin du retour, je jetai un œil noir à cet abruti qui s'était étonné de me voir avaler d'un trait mon double whisky. Exotoxique, mon bon monsieur, appétance alcoolomaniaque épisodique en rapport avec des états anxieux ou dépressifs.

A l'hôtel, je me laissai tomber dans un fauteuil. Un verre à la main, j'oubliais tout. Tout, sauf Joséphine dont l'image me revint en plein cœur. A chacune de mes visites, elle me faisait jurer que la première chose qu'elle ferait, à sa sortie de prison, serait de manger avec moi une pizza. « Pas dans un restaurant, j'ai pris du poids et j'ai honte de mon corps. Nous la mangerons en marchant, au bord d'une route, et tant pis si le Mossad nous abat. »

Comme d'habitude, je participais à son enthousiasme, à la joie qui allumait son regard. Petite fille condamnée injustement, petite fille de Sabra et Chatila, petite Libanaise, sais-tu que, par moments, je déborde d'amour pour toi? Je ne t'ai pas vue depuis la fin juin. Sais-tu que tu me manques, que j'attends en vain de tes nouvelles?

Tu seras libre le 30 janvier 1986, au soir de ton procès de Trieste, nous en sommes tous persuadés. Je t'accompagnerai à Damas, et là, oh! Je commence à vous connaître, tu me diras au revoir et te perdras dans la foule. Moi, je me retrouverai seul, une fois de plus. Avec la sensation que le fil s'est rompu, comme à la pêche, et que je reste là, alors que le poisson s'est depuis longtemps décroché. Désormais, l'appât n'est plus au bout de l'hameçon, mais de l'autre côté de la canne, à laquelle je m'accroche désespérément.

Mais sais-tu seulement que tu es jolie?

Jean-Paul Mazurier. – Mon retour de Damas avait été calamiteux. J'avais le moral à zéro, et le physique ne valait guère mieux. Je n'ai jamais su si j'avais été drogué ou empoisonné à l'hôtel Chams car les analyses médicales, faites dans la semaine de mon retour à Paris, ne purent rien déceler. Je gardais pourtant des séquelles : ma vue avait baissé, je suis resté pendant deux mois les yeux larmoyants, et il me manquait quatre dixièmes de dioptrie à l'œil droit, que je ne récupère que lentement, dix-huit mois après les faits. Fin mars 1985, j'avais tout l'air d'une taupe, quant à la vision, car je n'intervenais plus dans le dossier Abdallah, le Service m'ayant ordonné de décrocher et de prendre des vacances.

Le « messager » de Georges n'avait plus rien à faire, mais l'avocat allait se remettre en selle. Et par le Service : mon correspondant m'avertit, à la mi-mai 1985, que Mansouri, le « lionceau » que j'étais allé voir à Trieste, ainsi qu'une autre Libanaise, Joséphine Abdo Sarkis, venaient d'être condamnés à seize et quinze ans de prison par le tribunal de Trieste.

Laurent Gally. – Saviez-vous qui était Abdo? Et pourquoi n'aviez-vous pas assuré la défense de Mansouri?

J.-P. M. – Abdo avait été arrêtée en décembre 1984 à Rome, alors qu'elle se trouvait en transit, à l'aéroport de Fiumicino. Je ne sais pas ce que les Italiens lui reprochaient, mais les médias français avaient répercuté l'information en assurant que la

« meurtrière de Barsimantov » avait été appréhendée à Rome. J'en avais touché un mot à Georges, au cours d'une de mes visites à Lyon, juste avant son transfert à la Santé. Il ne m'avait pas fait de commentaire et ne m'avait pas demandé d'aller la voir, comme cela avait été le cas pour Mansouri, ni a fortiori d'assurer sa défense. Pour ma part, je ne savais pas qu'Abdo était « l'Anglaise », ainsi désignée dans un précédent message de Georges. L'attitude d'Abdallah tenait à la suspicion qu'il avait à cette période à mon égard.

Il y a aussi une autre hypothèse : Mansouri avait un avocat italien commis d'office, et Abdo avait désigné un autre défenseur sur place. Il s'agissait d'un avocat romain, Me Edmundo Zappacosta, que Georges appelait, non sans dérision, « El Libertador ». Abdallah, qui connaissait le droit, pensait que ses amis ne risquaient pas grand-chose. Mansouri devait, certes, être jugé pour transport d'explosifs, un délit qui « vaut », selon la jurisprudence établie lors d'affaires similaires, trois ou quatre ans de prison, s'il s'agit juste d'un transport, sans utilisation ultérieure dans le pays concerné. Quant à Abdo, elle était poursuivie pour complicité de transport d'explosifs, sur la base de ses liens établis avec Georges, qui avait loué pour elle un appartement en Espagne et un autre à Ostie.

Or, le procès de Trieste s'est très mal passé : l'audience n'avait pas été annoncée à la presse, ce qui est curieux si l'on veut amplifier les effets de la lutte antiterroriste. Il n'y avait pas de traducteur, alors que Mansouri ne baragouinait que quatre mots d'italien, etc. Le code pénal italien prévoit au maximum quinze ans de prison si l'on est reconnu coupable de transport d'explosifs, et Abdo, comme Mansouri, a eu la peine maximale. Mansouri a écopé d'une année de prison supplémentaire pour son faux passeport marocain. Pourquoi ces peines? Je me suis plongé par la suite dans leur dossier judiciaire, y compris les procès-verbaux de cette audience. Les juges ont tranché sur la foi d'un document en italien, présenté comme un procès-verbal d'interrogatoire de Georges, lors de sa garde à vue de Lyon, où ce dernier se serait présenté comme le chef des FARL, les Fractions armées révolutionnaires libanaises! Et pour faire bonne mesure, il aurait révélé sa véritable identité de Georges Ibrahim Abdallah lors de ce premier interrogatoire, et reconnu qu'il avait ordonné à Mansouri de se rendre à Rome avec des explosifs, pour y commettre ensuite des attentats.

L. G. – Ce document n'était donc pas la traduction d'un des procès-verbaux du dossier français d'instruction?

J.-P. M. – Évidemment pas. Pendant les premiers interrogatoires de Georges à Lyon, non seulement il n'a pas été question de Mansouri, mais Abdallah n'a jamais déclaré être le chef des FARL – c'était l'« aveu » que la justice française a en vain tenté d'obtenir – puisqu'il ne parlait que du MRUA, le Mouvement révolutionnaire de l'union arabe. Les policiers trouvaient certes beaucoup de ressemblances entre les objectifs du MRUA et ceux des FARL, mais c'est ce soupçon que le document de Trieste transformait en certitude. Et puis, il y a l'histoire de la véritable identité d'Abdallah, que je défie quiconque de retrouver dans l'ensemble du dossier français. Georges a toujours refusé de signer les procès-verbaux d'audition et il m'écrit encore sous le nom de Saadi Abdelkader.

Comment la traduction italienne de ce document, accablante pour Mansouri, a-t-elle été réalisée? Première hypothèse : ce faux, car il s'agit d'un faux, et je l'ai répété devant nombre de magistrats par la suite, était l'œuvre de la DIGOS italienne, l'équivalent de notre DST. Ce n'est pas l'instruction menée contre Mansouri qui pouvait éclairer les magistrats transalpins : le « lionceau », qui n'avait pas seize ans, se taisait si obstinément qu'un médecin expert à été désigné pour l'examiner et déterminer... s'il n'était pas muet. Deuxième hypothèse : cette fausse traduction est d'origine française. Le document a été présenté au tribunal de Trieste – et plus tard à Rome, car il figurera à chaque étape judiciaire de l'affaire – comme le résultat d'une commission rogatoire internationale. En effet, la justice italienne avait demandé en France toute une série d'informations sur l'affaire. De quel côté des Alpes ont été retranscrits les faux renseignements sur l'interrogatoire d'Abdallah? Était-ce avant ou pendant la traduction en italien du document? Quoi qu'il en soit, il y a eu une manipulation policière et les magistrats de Trieste ont bien voulu s'y laisser prendre. Leur jugement concernait en fait presque toutes les « têtes » des FARL repérées par les enquêtes policières : Jacqueline Esber a été jugée par défaut, toujours de complicité de transport d'explosifs, mais elle a été acquittée faute de preuves. En revanche, Daher Ferial, une autre militante des FARL, que la presse présentait comme la « fiancée » parisienne de Georges, fut condamnée par contumace à la même peine qu'Abdo, quinze ans de prison, et pour le même délit, puisque l'enquête avait établi qu'elle se trouvait dans l'express Ljubljana-Paris, avec Mansouri.

L. G.– Votre accusation est grave. Un faux document utilisé dans un procès, qu'il soit l'œuvre de la police ou de la justice, rend son auteur passible de la cour d'assises pour faux en écriture publique.

J.-P. M. – J'en suis conscient. Mais j'ai déjà exposé publiquement le problème, que ce soit en plaidant pour Abdo et Mansouri par la suite, ou pour Abdallah lors de son procès de Lyon. Je le répète ici, car je suis avocat, et j'estime très dangereux, pour une démocratie, de devoir manipuler des pièces de justice pour arriver à ses fins. J'ai détaillé cette affaire, même si elle semble purement juridique, parce que je la juge exemplaire. Cela me rappelle le film d'Orson Welles, *La Soif du mal*, où Welles campait un policier fabriquant lui-même des preuves contre des gens qu'il savait coupables mais qu'il ne pouvait pas coincer autrement. Je crois qu'une telle méthode ne devrait être utilisée que dans des scénarios de films ou de romans policiers. Les démocraties doivent combattre le terrorisme sans violer le droit, sinon elles se renient elles-mêmes.

L. G. – Comment Georges a-t-il pris ces condamnations de ses lieutenants ou militants?

J.-P. M. – Je suis retourné le voir sur ordre du Service, puisque je ne lui avais rendu visite qu'une fois depuis mon retour de Damas. Mon retour tombait à un moment crucial : ces condamnations me remettaient en selle, car il fallait qu'un avocat – mais cela aurait pu être Me Vergès – aille débrouiller cette affaire italienne. Effectivement, Georges me reçut très chaleureusement : il me demanda, après des effusions, d'aller en Italie voir Abdo et Mansouri et organiser leur défense pour le procès d'appel. Il était stupéfait de la sévérité des condamnations. Je suis allé deux fois voir Abdo, et seulement elle – car le procureur de

Trieste n'avait pas oublié mon premier stratagème – en juillet et septembre 1985.

Je ne connaissais pas cette jeune femme. Georges me conseilla de l'embrasser, dès que je la verrais et de lui glisser à l'oreille: « I am your brother », je suis ton frère. Abdo était désignée comme « l'Anglaise » dans les messages de Georges parce qu'elle parlait couramment cette langue, et non le français.

Joséphine était incarcérée à la prison romaine de haute sécurité de Rebibia, dans la banlieue de la capitale, où sont détenus nombre de membres des Brigades rouges. Abdo y avait été placée à l'isolement, les autorités italiennes ayant un comportement quasi hystériques vis-à-vis des militants supposés des FARL, depuis l'explosion, au lendemain du jugement de Trieste, d'une bombe qui fit trois morts, au comptoir d'Alitalia à Francfort. Cet attentat avait été revendiqué par téléphone au nom du MRA, Mouvement révolutionnaire arabe, qu'il était difficile de ne pas rapprocher du MRUA, dont Georges s'était revendiqué dès le début. J'obtins, comme je l'avais fait pour Mansouri, un permis de communiquer pour une seule fois. Quand elle entra dans le parloir, je me suis précipitée sur elle pour la serrer dans mes bras et lui glisser le mot de passe. Elle paraissait extrêmement méfiante, et je redoutais qu'elle ne tourne les talons et ne rentre en cellule plutôt que de me parler. Elle m'expliquera très vite sa méfiance, après avoir lu la lettre de Georges que j'ai réussi à lui faire passer. Elle me dit m'avoir pris, au premier coup d'œil, pour un agent secret venu pour l'abattre! Cette paranoïa n'était pas injustifée : Abdo m'expliqua que la veille et l'avant-veille, elle avait reçu la visite de deux hommes qu'elle jugeait être des agents du Mossad israélien. Ceux-ci auraient tenté de l'interroger, puis l'auraient menacée d'obtenir son extradition vers Israël. Impossible, bien sûr, de vérifier ses affirmations. Elle m'a aussi assuré avoir vu arriver, au lendemain de son arrestation, des policiers français très excités, certains de tenir enfin la meurtrière du diplomate israélien Yacov Barsimantov – ce qui pourrait aussi expliquer l'intrusion dans sa cellule d'agents du Mossad – et très déçus de voir que son physique ne correspondait pas aux descriptions transmises par la police judiciaire. Joséphine avait été confrontée, en vain, au diplomate américain Christian Chapman, une autre victime d'une tentative d'attentat des FARL à Paris début 1982, mais ce dernier ne l'avait pas reconnue comme faisant partie de ses agresseurs. Georges lui-même avait souligné, dans un message remontant à novembre 1984, qu'Abdo « n'était pour rien dans tout cela ».

Joséphine avait vingt-sept ans. Elle était assez petite, plutôt menue, avec un visage très doux. Très souriante, elle riait même de sa détention. Elle avait les cheveux noirs et ondulés, mi-longs, et des yeux foncés, expressifs. Elle dégageait une sorte de charme simple, très féminin, au contraire de Jacqueline Esber, par exemple. Abdo avait une pureté, une innocence visibles : elle semblait croire totalement à ses idées. Je pus, d'emblée, lui demander qu'elle me désigne comme son avocat, et elle m'expliqua sa situation judiciaire, plus grave que je l'avais imaginée. La justice italienne l'avait inculpée, en plus de l'affaire jugée à Trieste, de l'assassinat du général américain Leamon Hunt, ancien commandant en chef de la force multinationale au Sinaï, survenu à Rome en février 1984. Mais aussi du délit général de bande armée, équivalent selon le code pénal italien de notre « association de malfaiteurs », ainsi que de « tous les attentats et carnages », selon la traduction littérale que j'en fis, survenus en Italie depuis bientôt deux ans et qui n'avaient pas été élucidés.

L. G. – La justice italienne avait chargé la barque au maximum, mais les autorités de Rome prenaient aussi des risques politiques : l'attentat de Francfort le prouve et les FARL risquaient de faire de l'Italie leur principal théâtre d'opérations.

J.-P. M. – Absolument. J'ai même pensé que toute l'affaire du faux document qui avait permis les condamnations de Trieste avait peut-être été un cadeau « empoisonné » des policiers français aux Italiens. Il était sûr, si les membres des FARL étaient encore présents en Europe, qu'ils ne laisseraient pas passer sans broncher les années de prison qui s'abattaient sur leurs camarades. Cela n'a pas manqué : attentat de Francfort au lendemain du jugement de Trieste, attentat « d'avertissement », encore une fois mortel, au café de Paris, via Veneto à Rome, à la veille du procès d'assises d'Abdo et de Mansouri, sans parler d'avertissements possibles aux autorités, lancés de Beyrouth et réclamant leur libération, tout comme les autorités françaises en recevaient concernant Abdallah.

Je n'exclus pas que le mouvement se soit inversé et que les FARL aient ensuite soupçonné les Français plutôt que les Italiens d'être les auteurs du faux document, car il n'y aura pas d'attentats en 1986 en Italie, bien qu'Abdo et Mansouri y restent détenus. Mais la bombe de la galerie Point-Show, aux Champs-Élysées à Paris, qui explosa le 20 mars 1986, est intervenue dix jours après la confirmation, par la cour d'appel, de la condamnation de Trieste. Ceux qui ont revendiqué cet attentat réclamaient, et pour la première fois en France, la libération d'Abdo et de Mansouri. Comme si les FARL, plutôt que de combattre l'État italien, étaient revenues au point de départ de l'affaire.

L. G. – Une fois le contact établi avec Abdo, avez-vous servi de messager régulier entre elle et Abdallah? Et quelle était l'utilité de votre rôle d'avocat, avant le procès d'assises de Rome, pour la Piscine?

J.-P. M. – J'ai porté des messages entre Abdo et Abdallah, dans les deux sens, mais très peu, puisque je n'ai vu Joséphine que deux fois avant son procès. Je crois que les informations qu'elle me confiait, non codées et écrites en arabe, étaient de taille. Elle me glissait des lettres dans la main en me disant : « Va et ne te fais pas prendre, parce que sinon nous aurons chacun quinze ans de prison supplémentaires à tirer. »

Les risques que je prenais étaient évidents : dans le parloir, nous étions surveillés en permanence par trois gardiennes suspicieuses. Je n'étais quand même pas fouillé, mais je savais, par mes confrères italiens, que nombre d'avocats étaient tombés et parfois lourdement condamnés pour avoir aidé, même pour des raisons humanitaires, leurs clients des Brigades rouges, par exemple. Et un avocat romain venait de se suicider, quand les policiers avaient sonné à sa porte pour l'appréhender.

Le Service traduisait les lettres que je portais à Georges, mais « On » ne me tenait pas au courant des conséquences qui en résultaient. Cette période m'a permis de regagner, et je crois complètement, la confiance des FARL, qui culminera avec l'acquittement obtenu devant la cour d'assises pour Abdo et Mansouri, que je défendais, ainsi que pour Jacqueline Esber et

Daher Ferial, une fois de plus jugées par contumace, c'est-à-dire en leur absence.

L. G. – Comment s'est déroulé ce procès?

J.-P. M. – Le décor était sinistre. Par mesure de sécurité, ils ont été jugés dans la prison même de Rebibia, dans une salle aménagée à cet effet et déjà utilisée pour maints procès des Brigades rouges. La salle était immense et vide : la cour, les avocats, quelques journalistes et deux spectateurs munis d'autorisation spéciale, sans parler d'un imposant service de sécurité. Abdo et Mansouri ont comparu chacun dans une cage, munie de barreaux. Ils sont restés debout pendant les deux jours du procès, mais ils devaient s'agenouiller pour voir les jurés, en raison de la disposition de leur cage. C'était parfaitement humiliant, j'en avais froid dans le dos. Mes confrères italiens semblaient blasés, habitués à ces méthodes depuis des années déjà.

Le procès s'est déroulé les 10 et 11 octobre 1985. J'avais aussi à défendre Mansouri, qui ne m'avait désigné qu'au début des audiences. Je n'avais pas eu de permis de visite pour le voir, il avait un avocat italien commis d'office et Joséphine n'avait pu le contacter en détention pour lui dire de me demander assistance. Le gamin que j'avais rencontré un an auparavant à Trieste était devenu un adolescent costaud et sûr de lui. Quand il m'a vu, son visage s'est épanoui, et s'il a parlé avec Joséphine pendant les rares suspensions d'audience, il n'a dit qu'un mot tout au long du procès : « Bongiorno. »

Abdo, en revanche, a tenu un rôle essentiel. Quand le président des assises l'a fait asseoir devant lui pour la questionner sur son identité, sa personnalité, elle s'est cantonnée dans un mutisme total. Mais quand elle est revenue face aux jurés après les plaidoiries, pour se défendre elle-même, elle a impressionné et, je crois, ému tout un chacun. Elle a évoqué ses convictions politiques, se présentant comme une « militante arabe » sans jamais revendiquer la moindre violence en Italie. Mais cette petite fille, qui semblait frêle et désarmée, a évoqué de manière vibrante ses conditions de détention, assurant qu'elle avait peu à peu perdu sa dignité d'être humain en cellule : isolement total, privations sensorielles dans une pièce aux murs blancs, sans bruit ni lumière venant de l'extérieur, avec, pour seule compagnie, une caméra braquée en permanence. Le refrain peut sembler connu, depuis les procès en Allemagne de certains membres de la « bande à Baader », mais les jurés italiens ont accusé le coup, notamment une femme qui s'est mise à pleurer, alors que la veille elle semblait totalement indifférente au sort d'Abdo. Et un journaliste, que je ne soupçonne d'aucune sympathie révolutionnaire, m'a demandé, lors d'une suspension, d'aller embrasser ma cliente pour lui.

Ma plaidoirie fut courte. C'était plutôt une déclaration, rédigée la veille et traduite entre-temps, où je reprenais le problème du faux document de Trieste pour prendre à partie les magistrats. Faisant appel aux droits de l'homme, aux fondements de la démocratie, je les adjurais, assez sèchement, de ne pas se fonder sur un faux en écriture publique pour condamner des gens dont ils ne savaient rien. Cette ligne de défense terrifiait mes confrères italiens : ils avaient demandé avant ma plaidoirie une brève suspension d'audience pour tenter de me faire changer d'avis, persuadés que le président allait m'interrompre à ma deuxième phrase pour m'inculper d'outrage à magistrat. J'aurais pu, dans ce cas, coucher moi-même le soir à Rebibia. J'allais demander conseil à Abdo, lui soumettant la trame de ma plaidoirie où je renvoyais la balle aux juges, leur assurant qu'ils feraient eux-mêmes figure de bande armée, avec leur code pénal à la main, s'ils s'appuyaient sur ce faux! Joséphine sourit : « J'ai déjà pris quinze ans pour rien, ce n'est pas la peine qu'il t'arrive la même chose. Tu nous es plus utile dehors que dedans. »

J'édulcorais donc certaines de mes phrases, tout en maintenant mon raisonnement. La délibération des jurés et de la cour fut très brève, dix minutes peut-être, et ce fut un acquittement général, faute de preuves, à la grande surprise des avocats italiens. Je n'ai pas la larme facile, mais j'ai pleuré de joie en étreignant Joséphine à travers les barreaux de sa cage. Elle est restée calme, et m'assurera le lendemain qu'elle était contente, mais que d'autres camarades restaient détenus ou condamnés à de lourdes et « injustes » peines, et qu'elle ne pouvait pas être réellement heureuse tant que tous ne seraient pas dehors.

L. G. – Tout cela est quand même paradoxal. Agent de la

DGSE et mandaté comme tel, vous plaidez comme un avocat gauchiste et obtenez un acquittement. Était-ce dans les objectifs du Service?

J.-P. M. – Je suis avocat, et quand je plaide devant une cour d'assises, je songe à mes clients, leur liberté, leur avenir. Je le fais professionnellement et je m'y investis totalement. Dans ces moments-là, vous sentez que vous tenez, peut-être par une inflexion de voix, une phrase particulièrement convaincante, tout le passé et le présent des accusés. C'est le côté exaltant, terriblement joueur, mais dramatique du métier d'avocat. Il m'aurait été humainement impossible, et de plus impensable, de tricher. Le Service ne m'avait donné aucune instruction particulière. Mais quand bien même « On » m'aurait ordonné de m'arranger pour laisser tomber une condamnation des plus lourdes, je serais passé outre. J'avais plusieurs rôles : agent, avocat, etc. Mais je n'ai jamais failli à ma mission de défenseur, que ce soit en Italie ou dans le dossier Abdallah. Ce n'est pas parce que je voulais contribuer à prévenir de possibles attentats que je ne me serais pas battu pour la défense et le respect des grands principes du droit.

Là, tout s'est bien passé. Il faut dire que la DGSE jouait sur le velours : Abdo comme Mansouri devaient purger, même acquittés à Rome, leurs quinze et seize ans de prison infligés à Trieste. J'avais tellement peu d'illusions sur la justice italienne, sinon sur la politique de l'État, que j'ai, avec les autres avocats, fait appel du verdict de la cour d'assises de Rome. Pourquoi? Il faut savoir qu'en Italie, et contrairement à la France, les condamnés en assises peuvent faire appel du verdict les frappant. L'accusation, c'est-à-dire le procureur, s'il estime le verdict infondé, peut, lui aussi, faire appel au nom de l'intérêt général. Or l'acquittement obtenu ne pouvait pas satisfaire l'État italien; nous avons donc fait appel, sûrs, sinon, que le procureur en ferait autant, en nous drapant dans un mobile vertueux : nos clients avaient été acquittés faute de preuves, c'est-à-dire en bénéficiant du doute, et nous demandions un acquittement pur et simple... Cela peut paraître audacieux, mais c'était une simple manœuvre tactique. Du reste, le second procès d'assises ne s'est pas encore déroulé pour Abdo et Mansouri.

L. G. – Quelles ont été les conséquences du procès de Rome dans l'attitude des FARL à votre égard?

J.-P. M. – Énormes. Bien avant le procès de Rome, du seul fait de défendre Abdo et Mansouri, j'étais revenu en état de grâce. Auprès d'Abdallah, dès la mi-mai, puis avec la reprise inopinée des contacts téléphoniques avec « Nathalie », alias Jacqueline Esber. Elle m'a appelé le 8 août, alors qu'elle n'avait plus eu de contact avec moi depuis notre rendez-vous de Belgrade et ses conséquences en Italie. Elle s'inquiétait de ce que ses amis risquaient lors du procès de Rome, et j'ai recommencé, à cette occasion, à servir, épisodiquement, de messager entre elle et Georges. Celui-ci, toujours aussi bien informé, m'avait averti à l'avance que « Nathalie » allait reprendre contact avec moi en soulignant : « J'ai une bonne nouvelle, elle te concerne. » Il faisait allusion à l'enquête menée sur moi par ses camarades.

En outre, et Georges m'en avait aussi prévenu, j'ai reçu à cette époque une demi-douzaine de lettres au total, portant au dos la mention : « Expéditeur : Lola Jimenez », sans la moindre adresse. Georges m'avait dit : « Ces lettres me sont destinées, ne les ouvre surtout pas, je m'assurerai par moi-même qu'elles n'ont pas été interceptées au préalable. » Du coup, le Service n'a pas ouvert la première, même après l'avoir passée aux rayons X. Ensuite, je crois que l'« On » a ouvert les autres lettres, sans que Georges ait l'air de s'en apercevoir : il les lisait devant moi, puis déchirait le papier en mille morceaux, littéralement en confettis, qu'il me rendait en me disant : « Balance cela. » Un beau puzzle pour les spécialistes du Service.

Après l'acquittement de Rome, ma « réputation » d'avocat a connu une sorte de zénith parmi le groupe. J'ai reçu trois mandats du Liban, de la banque Indosuez et de la banque Franco-libanaise, signés d'une certaine « Nathalie Sber », pseudonyme plus que transparent, au total 50 000 francs. « On » m'a dit que c'était assez caractéristique de la mentalité arabe : j'avais bien fait mon travail, on me payait en conséquence. Dans chacun de mes contacts, que ce soit avec Georges ou « Nathalie », je percevais un changement de ton : on me parlait plus comme à un avocat qui avait su tirer au mieux son épingle du jeu qu'à un militant taillable et corvéable à merci. Et cela ne pouvait que convenir au

Service, puisque je me trouvais réactivé tous azimuts par les FARL.

L. G. – En aviez-vous fini avec la justice italienne?

J.-P. M. – Non. Dès le lendemain du procès de Rome, ce furent d'abord les sept ou huit militants arrêtés dans le cadre de la tentative d'attaque contre l'ambassade américaine à Rome qui furent jugés. Je n'étais pas partie prenante dans ce procès, mais ils furent condamnés très légèrement, conformément au jeu démocratique, par insuffisance de preuves.

Il y eut un autre épisode qui intrigua le Service, mais dont je ne sus pas tirer de conclusions définitives : ce fut le détournement du paquebot italien *Achille Lauro*, en rade de Port-Saïd, en Égypte, à la veille du procès d'assises de Rome. Apparemment, cet attentat, revendiqué par le FLP d'Abou Abbas, une branche « de gauche » de l'OLP de Yasser Arafat, n'avait rien à voir avec les FARL. On l'a peu dit en France, mais j'étais alors à Rome, en train de préparer ma plaidoirie, et la radio comme la télévision italiennes alignaient flash sur flash d'informations, pour expliquer les revendications des pirates de la mer. Ceux-ci exigeaient la libération de tous les « prisonniers politiques » arabes en Italie, mais les seuls noms cités étaient ceux d'Abdo et de Mansouri. Je ne crois pas que cette menace a pesé sur le verdict de Rome, puisque le détournement du paquebot s'est terminé avant la fin des audiences, et que les jurés auraient pu être indisposés d'un éventuel chantage. Ce qui était plus intéressant, c'étaient les possibles liens organiques, d'appareil en appareil, entre le FLP et les FARL. Il a été impossible d'avoir d'éléments plus précis, en tout cas de mon côté : Georges, dont la libération n'avait pas été demandée par le FLP, ne m'a jamais parlé de l'OLP, représentation officielle des Palestiniens. Et je n'ai pas abordé ce sujet avec Abdo. Aucune des identités d'emprunt d'Abdallah n'était tunisienne, selon mes souvenirs.

L. G. – Quand êtes-vous revenu en Italie, après le procès de Rome?

J.-P. M. – J'y suis retourné environ une fois par mois, entre octobre 1985 et mars 1986, quand est intervenu le procès en appel de Trieste. Pour aller rendre visite à Abdo, j'ai dû me rendre dans huit prisons différentes! Progressivement, Joséphine bénéficiait de conditions de détention plus souples : elle était abonnée à un quotidien libanais et semblait disposer de plus de nouvelles précises sur la situation au Proche-Orient que Georges, par exemple. Je pense qu'elle était en partie renseignée par les détenues des Brigades rouges, solidarité révolutionnaire oblige.

Le deuxième procès de Trieste avait été fixé initialement au 30 janvier 1986. Mais l'audience fut reportée : l'hiver était si rigoureux que la neige avait empêché de transférer Abdo et Mansouri à temps, avec un délai suffisant pour que je puisse préparer leur défense. Le procès fut remis au 10 mars suivant, ce qui fait que j'ai eu un contact suivi avec l'Italie, par Abdo interposée, entre juillet 1985 et mars 1986. Juste avant cette audience de Trieste, je fus accablé de coups de téléphone de Jacqueline Esber, dans ma chambre d'hôtel, que je lui avais indiqué de Paris. Elle était très énervée, elle m'avait déjà appelé à maintes reprises avant le report du procès, fin janvier, et ne comprenait alors pas que le mauvais temps puisse justifier un nouveau délai avant l'ouverture des audiences. Elle croyait y déceler une manœuvre politique, ce qui la contrariait visiblement.

En mars, quand elle m'a rappelé, elle semblait, cette fois, sûre qu'Abdo et Mansouri allaient sortir, relaxés comme à Rome et pour les mêmes motifs. Je ne devais pas revenir à Paris à l'issue du jugement, mais accompagner les deux militants à Damas, avec un visa que j'avais demandé et obtenu pour l'occasion, en précisant exactement mes raisons, au consulat de Syrie à Paris!

La veille de l'audience, Joséphine Abdo m'apprit avoir reçu la visite d'un magistrat italien dans sa cellule, qui venait s'enquérir du pays où elle comptait se rendre, une fois libérée! Las, le procès n'eut pas la même issue qu'à Rome. Je fis une plaidoirie identique à celle développée devant la cour d'assises, mes confrères se battirent de même... et le premier jugement fut purement et simplement confirmé, non sans une longue délibération, deux heures durant, qui autorisa tous les appels téléphoniques. Mansouri avait seize ans à purger, Abdo quinze, de même que Ferial. Comme en première instance, Esber restait relaxée.

Les choses se gâtèrent à nouveau pour moi. Esber m'accabla au téléphone, à la limite de l'insulte, m'accusant de ne pas avoir fait mon travail. Comme si un avocat militant ne pouvait pas perdre un procès où il était engagé ! Une fois de plus, et comme le Service, les FARL me jugeaient sur pièces. J'étais très abattu en rentrant à Paris, avec l'impression d'avoir joué toutes mes cartes, mais en m'étant heurté à un véritable mur. Le Service n'était pas surpris : quand j'étais parti pour Trieste, « On » m'avait dit que « tout était réglé ». Assez naïvement, je crus que cela allait vers une relaxe acquise d'avance, alors qu'il s'agissait vraisemblablement de l'hypothèse inverse !

Je n'avais plus qu'à aller rendre compte à Abdallah. Il ne me fit aucun reproche, mais entra dans une fureur extrême quand je lui rapportai l'emportement d'Esber à mon encontre. Il estimait qu'elle était « folle » de mettre ma sécurité en danger et de se dévoiler en m'appelant dans une chambre d'hôtel. Il me dicta un message approprié, que je devais transmettre à « Nathalie » quand elle me rappellerait, comme prévu, à Paris : « Ma femme est sale. Il faut qu'elle porte ses habits à la blanchisserie. » Il insista presque lourdement sur « la » blanchisserie, et non une blanchisserie. Mais je n'ai pas transmis ce message : Esber ne m'a jamais rappelé.

9.

LES « RÉVOLUTIONNAIRES »

Mai 1968 : nous l'avons tant aimée, la révolution... Ils étaient des milliers, sinon des millions à vouloir changer la société. Aujourd'hui, moins de vingt ans plus tard, certains « révolutionnaires », impuissants à changer cette société, pensent la bloquer, sinon la détruire. Ils s'appellent Carlos, Abou Nidal, Agop Agopian, Abou Abbas, etc. Pour eux, la révolution passe par le terrorisme. S'appuyant sur la réalité du problème palestinien, ils croient le faire avancer en internationalisant leur lutte, qui signifie souvent terreur, mort, mise en péril de la démocratie.

Mon avis, personne n'en a rien à faire. Mon trou d'eau, à moi, rassemble Oriach, Carette, Abdallah, Abdo et Mansouri. C'est peu, et c'est trop. Mes ordres étaient stricts : les neutraliser, à tout prix. Mais comme les États, dans leur réaction au terrorisme, sont encore plus violents que les actions qu'ils combattent, je ne sais même pas si, à mon échelle, je n'ai pas causé plus de morts que je n'en ai évitées. Est-ce une règle inévitable, face à ceux qui n'ont plus que la violence en tête? Professionnel du droit, je savais bien qu'ils ne s'en souciaient que pour le tourner. Chaque service qu'ils me demandaient, au nom de la fraternité révolutionnaire, visait à berner une justice certes imparfaite, mais qui répudiait la loi du talion, la vengeance pure et simple.

Restaient nos conciliabules, les perspectives de la lutte, le verbalisme progressiste que je maniais avec maladresse, faute d'entraînement. J'écoutais, je tâchais de comprendre : la Palestine bien sûr, l'injustice toujours, mais je n'avais pas besoin d'eux pour savoir ce que j'en pensais. Et chaque fois que l'on en venait aux travaux pratiques, je me retrouvais aux antipodes de leurs méthodes de mort.

Georges aime les fleurs et les oiseaux, Joséphine me l'a dit. Sa vie ne lui laisse pas le temps de me l'avouer lui-même, comme s'il n'était jamais question de se relâcher, de ressembler aux autres. Pas plus que lui, je n'ai de vie de famille, et si ses relations avec ses camarades lui en tiennent lieu, je lui en veux de m'avoir amené à agir presque de même avec mes « correspondants ».

La page se tourne. Des plates-formes révolutionnaires, je garde le souvenir d'un ridicule grandiloquent et l'amertume des cafés noirs censés refaire le monde. De mes contacts, je ne retiens que l'amitié qui, parfois, nous rassembla, par-delà nos idées. Leur cause n'était pas mienne, nos combats s'opposaient. J'ai quand même le sentiment d'avoir meublé, de temps en temps, leur solitude.

Jean-Paul Mazurier. – J'aurais pu vivre le dossier Abdallah par intermittence, n'intervenant que lorsque les militants détenus, qu'il s'agisse de Georges ou d'Abdo, faisaient appel à moi pour des missions précises. Mais le Service estimait que je pouvais servir tous azimuts, puisque je restais le défenseur de Frédéric Oriach, et que j'étais devenu celui de Pierre Carette, le leader des CCC belges, les Cellules communistes combattantes.

Laurent Gally. – Depuis quand connaissiez-vous Carette?

J.-P. M. – Oriach me l'avait présenté, je ne sais plus trop quand, alors qu'il était en liberté, probablement en 1982. Nous avions eu rendez-vous dans un café. Pour moi, Oriach me faisait rencontrer un « camarade » dont les idées ne m'intéressaient guère. Je ne sais même plus si Carette me fut présenté comme un éditeur militant à Bruxelles, et ses liens avec Action directe ne furent pas évoqués. J'aurais dû le savoir, si j'avais été un « révolutionnaire conséquent », mais c'est seulement après son arrestation, en lisant ses antécédents judiciaires tels que les décrivait la police, que j'apprendrai qu'il avait été responsable de la DOCOM, la Documentation communiste d'après mes souvenirs. Et que Carette aurait surtout imprimé des tracts revendiquant et justifiant certaines actions des FARL en 1982, notamment le mitraillage de la mission d'achats israélienne, boulevard Malesherbes à Paris. Il avait été par la suite victime d'un accident de voiture, sur l'autoroute du Nord entre Paris et Bruxelles, à la hauteur de Compiègne, avec Nathalie Ménigon, la compagne de

Jean-Marc Rouillan, pour passagère. Elle avait été sérieusement blessée : leur BMW, remplie de tracts révolutionnaires, allait si vite qu'elle s'était retournée sur l'autre voie de l'autoroute, franchissant la rambarde de sécurité et laissant les gendarmes perplexes quant à la destination des voyageurs.

Cela paraît difficile à croire, mais quand j'ai rencontré Carette pour la première fois – et je ne le reverrai pas avant son arrestation –, j'ignorais tout de lui. Et ce qu'il faisait m'indifférait. J'ai assisté ce jour-là à un délire d'Oriach, mais je commençais à m'y habituer, qui voulait que tous trois, une fois bus les cafés de circonstance, nous élaborions une « plate-forme commune de réflexion et d'action révolutionnaire en Europe ». J'eus plus de mal que d'habitude à rester silencieux et à ne pas pouffer de rire, mais cela semblait tellement l'exciter que je le laissai divaguer à loisir. Et Carette n'avait pas l'air plus chaud que moi : le seul résultat pratique de ce rendez-vous, c'est que ce dernier me tapa de 100 francs en sortant du bistrot !

L. G. – Avez-vous toujours aussi mauvaise opinion de Carette ?

J.-P. M. – Non, au contraire. Il m'a désigné comme défenseur par lettre, quelques semaines après son arrestation, à la mi-janvier 1986. Quand je suis allé le voir à la prison Saint-Gilles de Bruxelles, je ne me souvenais même plus de l'avoir rencontré. Nous eûmes de longues discussions, où il m'expliqua le sens de son combat. Carette n'avait aucune visée planétaire, à la façon d'Oriach, par exemple. Il s'attaquait au « grand capital » et à l'influence américaine, « impérialiste », en Belgique, notamment par l'omniprésence de l'OTAN.

A l'époque, les médias participaient à la psychose générale. A les lire, et cela n'a guère changé depuis, les CCC étaient une filiale commune de Action directe et de la Fraction Armée rouge allemande, et commettaient en toute impunité une kyrielle d'attentats en Belgique, susceptibles de compromettre la sécurité du « monde libre » puisque touchant à l'OTAN. Ces divagations faisaient bouillir Carette, qui m'expliqua qu'il avait agi seul avec deux « camarades » pour réaliser sa première campagne d'attentats, dix actions perpétrées entre octobre 1984 et mai 1985. Carette avait pris soin d'expliquer le pourquoi de ses actions : le 1er mai 1985, les CCC avaient rendu public un communiqué de 48 pages !

L. G. – Pourquoi croyez-vous plutôt Carette ?

J.-P. M. – Le bon sens le dit, il vaut mieux s'adresser au bon Dieu qu'à ses saints. Et puis, j'ai très vite eu les pièces du dossier judiciaire pour me conforter dans mes opinions : pas la moindre trace d'Action directe, ou de la RAF, par exemple. Carette me l'a raconté en détail, toutes les actions organisées par les CCC avaient été réalisées à l'aide d'un seul et même stock d'explosifs. Une quantité énorme, plus de 800 kilos, je crois, dont il m'a raconté la « capture ». Le groupe de militants qui voulait voler ce stock avait dû s'y prendre à quatre reprises, sur un intervalle de trois semaines, tellement ils étaient mal outillés pour ce genre d'opération, et tant la surveillance de la mine où étaient entreposés les explosifs laissait à désirer. Il ne faut pas croire que les CCC étaient craintes ou détestées en Belgique : Carette se flattera d'avoir été élu deuxième personnage de l'année dans son pays, ex aequo avec Madonna, par les lecteurs d'un journal de rock !

L. G. – Comment êtes-vous intervenu auprès de lui ?

J.-P. M. – C'était toujours la même tactique. Le Service me voyait face à une sorte de pelote « révolutionnaire » et je devais me débrouiller pour en démêler, puis en tirer les fils. Carette a commencé à faire la grève de l'instruction, c'est-à-dire qu'il ne répondait pas aux convocations du juge, et il ne se présentait pas non plus devant la chambre du Conseil, organe judiciaire belge chargé d'examiner systématiquement, une fois par mois, si un prisonnier reste ou non en détention. Comme je n'étais que l'un de ses défenseurs, je n'avais judiciairement rien à faire, sinon maintenir un contact humain avec mon client.

L'accusation belge a gardé un grand sens de la mesure : le dossier Carette reste une affaire correctionnelle et non criminelle, c'est-à-dire qu'elle devrait finalement être jugée par un tribunal – Carette risque quand même dix ou deux fois dix ans de prison – et non par une cour d'assises.

Pierre Carette me connaissait comme l'avocat d'Oriach et il savait que je défendais Abdallah. Il me fit confiance et me chargea très vite de contacter par téléphone deux de ses camarades. Officiellement, il s'agissait de deux personnes membres du collectif Ligne rouge, le comité de soutien tout à fait légal soutenant et expliquant l'action des CCC. Je vis ces personnes trois fois, à Paris et à Bruxelles. L'un voulait se dégager de tout cela et « se ranger », l'autre était une jeune femme qui allait accoucher. Ils devaient être du menu fretin. Il n'y avait aucune preuve contre eux, et si je transmettais leurs noms au Service, c'est autant par devoir que parce que je savais que la justice ne pourrait rien retenir de précis. Ils devaient me servir de courroie de transmission et s'ils me donnèrent d'autres noms de militants, ceux-ci ne prirent jamais contact avec moi. J'appris plus tard que l'un d'eux avait été arrêté et était accusé d'être membre des CCC, mais je ne connaissais que leurs prénoms. Là aussi, j'ai transmis mes informations au Service, mais je suis persuadé de n'avoir pas été à l'origine de la moindre arrestation. La police belge était sur la trace des CCC depuis longtemps, et les enquêteurs n'ont pas dû avoir grand mal à infiltrer Ligne rouge, une association publique. Plusieurs d'entre eux, et Carette le premier, sont tombés par leur négligence : ils payaient leurs loyers et réglaient certaines dépenses personnelles en tirant des chèques sur un compte commun à plusieurs militants, ce qui était plutôt voyant. Mon rôle n'était pas de faire arrêter quiconque : cela aurait été stupide, puisque c'était autant de fils de rompus pour bénéficier d'informations.

L. G. – Les CCC ayant pour cible des installations de l'OTAN, leurs membres devaient aussi être traqués par les Américains, et notamment la CIA?

J.-P. M. – C'est évident. Je n'en ai pas eu de confirmation officielle, mais lors de conversations ou d'interviews réalisées à Paris par des journalistes américains, je me suis aperçu que ceux-ci s'intéressaient plus à Carette qu'à Abdallah. Le cas des FARL leur semblait un problème de principe sur les relations entre pays européens et mouvements proche-orientaux et l'indispensable fermeté que devaient avoir les pays démocratiques. Alors que les CCC représentaient l'ennemi intérieur qui les attaquait en quelque sorte dans leur propre fief.

L. G. – Comment se présente Carette?

J.-P. M. – C'est un grand gaillard. Pierre, comme l'appellent familièrement les Belges, respire la franchise. Il a totalement foi dans son action, et il sourit sans cesse. En me racontant la prise des explosifs, il riait sans retenue, me racontant l'anecdote comme une histoire belge et intensifiant son accent pour l'occasion. J'avais presque l'impression d'entendre Coluche!

Carette est assez mégalomane, et me raconter le sondage le comparant à Madonna le prouve. Mais sa popularité est réelle : un chauffeur de taxi me conduisant à la prison Saint-Gilles, ayant appris que j'étais l'avocat français de Carette, m'a raconté une histoire symptomatique. Carette, me dit-il, se présente à la porte du paradis. Il accoste saint Pierre, qui lui demande son nom. « Pierre », répond Carette avec l'assurance d'être aussi célèbre que son interlocuteur. Saint Pierre consulte son grand registre, prend une mine désolée et dit : « Je regrette, vous ne pouvez pas rentrer, votre nom n'est pas parmi les élus. » « Vous vous trompez, bonhomme, je viens simplement vous avertir que vous avez un quart d'heure pour évacuer les lieux. Tout va sauter. »

L'histoire m'a fait rire, mais mon chauffeur illustrait la volonté constante des CCC de ne faire aucune victime lors de leurs attentats. Excellents artificiers, ils avaient réussi à raser le siège d'une banque sans blesser quiconque. Ils avertissaient par tracts ou téléphonaient à l'avance, pour permettre aux employés de prendre leurs jambes à leur cou. Et si, finalement, il y a eu deux victimes, c'est parce que deux « malheureux pompiers », comme le dit Carette, avaient été dépêchés par la police sur les lieux d'un attentat, malgré l'avertissement d'évacuation générale.

L. G. – Vos sympathies sont visibles pour Carette et les méthodes des CCC. Cela ne gênait pas le Service?

J.-P. M. – Mes sentiments ne se confondent pas toujours, loin de là, avec ceux du Service. J'étais angoissé à l'idée que mon rôle – que je voulais préventif contre les attentats des FARL en France, et seulement contre cela – se transformât peu à peu en une action répressive tous azimuts. Sans partager les idées de Carette, ce qu'il faisait ne m'était pas odieux. Il m'est arrivé, à ce propos, d'« oublier » de transmettre certaines informations qui ne cadraient pas avec mes objectifs.

Carette était très clair : il désapprouvait totalement les attentats perpétrés ou revendiqués, fin 1985 et début 1986 à Paris, par le CSPPA, le Comité de solidarité avec les prisonniers politiques arabes et du Proche-Orient. Il estimait que personne ne devait s'en prendre à des innocents, quelles que soient les motivations. Il m'en voulait même d'avoir justifié ces attentats devant la presse, et devant lui, comme mon rôle officiel d'avocat-ami-complice d'Abdallah l'imposait, avec l'accord du Service. « Comment peux-tu continuer à défendre ces gens-là ? » m'accusait presque Carette. Dans le même ordre d'idées, il avait songé à désigner également Me Jacques Vergès pour assurer sa défense – en gros pour les mêmes motifs qu'Abdallah – mais il s'est ravisé très vite, ne voulant pas faire appel à l'« avocat de Klaus Barbie ».

L. G. – Quels étaient les liens entre Carette et Abdallah?

J.-P. M. – Inexistants. Carette n'avait jamais rencontré Georges, j'en suis certain. Il connaissait, en revanche, des membres d'Action directe, de la Fraction Armée rouge allemande et des Brigades rouges italiennes. Cela fait du monde, en apparence. Pourtant, Carette n'a cessé de se revendiquer comme un « révolutionnaire belge » n'ayant besoin de personne et très jaloux de son indépendance. Chef incontesté des CCC, il est allé jusqu'à me dire : « Les CCC, c'est moi. » La première campagne d'attentats du groupe a été faite par trois personnes, et par la suite, à croire Carette, il s'est toujours agi de militants belges. Pierre trouvait injuste et infondé chaque article de presse citant Oriach comme l'inspirateur des méthodes des CCC. Quand je le quittai, il me disait simplement de transmettre, et assez froidement, sa solidarité avec Abdallah.

L. G. – Et ce dernier, que pensait-il de Carette?

J.-P. M. – Il « appréciait » les actions des CCC, tout en les jugeant « un peu molles », Georges, dès 1982, rêvait d'un grand mouvement révolutionnaire internationaliste et, même si les CCC s'en prenaient surtout à des installations de l'OTAN, à forte connotation américaine, il estimait que les motifs de Carette restaient trop exclusivement nationaux. De surcroît, Carette était ouvertement contre la lutte armée. Georges ne m'a jamais transmis le moindre message pour Bruxelles. En revanche,

Joséphine Abdo ne partageait pas son opinion et elle était admirative en me parlant des actions des CCC. Elle me disait d'assurer Carette de son amitié et de sa fraternité, ainsi que de celles des détenues des Brigades rouges incarcérées dans la même prison qu'elle. Mais Abdo n'avait pas été impliquée dans la moindre action des FARL en Europe, de l'aveu d'Abdallah comme du sien.

L. G. – Les liens étaient-ils plus étroits entre Carette et Oriach ?

J.-P. M. – Ils se connaissaient depuis longtemps et entretenaient une correspondance suivie depuis l'incarcération d'Oriach, de l'automne 1982 au printemps 1986. J'ai posté des lettres qu'Oriach m'avait confiées pour la Belgique, missives lues au passage par le Service. Carette tenait Oriach pour un excité chronique. En me parlant des explosifs dont disposaient encore les CCC, il m'assura, hilare : « Les camarades vont en envoyer à Frédéric, quand il sera libéré. Mais gramme par gramme, sinon il risque de se précipiter dans la première synagogue et de faire un feu d'artifice ! » Je sentais un désaccord de base entre les deux militants, ce qui n'empêchait pas Carette, très expansif, de lui garder son amitié. Il ne m'a jamais confié de lettre pour Oriach : Carette était tellement méfiant, des micros dans le parloir comme de la surveillance et de la fouille des gardiens, qu'ils écrivait mot après mot ce qu'il voulait me dire, puis le rayait frénétiquement, après me l'avoir montré. Finalement, Pierre a fait une grève de la faim, au cours de l'été 1986, pour obtenir de meilleures conditions de détention – auparavant, un gardien couchait devant la porte de sa cellule ! – et le droit de correspondre plus librement. Lors de ma dernière visite, il s'est étonné de ce que Frédéric n'ait plus répondu à ses lettres depuis presque deux mois.

L. G. – Quels ont été vos rapports avec Oriach, pendant sa détention ?

J.-P. M. – Aller le voir à la prison de la Santé représentait une véritable corvée. Oriach n'était capable que de parler politique, continuellement, et de la façon la plus abstraite qui soit. Cela me lassait, je n'arrivais pas à fixer mon attention et cherchais le premier prétexte pour partir. Entre 1982 et 1984, j'avais tellement peu de sympathie pour lui que j'avais refusé de le défendre, et je ne l'avais revu que sur ordre d'Abdallah... et pour les besoins du Service. Je me traînais une fois par semaine environ à la prison, et j'ai même dû jouer les épiciers pour Oriach, quand celui-ci s'est mis en grève de la faim. C'était il y a un an, et il a jeûné probablement pendant un mois et demi. A la fin, il était épuisé, et je lui apportais en cachette du fromage ou de la viande pour le revitaminer. C'est ma mère qui cuisinait ces en-cas, suppléant l'administration pénitentiaire qui, pour remettre un gréviste de la faim sur pieds, lui donne essentiellement des féculents... Ce n'est qu'après sa libération – légale, mais qui fit grincer bien des dents dans la nouvelle majorité – que je me suis rendu compte qu'Oriach est très mal foutu physiquement. Je me suis demandé s'il n'avait pas eu la poliomyélite quand il était jeune, avec ses grandes jambes, un petit torse et une tête d'hydrocéphale. Je manque de gentillesse à son égard, mais il avait le don de me mettre en boule, répétant inlassablement ses arguments révolutionnaires et mondialistes.

L. G. – Oriach aimait bien Carette?

J.-P. M. – Oui, c'était un « frère », selon son expression, mais un frère dont il m'avait recommandé de me méfier. Pour Oriach, un avocat est un professionnel du droit, qui a en charge de tirer au mieux ses clients de leurs dossiers judiciaires. En aucun cas un défenseur ne doit devenir un avocat militant : « Méfie-toi, Carette va sûrement te demander d'agir pour son mouvement. N'en fais rien. » Cela paraît de bon sens, mais Oriach se méfiait de ce qu'il appelait l'« école à Baader », c'est-à-dire des militants ouest-allemands de la RAF, qui avaient tendance à demander à leurs avocats de déborder de leur rôle de défenseur. Exactement comme Abdallah me l'avait demandé, en 1982, en souhaitant que mon cabinet serve de lieu de rencontre pour ses camarades.

L. G. – Oriach avait-il plus d'admiration pour Abdallah?

J.-P. M. – Georges était presque un dieu vivant pour lui. Oriach avait été très flatté que les FARL estiment, en projetant l'opération « mondiale » du 15 octobre 1984, que sa libération constituait un de leurs objectifs prioritaires. Auparavant, Frédéric pensait en franc-tireur et semblait très isolé, même par rapport à

Action directe première manière, celle de 1981-1982, mouvement dont il était solidaire, sans plus.

J'avais ensuite fait part à Oriach du désir de Georges qu'il participe au fameux mouvement révolutionnaire internationaliste, objectif suprême d'Abdallah. Là, Oriach me parut recevoir son bâton de maréchal : il était le seul militant français digne de figurer avec les « frères » du Proche-Orient, porteurs sacrés de la cause palestinienne! Et le fait que Georges me comptait aussi parmi ses troupes futures me rendait digne de sa confiance. Je le comprenais en un sens : lui qui avait essentiellement écrit sur la cause palestinienne, voilà que ses phrases, ses raisonnements retenaient l'attention et allaient lui permettre de passer à l'action. Il m'a montré, en prison, un très long article que lui consacrait le quotidien progressiste libanais *As Safir* dont le titre annonçait : « Frédéric Oriach en prison pour nous. »

L. G. – Oriach avait-il des demandes vis-à-vis d'Abdallah?

J.-P. M. – Il lui envoyait des textes théoriques, par mon intermédiaire, pour bénéficier de ses conseils et lui demander son approbation. Des textes sur la Palestine d'Oriach ont même été retrouvés rue Lacroix, dans cette planque des FARL où la DST avait découvert un petit arsenal. Après l'arrestation d'Abdallah, les deux hommes ont correspondu entre eux directement. Mais, pour échapper à la censure de l'administration, Oriach me confiait ses lettres les plus « sensibles ». Le Service en prenait connaissance le premier, puis Georges les lisait, un sourire sarcastique aux lèvres, et il ne répondait pas, me commentant quand même les discours d'Oriach de façon nuancée : « C'est pas mal, il est à peu près le seul à saisir la nature du problème palestinien, même s'il n'a pas encore assimilé la mentalité arabe. »

Quand sa libération sera en vue, Oriach s'inquiétera de son avenir, décidé à militer le plus vite possible. Il avait officiellement été invité à se rendre en Syrie par des organisations ayant pignon sur rue, et il soumit à Georges le problème de son départ. Pourrait-il à la fois voyager semi-officiellement et rencontrer les camarades? Georges lui a répondu par un message, du même ordre que ceux qu'il m'avait confiés en d'autres temps pour « Nathalie » : « La première amie est censée faire une petite démarche auprès d'un tiers, pour avoir la deuxième amie au plus vite. Et ça sera presque directement. Salutations. » Le presque était souligné trois fois. Traduction : Oriach devait attendre d'être directement contacté par les camarades. Devant son impatience, une fois qu'il sera en liberté, Georges me chargeait de lui mettre les points sur les « i » : plutôt que de prendre le premier avion pour Damas, Oriach devait se rendre dans un pays de l'Est, n'importe lequel, et y attendre un contact direct.

L. G. – C'est une illustration de la liberté de mouvement, sinon de l'appui discret, dont les FARL bénéficient au-delà du rideau de fer.

J.-P. M. – Oui. Mais Oriach, en liberté, était surveillé vingt-quatre heures sur vingt-quatre par les policiers, qui redoutaient son impulsivité. Celle-ci était à double sens : Carette, après avoir imaginé l'anecdote de la synagogue où risquait de se précipiter Oriach, m'avait aussi dit que Frédéric, s'il voyait une petite vieille se faire renverser par un chauffard, irait tordre le cou à ce dernier.

L. G. – Qu'est-ce que la Piscine a pu retirer, pratiquement, de ce triangle Carette-Oriach-Abdallah?

J.-P. M. – Je ne suis pas la Piscine, je n'étais qu'un « maître nageur »! Tout ce que je rapportais m'a paru essentiel, au-delà de mes conclusions personnelles. Le fonds de roulement soutenant les actions du Service est fait d'une somme de renseignements, pas toujours sensationnels, mais qui indiquent si la période est calme ou s'il faut, au contraire, contrer au plus vite des opérations en préparation.

Alors qu'Abdallah se méfiait de moi – de fin novembre 1984 à août 1985, puis à partir de juillet 1986 –, j'ai pu, par d'autres « têtes » pensantes du mouvement, aider à déceler si certains « fronts » restaient calmes.

Début décembre 1986, je n'avais plus revu Oriach depuis environ trois mois, l'ayant rencontré une fois seulement depuis son retour de Syrie à mon cabinet. Ce qui ne veut pas dire que les ponts sont coupés, de son côté : l'histoire de Georges m'a habitué aux volte-face des militants.

Quant à Carette, je viens de recevoir une lettre dans laquelle il me remercie de mon rôle passé, tout en me signifiant que je ne suis plus son défenseur. J'étais allé le voir, je pense donc pour la dernière fois, à la mi-novembre, et je lui avais presque posé un ultimatum : nos dernières entrevues avaient été stériles, il ne me donnait plus d'informations, et je l'ai averti que, face à la répression ambiante, j'envisageais de passer dans la clandestinité. Il me fallait donc des contacts, car si les camarades me connaissaient, moi je ne savais pas à qui m'adresser. Carette m'assura qu'il allait réfléchir. Il a finalement préféré renoncer à m'en dire plus, ou trop.

10.

L'HISTRION OU SIMON 18

Antoine, mon ami,

Une fois ce livre paru, nous ne nous reverrons plus. Jamais. Pourtant, malgré les mystères dont nous nous entourions, nous nous aimions bien. Tu me manqueras comme je crois que je te manquerai.

Un jour, tu m'as dit : « Si on me demande de te descendre, je te paierai avant un bon gueuleton, et puis je m'arrangerai pour le faire faire par quelqu'un d'autre. » « On » peut, demain, dans un an, te demander de m'abattre. Non pas parce que j'aurais mis la sécurité du Service en péril mais, j'imagine, pour l'exemple. Tu sais aussi que pour la première fois, sans doute, de ta carrière, tu pourrais dire non. Désobéir.

Par pudeur, je ne t'ai jamais parlé de l'amitié que je te porte. Un jour, nous nous étions fâchés. Nous en étions à l'apéritif et tu avais quitté la table parce que, une fois encore, je n'avais pas fait mes rapports. Je suis resté seul devant mon martini, une heure durant. Et je me suis dit : « Me voilà débarrassé, je ne suis plus un agent, je vais pouvoir reprendre une vie normale. »

Le soir même, je composai le numéro habituel et ton supérieur, notre supérieur, me répondit : « Elle est revenue, la Pomponette. » Oui, j'étais revenu, comme la chatte de Pagnol, mais certainement pas pour la gamelle. Si j'avais retéléphoné, c'est parce que, tout d'un coup, je m'étais senti comme orphelin, sans amis, et que cette voix au bout du fil me rendait tout.

Antoine, demain, je serai de nouveau seul. Toujours ton ami, et encore plus seul.

Jean-Paul Mazurier. – Le Dictionnaire Robert est un peu léger : à « histrion », il avance une définition lapidaire, celle d'un « acteur jouant des farces grossières, bouffon ». Avec un renvoi qui en dit long : « Voir cabotin. »

Je n'aurais jamais imaginé définir ainsi mon activité d'agent-avocat que je tâchais tant bien que mal, et plutôt mal que bien, de faire cohabiter avec ma vie privée. Au départ, la solitude, donc l'impuissance, m'a imposé de rechercher un contact avec les autorités. Dès que le Service m'eut contacté, je me suis jeté la tête la première dans un mode de vie que j'ai dû découvrir jour après jour.

Laurent Gally. – Auriez-vous pu choisir une autre solution?

J.-P. M. – Non. J'ai retourné le problème mille fois dans ma tête, je ne vois pas comment j'aurais pu agir autrement. Je pouvais, certes, faire l'indicateur et renseigner la police, directement. Ce rôle me faisait et me fait encore horreur, parce que je le juge veule et passif : « J'ai entendu cela, je vous le répète, mais, bien sûr, personne ne pourra dire que cela vient de moi. » A la limite, j'estime que ce statut est celui des « honorables » correspondants du Service. Je pense que ce n'est pas très honorable de balancer un homme ou un groupe et d'avoir l'air ensuite de s'en laver les mains, de jouer officiellement les saintes nitouches.

J'aurais pu le faire, et cela aurait été plus facile que ce que j'ai tenté : j'aurais informé, à mon rythme, le Service ou la police, sans tout dire. Et sans recevoir d'ordres, sans m'imposer des voyages exténuants, des empoisonnements dans ce qui reste l'autre bout du monde pour le citoyen moyen, râlant ou pleurant devant sa télé en voyant des images d'attentats. Ou encore des missions que j'accomplissais, vu de l'extérieur, comme un pied-nickelé, mais que je vivais la peur au ventre, la rage au cœur de ne savoir en faire plus, de ne pouvoir imiter les James Bond toujours vainqueurs ou les fourmis à la John Le Carré, qui restent pour le grand public les deux seuls types d'agents acceptables.

Je ne dis pas que le rôle d'« agent noir », que l'on m'a proposé et que j'ai assumé, était plus honorable. Il correspondait à un engagement réel, et peu à peu total, dans la prévention des actes terroristes. Je n'étais pas seul à décider de ce que je faisais, et plus souvent qu'à mon tour, j'ai eu l'impression, de n'être qu'un pion qu'on déplaçait au gré des circonstances. Ma position n'en était que plus inconfortable. Je n'étais pas contre toutes les idées des « révolutionnaires », par exemple vis-à-vis de Pierre Carette ou des motifs intellectuels qui guident Abdallah ou Joséphine Abdo. Mais je ne supportais pas que leurs actions puissent se retourner contre des innocents, alors que j'étais là, avec les secrets que je détenais, et capable d'influer, même si peu que ce soit, pour détourner le cours des événements.

L. G. – Vos choix étaient incompatibles avec votre mission d'avocat qui défend les intérêts de ses clients, en s'interdisant toute autre considération.

J.-P. M. – Je n'en suis même pas sûr. Avocat, j'ai défendu mes clients bec et ongles. Que ce soit Georges, pendant son instruction, et le mépris du juge à mon encontre ne me laissait aucun doute à ce sujet. Mais aussi Abdo et Mansouri : l'acquittement au bout du procès d'assises de Rome n'était pas gagné d'avance, au contraire. Mes confrères italiens, plus confortables que moi en se drapant dans leurs robes noires, n'avaient pas « fouiné » dans le dossier pour découvrir le faux document accusatoire, dû à la DST ou à la DIGOS. Et même ce document en main, ils étaient partisans d'une défense molle, pour ne pas indisposer les juges, quittes à ne rechercher que les circonstances atténuantes. Quand j'ai pleuré de joie dans les bras d'Abdo, ce n'était pas seulement parce que cette jeune femme m'émouvait, dans sa sincérité, j'étais exténué et heureux que mon combat n'ait pas été vain. Je crois que j'aurais encore pu avaler beaucoup de « couleuvres » du Service si nous avions pu, ou su, éviter les attentats qui ont ensanglanté Paris.

Allons même plus loin : faire impeccablement mon travail de défenseur, ce n'était pas me racheter une bonne conscience, quitte à peaufiner l'image gauchiste que les magistrats pouvaient avoir de moi. C'était montrer, et peut-être plus subtilement, à Abdallah comme à ses camarades, que les démocraties ne sont ni fascistes ni impérialistes et que, par-delà leurs intérêts diplomatiques parfois peu clairs à travers le monde, elles ont le souci du droit, le respect de la défense et la règle du débat contradictoire. Plus la justice était sereine, et plus leurs motifs d'agir violemment contre notre pays devenaient injustifiables. Ce qui me confortait en même temps dans ma volonté d'agir contre leurs éventuelles actions terroristes.

L. G. – Le Service a-t-il tenté de vous contrecarrer, dans cette volonté d'assumer votre tâche d'avocat?

J.-P. M. – Non, et si cela avait été le cas, j'aurais désobéi, sans hésiter. Mais la Piscine n'est pas manichéenne : le Service a agi lentement pour me former à ses vues, sans jamais me dire que ce que je faisais ou pensais était interdit. Mes succès d'avocat, comme à Rome, par exemple, arrangeaient au contraire la Piscine, puisque cela me redonnait la confiance des FARL. Et les informations suivaient. Il n'a jamais été question de mettre en doute ma crédibilité de défenseur : « On » m'a dit qu'un observateur du Service avait assisté au procès de Rome, sans prendre contact avec moi. L'hypothèse la plus pessimiste, mais je crois la plus crédible, sur les rapports entre l'État et la justice, c'est que l'avocat ne peut pas grand-chose si le juge ne tient pas mordicus à sa totale indépendance : la confirmation des condamnations, lors du deuxième procès de Trieste, m'a laissé songeur à ce propos.

Pour être sûr de moi, le Service s'est surtout employé, dès le début, à me former. J'avais vu « Damien », et le courant ne passait pas. Il a été remplacé, puisque l'essentiel était de me mettre en confiance. La DGSE s'embarquait avec moi au pied levé, elle n'était pas sur la trace d'Abdallah, n'en avait ni photo ni identité et n'avait « logé » aucun membre du groupe. Le Service n'avait guère le choix. Pourquoi m'a-t-on fait confiance, alors que j'aurais pu être un sympathisant actif des FARL, cherchant au contraire à infiltrer la Piscine?

La première demi-garantie, c'était l'opinion du juge d'instruction que j'avais contacté initialement. Puis il y avait eu ma démarche, même maladroite, auprès du ministère de la Sécurité. Enfin, il y avait mon statut d'avocat : après tout, celui-ci me protégeait, j'aurais pu me taire et défendre Georges jusqu'au bout. Je suis sûr que très rares sont ceux de mes confrères qui auraient pris spontanément la même position que moi. Le Service avait le choix : si j'avais menti, comme les opérations annoncées puis avortées auraient pu le faire croire pendant un temps, la Piscine l'aurait vite su. En décodant les messages de Georges, par exemple, en ne « logeant » pas Jacqueline Esber, en ne réussissant pas à arrêter in extremis l'opération du camion suicide à Rome, etc. Et puis, j'aurais craqué moi-même, en m'embrouillant dans mes arguments, mes déplacements, mes rendez-vous. Je sais que j'ai été parfois étroitement surveillé.

L. G. – Avez-vous repéré cette surveillance? Est-elle de règle?

J.-P. M. – Autant il me semble relativement facile de se rendre compte d'une surveillance policière classique, autant celle faite par les membres du Service m'a toujours paru invisible, au prix de précautions parfois démesurées. Un rappel, celui des clochards d'un jour, disséminés autour de mon domicile, quand je devais enfin recevoir la visite d'un membre des FARL, avant de me rendre à Belgrade. « On » m'a montré des photos de moi avec mon correspondant, lors de rendez-vous dans le fond de bars déserts, « On » m'a demandé si tel plat mangé dans un restaurant d'étudiants avec un ami avait été à mon goût, etc. « On » faisait tout pour me montrer que la surveillance dont j'étais l'objet pouvait à la fois être invisible et permanente. Mais la règle semble légèrement différente : chaque agent du Service est, à son tour, l'objet d'une surveillance des plus minutieuses pendant deux, trois jours, puis il doit faire un compte rendu de ses activités pendant ce temps-là. A chaque oubli, au mensonge le plus bénin, on le coince. Et c'est comme cela que chacun prend l'habitude de raconter la stricte vérité, car sinon il risque d'être pris en défaut, comme un gosse maladroit, et d'en subir les conséquences.

L. G. – L'espionnite est-elle une des habitudes du Service? De quelles « punitions » dispose celui-ci pour faire régner la discipline?

J.-P. M. – L'espionnage et le contre-espionnage étant les raisons d'être du Service, il est évident que l'espionnite en est un défaut inhérent. On passe autant de temps à suspecter son voisin que son ennemi désigné. Je devais faire des rapports écrits après certains contacts avec de nouveaux correspondants, pour indiquer quelle « évaluation » j'en avais : sympathie, présentation, franchise, etc. De même, je devais aussi écrire un rapport si le fonctionnement du Service laissait à désirer, par exemple sur la vivacité des standardistes affectés aux numéros « maison », quand j'appelais de l'étranger. D'une manière plus générale, cette espionnite envahissait ma vie quotidienne : je ne pouvais me rendre à un dîner, une soirée, sans être à l'affût du moindre renseignement qui pourrait intéresser le Service, même s'il venait de mon meilleur ami.

Quant au maintien de la discipline, il est assuré dans des conditions militaires : réduction ou suspension de la solde, pour une durée variable, mise à pied, etc. Il y a également des sanctions en cas de missions ratées. J'ai raconté mon échec lors de mon voyage en Syrie. A mon retour, j'ai non seulement été mis à pied pendant un certain temps, mais l' « On » m'a dit : « Tu deviens dangereux. Il faudrait que tu songes à ton avenir. »

Les mots étaient menaçants, bien qu'imprécis. Et alors que j'avais laissé presque complètement tomber ma clientèle « normale », pour me consacrer au Service, j'ai été brusquement l'objet d'une avalanche de plaintes d'anciens clients auprès du conseil de l'ordre des avocats. J'étais presque quotidiennement convoqué devant la commission de discipline : on m'accusait d'avoir mal plaidé, oublié une possibilité de procédure, ou demandé des honoraires exagérés. Bref, tout ce qui était d'ordinaire balayé d'un revers de main par mes confrères, comme venant de plaideurs aigris se réveillant après deux ou trois ans, semblait soudainement retenu à charge. Je me défendais, pied à pied, et je me suis demandé, le temps passant, si la Piscine ne voulait pas me donner une autre leçon : « On » avait les moyens de me couler, « On » pouvait aussi me maintenir la tête hors de l'eau.

L. G. – Aviez-vous aussi des rapports de camaraderie, ou même d'amitié avec vos correspondants?

J.-P. M. – Non, sur la quinzaine de membres du Service que j'ai rencontrés, souvent une seule fois comme lors de l'entrevue à laquelle avait assisté, silencieux, « Monsieur Jean », le psychologue de service et du Service, je n'ai eu de vrais contacts qu'avec mon correspondant attitré, « Antoine ». Nous nous sommes vus essentiellement pour des raisons de service, mais nous avons aussi dîné ensemble pour le seul plaisir de nous voir et de discuter. Je crois qu'il avait une réelle amitié pour moi, et j'en avais en tout cas pour lui. Il nous arrivait de passer des heures ensemble, à manger et à boire, sans évoquer l'affaire Abdallah. Antoine assurait qu'il m'enviait, avec ma profession libérale : « Si je disposais de ce que tu as entre les mains, je saurais me mettre sur orbite », me répétait-il. J'admirais son assurance, son calme, ses certitudes, et jusqu'à sa condition physique irréprochable. Ce militaire me rassurait. Il m'a un peu servi de « nounou », me maternant, quand j'étais angoissé. Je sais qu'il m'a défendu à plusieurs reprises devant mes supérieurs, tentant de minimiser ce qu'il appelait devant moi mes « désobéissances caractérisées ». Il me répétait souvent qu'il n'était pas facile de me soutenir à bout de bras.

Plus haut dans la hiérarchie, j'ai rencontré celui qui était mon véritable chef, un colonel, qui appartenait au service Action de la Piscine. Mes rapports avec lui étaient très cordiaux, mais la douceur de son ton, quand il me donnait des ordres, était plus efficace qu'un commandement brutal qui m'aurait braqué. Je n'ai vu cet officier supérieur qu'une demi-douzaine de fois, et s'il se déplaçait pour entendre certains de mes rapports, il s'entourait d'un grand luxe de précautions. Il était accompagné de son « porte-valise », un garde du corps armé selon le jargon du Service. « Antoine », lui, ne se défaisait jamais de son Beretta, qu'il portait à l'aisselle, très classiquement, ou dans une petite sacoche d'étudiant.

L. G. – Avez-vous reçu une formation particulière, notamment pour les consignes de sécurité?

J.-P. M. – Oui et non. Je n'ai pas appris à manier une arme, par exemple, et « On » ne m'a donné aucun pistolet, pour me défendre au cas où. Rien non plus pour me défaire d'un éventuel agresseur : j'avais un rôle si à part et si étroit que je crois que le Service tenait à me cantonner dans ma tâche et mon emploi du temps d'avocat, où je pouvais servir le mieux, comme « agent noir ». En ce qui concerne les questions de sécurité, « On » ne m'a rappelé que des précautions générales : être attentif à toute filature, auquel cas je ne devais pas chercher à la rompre mais simplement prévenir le Service, repérer les plaques d'immatriculation des voitures suspectes (le Service a un fichier très efficace pour savoir si ce sont « nos » voitures ou non). D'autres règles, applicables à tous les agents, m'ont été apprises en cours de route. Et, bien sûr, mais je crois que le grand public s'en est rendu compte depuis l'affaire du *Rainbow Warrior*, avant chaque départ en mission – et par mission, le Service entendait aussi mes activités d'avocat, quand j'allais rendre visite à mes clients dans leurs lointaines prisons, par exemple –, je devais signer une déclaration sur l'honneur, promettant de ne jamais révéler, si j'étais arrêté, ni l'objet de ma mission ni mes liens avec le Service.

L. G. – Un agent peut-il avoir une vie privée?

J.-P. M. – Je le suppose, si vous êtes marié, fidèle, avec des enfants et une vie quotidienne strictement familiale. Mais gare à la moindre incartade, le Service les tolère mal. Dès le début, on m'a demandé des photos et de brefs curriculum vitae de ma fiancée et de mes amis les plus proches. Interdiction de voir les journalistes, que le Service qualifie de « fouille-merde ». Tout cela peut déclencher des enquêtes, des filatures en chaîne, pour qu'un agent ne se fasse pas piéger à cause de sa vie privée. Même les rencontres d'un jour sont soumises à l'examen du Service. J'avais ainsi fait un écart, au cours d'un de mes voyages en Italie. La demoiselle était jolie, je succombai à ses charmes, deux nuits durant. Je dus me confesser, ce qui motiva une enquête immédiate, pour savoir si cette jeune fille avait bien la profession qu'elle m'avait indiquée, etc. Tout cela est épuisant, parce que l'on ment aux autres, en taisant ses véritables fonctions, et on a finalement l'impression de mentir tout le temps, de ne jamais pouvoir s'ouvrir, ce qui est le propre de l'amitié et de l'amour. Le plus difficile, c'est de se taire face à la femme que l'on aime et avec laquelle on vit.

L. G. – Justement, votre fiancée ou vos amies successives se sont-elles doutées de quelque chose? Vous ont-elles questionné?

J.-P. M. – Bien entendu. J'étais obligé de me cacher pour donner ou recevoir certains appels téléphoniques. Quand je partais en mission, il me fallait dire que j'étais crevé, et que je tenais à prendre quelques jours de vacances, seul, sans laisser la moindre adresse. Cela ne sent pas forcément l'espionnage, mais dans un couple, la fidélité est vite mise en cause. En parler ou ne pas en parler revient au même : mieux vaut souvent se taire que mentir. Selon mon correspondant, sa femme sait simplement qu'il travaille dans l'administration. Le Service m'avait imposé de me taire face à ma compagne, mais celle-ci n'était pas tombée de la dernière pluie; elle a tenté à plusieurs reprises de me demander des explications, de savoir qui était ce mystérieux « Antoine » que j'avais constamment au téléphone... J'ai éludé, menti, mais notre couple est parti peu à peu à la dérive, avant de se défaire. Allez expliquer que vous partez vous retaper quand vous revenez dix jours plus tard, encore plus exténué, de Syrie, empoisonné et le moral à zéro, et qu'il vous faut des mois de soins médicaux pour vous remettre sur pied!

L. G. – Comment se passaient vos rendez-vous avec le Service?

J.-P. M. – La seule constante, c'est qu'ils étaient entourés d'un luxe de précautions. Les mesures de sécurité variaient, selon mes interlocuteurs, l'endroit de la rencontre, etc. Au départ, je rencontrais mon correspondant dans une brasserie, puis nous marchions suivant un trajet en baïonnette, pour nous assurer que nous n'étions pas suivis. Nous nous méfiions de tout le monde : des FARL, des agents d'autres services étrangers, de la police même. Il n'était pas question que quiconque vienne mettre son nez dans nos affaires. Je ne devais jamais faire un trajet en métro, pour rencontrer mon correspondant, sans descendre de la rame à une station déterminée à l'avance, laisser passer une autre rame, puis remonter si tout était calme. Il y avait, bien sûr, des agents que je ne connaissais pas, sur le quai de la station où je faisais étape pour s'assurer que personne ne me suivait.

Par la suite, une voiture m'a souvent attendu à proximité de mon cabinet. Je sortais à heure fixe, très fixe même, puis je marchais sur un parcours balisé à l'avance. Il y avait une deuxième voiture, en couverture, pour repérer toute filature, là encore.

Le plus souvent, les rendez-vous se sont déroulés dans des bistrots, ou dans des chambres d'hôtel, louées pour la circonstance. Elles étaient anonymes, mon correspondant avait la clé, et on s'arrangeait pour se retrouver ensemble dans l'ascenseur, sans avoir l'air de se connaître. Cette sorte de rendez-vous survenait généralement la veille ou l'avant-veille d'un départ en mission, et la conversation pouvait durer des heures. La chambre revenait à 300 ou 400 francs et comme on n'entendait pas le moindre bruit, j'imagine que le Service avait aussi loué les chambres adjacentes.

J'ai eu aussi des rendez-vous sur des bancs, dans des squares, en plein air. Là, il ne s'agissait pas de discuter : je remettais mes rapports sur l'état de mes informations. Je me souviens d'avoir attendu un jour sous la neige, stoïque mais gelé, dans le jardin d'une maternité. Aucune infirmière n'est venue s'enquérir de ma santé mentale.

L. G. – Vous faisiez des compte rendus oraux et des rapports écrits?

J.-P. M. – Pendant les six premiers mois de mes activités, je n'ai fait que des rapports oraux. Je lisais au téléphone le contenu des messages d'Abdallah et faisais un résumé très détaillé de nos conversations au parloir. Plusieurs mois après, « On » a exigé que je fasse des rapports écrits : le motif officiel était qu'il pouvait y avoir des distorsions entre ce que je disais et ce que la hiérarchie recevait en dernier ressort. Je n'exclus pas qu'« On » ait voulu disposer d'autant d'« autographes » de moi pour faire pression, le cas échéant. Auparavant, rien ne prouvait mes activités à la Piscine. Maintenant, la situation a changé, mais dans un seul sens : moi, je n'ai toujours aucune preuve de mon côté. C'est pourquoi j'ai enregistré, à tout hasard, certaines conversations téléphoniques que le Service passait à mon cabinet. Elles sont en lieu sûr, au cas où, avec des instructions précises. J'ai retenu une des maximes que « Christian » m'avait apprises : « Il faut toujours garder des bigoudis. »

L. G. – Pensez-vous que la Piscine exercera des rétorsions, quand le livre paraîtra?

J.-P. M. – Je ne suis pas devin, mais il est évident que j'enfreins, et formellement, le règlement. Je peux affirmer que je ne parle en aucun cas contre l'image du Service, ou sa sécurité. Au contraire : je crois que si l'on critique beaucoup la DGSE et qu'on la juge inefficace, notamment contre le terrorisme proche-oriental, mon histoire tend à prouver le contraire, même si nous n'avons pas pu contrecarrer à l'avance la plus grosses vague d'attentats.

Abdallah a lui-même rendu hommage à la DGSE : ceux qu'il qualifiait au départ de « petits garçons » sont peu à peu devenus de redoutables adversaires, qu'il assimilait au Mossad, ce qui n'est pas rien dans sa bouche quand on connaît l'efficacité du service secret israélien, précisément dans la lutte contre le terrorisme proche-oriental.

L. G. – Un agent quitte-t-il sans regrets le Service?

J.-P. M. – En théorie, ce n'est pas vous qui quittez le Service, c'est le Service qui vous quitte. Mais je ne vois pas ce que cette maxime interne, à l'usage des membres de la Piscine, doit avoir d'absolu. Je ne confonds pas mes fonctions et les informations que j'ai pu avoir par ce biais avec la carrière de militaires attirés par le renseignement. J'ai agi dans un but humanitaire, par horreur des attentats, un point c'est tout. Maintenant, je crois que la situation s'est stabilisée, pas tellement du reste par l'action du Service que par un positionnement plus général, politique et diplomatique, qui m'échappe comme au commun des mortels. J'en suis heureux, j'espère que cela va durer. Cela me ramène aussi à beaucoup de modestie : les moyens d'agir sont nombreux, les informations que j'ai transmises ont sûrement été utiles, et peut-être pas décisives. Des relais plus classiques sont en place, l'affaire Abdallah a été soumise à la justice et chaque Français pourra en mesurer l'étendue et la complexité.

Quant à la vie d'agent, je ne la connaissais pas avant d'agir, je ne sais même pas si j'en ai vécu autre chose que les contraintes les plus terre à terre : heures impossibles, disponibilité de chaque instant, sentiment de partir au casse-pipe, peur, etc. Ces deux ans d'engagement total ont été épuisants et ont beaucoup appauvri ma vie, en me liant, dans l'ombre, au seul cas Abdallah ou au quotidien carcéral de militants révolutionnaires avec qui je n'ai pas le moindre objectif en commun. Pourtant, cela va paraître curieux, j'éprouve déjà de la nostalgie à l'idée de quitter de moi-même le Service. Cacher l'agent derrière l'avocat, l'avocat derrière l'agent et tenter en même temps de mener une vie privée normale m'avaient conduit à faire de ma vie un mensonge permanent. Et le seul moment de vérité, parfois abrupt, c'était mes conversations avec mon correspondant ou mes supérieurs.

L. G. – En approuviez-vous toutes les méthodes, toutes les idées?

J.-P. M. – Le Service m'a dit que c'était moi qui avais lancé la machine Abdallah. Mais lancé seulement : ce qui s'est mis en route ensuite, on ne me l'a pas dit. Je n'ai pas d'illusions : la DGSE dépend du ministère de la Défense, elle est composée pour moitié de militaires qui se considèrent en guerre, vingt-quatre heures sur vingt-quatre, contre le terrorisme notamment. Et qui emploient des méthodes de guerre : les fameuses opérations « homo », c'est-à-dire homicides, font inévitablement partie du registre des membres du service Action. « On » ne m'en a rien dit, et c'est Abdallah qui m'en a parlé : « Des camarades sont morts, à cause de tes imprudences. Ce n'est pas grave, mais il faut que tu sois plus vigilant désormais », m'a-t-il dit avec fatalisme et un apparent détachement, en août 1985. Je venais d'être blanchi de tout soupçon, à l'en croire, par une enquête interne des FARL. J'en frémis, et sa phrase suivante retourna le couteau dans la plaie : « Tu sais, cent camarades peuvent tomber, mais toi, tu es irremplaçable. »

Si je n'ai aucune illusion sur les méthodes employées – mais le débat sur la nécessité de se salir les mains ou non pour être efficace reste ouvert –, je n'ai pas non plus la moindre illusion sur les idées développées par les membres du Service. Elles sont plutôt carrées : les « révolutionnaires » sont des terroristes, ils ne valent pas la corde pour les pendre. Les mots employés à leur encontre ne varient guère : « connards, salauds, pourris, assassins... » Abdallah n'était pas aussi abrupt; évoquant un jour l'affaire Greenpeace, il me dit son admiration pour l'ampleur de l'opération que la DGSE avait montée aux antipodes. Rapportant sa bonne opinion à mon correspondant, je laissai celui-ci songeur : « Putain, dire que les seules félicitations que l'on reçoit viennent des terroristes... »

J'évitais systématiquement de parler politique, d'introduire toute relativité dans le débat. Je tâchais de nuancer la situation et les pensées de chacun de mes clients dans mes rapports écrits. Je ne dis pas pour autant que le Service est en bloc favorable aux idées de l'extrême droite, loin de là. Nombre de mes contacts m'ont assuré « voter à gauche ».

L. G. – Ces méthodes et idées des services secrets sont partout et toujours les mêmes.

J.-P. M. – Si l'objectif de chacun reste le même, agir au besoin par la force pour préserver ses intérêts jugés vitaux, la tactique employée varie considérablement. Selon Georges, le Mossad est le seul à couper systématiquement tout lien de transmission dans un réseau, pour tenter de le désorganiser à chaque étape. Et comme les moyens de transmission en question sont des militants, la mort est probablement présente à de nombreuses reprises. La méthode des autres services occidentaux, d'après Abdallah, et je l'ai vu avec la DGSE, c'est de laisser faire le menu fretin et de remonter les réseaux le plus loin possible vers les têtes pour ensuite lancer un coup de filet et décapiter les chefs les premiers.

Dans le cas des FARL, Georges en semblait la tête. Mais une fois celui-ci en prison, la Piscine a voulu savoir qui le remplaçait sur le terrain, si cette solution était temporaire ou durable, et surtout qui tirait les ficelles – s'il y a quelqu'un – derrière les FARL. C'était pour le long terme, le court terme restant, bien sûr, d'empêcher tout attentat qui pouvait être commis par des militants de base. Il y a un autre problème avec les organisations « terroristes »; chaque service sait qu'une nouvelle génération de militants se prépare constamment à passer à l'action, comme le symbole du phénix qui renaît de ses cendres. A ce propos, Georges avait voulu m'envoyer au Liban, en décembre 1984, avec ces recommandations : « Va à Chtaura. Rends-toi chez le pâtissier, sur la grand-place. Adresse-toi au patron et demande-lui à voir Georges. Tu rencontreras alors quelqu'un, barbu comme moi, et qui me ressemble... » Le Service a établi que son propre frère, Maurice Ibrahim Abdallah, avait probablement repris le flambeau, un peu comme les chefs de l'ASALA arménienne qui, quelle que soit leur identité réelle, adoptent le nom symbolique pour les militants d'Agop Agopian.

11.

JEAN-PAUL

« Mon ami,

Un jour, sur un papier anonyme, j'écrirai des phrases légères, sans grand sens. Tu les liras sans imaginer que ces mots assemblés me ressemblent. Des mots qui ne voudront rien dire, des mots qui ne te diront rien, mais des mots pour te dire, à ma façon, que je suis mal dans ma peau, et que je serais bien dans la tienne, des mots pour te dire que lorsque tu n'es pas là, j'habite ma tête comme une maison trop grande. »

Ce fut la dernière lettre que je reçus de Jean-Paul. Ces phrases décousues, ou cousues de lui-même, cette façon de s'étourdir, c'était bien lui. Sans doute faisait-il cela pour masquer son angoisse profonde, cette angoisse presque suicidaire qui lui faisait multiplier les risques. Les spécialistes de Dostoïevski assurent parfois que ce dernier se méprisait au-delà de la vérité, mais qu'il ne supportait pas l'idée de ne pas être un dieu. Toutes proportions gardées, cette attitude s'apppliquait à J.-P. M.

La dernière fois que je le vis, il n'était plus qu'une ombre, une ombre qu'il semblait craindre, tant elle était déformée, mais tant elle collait à ses pieds. Il me donna l'impression de s'être, depuis longtemps, perdu de vue.

On a dit tant de choses sur lui : qu'il avait épousé la cause terroriste jusqu'à devenir lui-même un militant, qu'il avait sombré dans l'alcool, la drogue et la drague, qu'il exerçait sous sa robe d'avocat une autre activité. Un sale boulot, à en croire la rumeur.

Ce chapelet de réputations sulfureuses, les autres l'égrenaient à leur guise, distribuant des morceaux à qui voulait les prendre. On dit maintenant qu'il est mort, ou qu'il va mourir. Mais c'est un autre que l'on enterrera, et il fera un mort tout à fait convenable.

Puisque vous me demandez mon avis, je ne peux être formel que sur un point : c'était un grand paresseux. Sa maison est à mi-chemin entre la clinique où il vit le jour et le cimetière où l'attendent ses ancêtres. Depuis deux ans, on murmure qu'il a fait bien des détours.

Jean-Paul Mazurier. – A trente-deux ans, je me demande parfois si ma vie n'est pas derrière moi; mes vingt-quatre mois de Piscine m'ont tant marqué, et rendent mon futur si incertain, que ce livre constitue une borne dans mon existence : demain, je ne serais plus ni avocat ni membre du Service. La conclusion de l'affaire Abdallah, même si elle n'est pas encore tirée officiellement, sera amère pour moi.

Laurent Gally. – C'est une décision irrévocable que d'abandonner votre robe d'avocat?

J.-P. M. – J'ai envoyé ma lettre d'omission au barreau. Je rends publique mon appartenance au Service et je préfère prendre les devants. Bien sûr, je regretterai les rares dossiers que je vais devoir laisser en plan, notamment celui d'un tueur à gages pour qui j'ai eu une sorte de sympathie immédiate, tant sa vie est marquée par la malchance et la misère, mentale et matérielle. J'aurais aimé mener à terme cette affaire et quelques autres, mais je n'ai plus le choix des délais. Je regretterai aussi de ne plus plaider aux assises, seul lieu où l'avocat peut pleinement jouer son rôle, plus même peut-être que dans les cabinets des juges d'instruction.

L. G. – Avocat, cela a été une vocation pour vous?

J.-P. M. – Non pas du tout, puisque, en sortant de mon baccalauréat scientifique, j'ai entrepris, à dix-sept ans, des études de médecine. Là non plus, ce n'était pas par vocation : mes parents, comme tant d'autres, rêvaient pour leur fils d'un statut de profession libérale, qui signifie pour eux indépendance, argent et considération. J'ai piétiné trois ans en première année de médecine : je n'étais pas fait pour cela. Autant je réussissais la partie scientifique, technique et scolaire de l'examen, autant je ne pouvais me présenter à la deuxième partie, décisive : j'ai eu une mononucléose, puis, l'année suivante, une angine herpétique, bref je somatisais, j'étais bloqué.

J'ai bifurqué vers le droit mais j'aurais pu faire l'inverse : droit, puis médecine. Je n'avais pas de passion pour les études, tout en étant un bon élève. Je ne rêvais que de conduite automobile.

J'ai suivi un stage de pilotage qui m'a passionné, sur ce que l'on appelle les formules Renault. Je suis arrivé en finale, battu par Charles Cevert, le frère du célèbre pilote de formule 1 qui venait de trouver la mort sur le circuit de Watkins Glen, aux États-Unis. Conduire me procurait une sensation exaltante : goût du risque, peur que l'on maîtrise, finesse et réflexion quant à la trajectoire, concentration, compétition. Rétrospectivement, je crois que c'est la seule chose qui m'ait plu : jouer ma vie, mon destin, face à la route, en dépendant d'un moteur, d'un châssis, et non de gens ou d'idées politiques comme maintenant. Comme tant d'autres adolescents, je rêvais de gloire, d'argent et de femmes à mes pieds, ce dont disposent, dans l'esprit des jeunes, les pilotes de formule 1, qui à la fois courent contre la mort et se reposent dans des conditions de vie luxueuses.

L. G. – La mort vous attirait-elle, jeune?

J.-P. M. – Non, pas en tant que telle. Au contraire, elle me dégoûtait plutôt, physiquement; étudiant en médecine, j'ai assisté à des séances d'autopsie. Je voyais des cadavres de petits vieux disséqués, et cela ne me faisait ni chaud ni froid... jusqu'au jour où le cadavre dont le professeur ouvrait la boîte crânienne était celui d'un jeune garçon qui me ressemblait. A partir de cet instant, je me suis désinvesti de mes études. Très jeune, et cela tient probablement à mes relations avec mes parents puis avec la vie en général, j'ai adopté toutes sortes de conduites à haut risque, voire suicidaires, comme s'il me fallait risquer ma vie pour l'accepter : le pilotage puis la moto, de façon effrénée, l'alcool et autres toxiques, sans retenue, enfin mon entrée dans le Service. Je ne m'y suis pas décidé avec l'image de James Bond en tête, loin de là. Pour moi, c'était une fuite en avant, la volonté de vivre dans un état de tension permanent, sur une corde raide, avec l'idée qu'elle casserait d'elle-même sans que j'aie à intervenir. Aragon l'a dit : « Je me croyais libre sur un fil d'acier, quand tout équilibre vient du balancier. »

L. G. – Comment tout cela vous a-t-il ramené au droit?

J.-P. M. – La vie n'est pas linéaire, et je ne poursuivais pas mes conduites suicidaires jour et nuit. Il me fallait trouver une solution de remplacement, après mon échec en médecine. J'ai pris le droit comme un pis-aller, et les études me donnaient le temps de vivre autre chose, de vagabonder. J'ai redoublé ma quatrième année de maîtrise et j'ai pensé à présenter, parallèlement, le CAPA, le certificat d'aptitude à la profession d'avocat. Nombre de jeunes se reconnaîtront dans mon parcours d'étudiant. J'ai mis deux ans à avoir mon CAPA et j'ai fait au total cinq ans d'études de droit.

J'ai tout de suite « mordu » à mon travail d'avocat. J'avais trouvé un « patron », c'est-à-dire un avocat expérimenté qui m'avait accepté comme stagiaire dans son cabinet pour m'apprendre le métier sur le tas et, au bout d'un an, j'avais assez de clientèle personnelle pour m'installer à mon compte. Pendant cette période, j'ai à la fois beaucoup travaillé et eu de la chance. Non pas que je gagnais beaucoup d'argent : j'avais vingt-six ans quand j'ai commencé à plaider et j'ai vu tant de misères humaines et matérielles, tant de gens dépendant de procédures qui leur paraissent du chinois, que ma responsabilité me semblait écrasante. Pour le grand public, à la lecture des journaux, trois ou dix ans de prison à la fin d'un procès d'assises, cela ne fait pas grande différence, mais pour l'avocat, qui voit son client en train de se noyer, c'est un cauchemar. Je ne parle pas du « tout-venant » des audiences correctionnelles, ou des heures passées dans les cabinets des juges d'instruction à se battre pour une remise en liberté hypothétique : la moindre décision défavorable à l'issue de tel ou tel dossier, et je perdais l'appétit et le sommeil. J'ai eu des crises d'angine de poitrine et un ulcère à l'estomac qui, soigné à temps, s'est transformé en gastrite, à essayer d'assumer ainsi ma part de la misère du monde. En entrant dans le métier, on a l'impression que la justice est une mariée dont nous devons porter la traîne, mais nous nous apercevons que pour arriver à un résultat, il nous faut la violer.

L. G. – C'est presque un engagement?

J.-P. M. – Je suis devenu avocat sans aucun rêve d'ascension sociale, mais ce métier m'a pris aux tripes. Puis à la tête. Impossible d'estimer que le monde est parfait quand vous voyez tant de détresses se dévoiler dans votre cabinet. Je considère qu'un type qui naît dans une banlieue pourrie, de parents ouvriers, a plus de chances de se retrouver un jour en train de chiper une mobylette que moi, même issu d'un milieu modeste. Je suis peut-être pessimiste quant à la responsabilité personnelle et au problème du libre arbitre, même si j'ai le sentiment que chacun accomplit son destin avec l'illusion de la liberté.

Comme il faut du recul vis-à-vis de ses clients, l'avocat devient très vite silencieux, pour ne pas gêner son interlocuteur, qui vient dans son cabinet comme à confesse. Ce qui explique en partie mes silences face à « Alex ».

Je suis accrocheur sinon teigneux, ce qui m'a donné cette réputation de gauchiste au Palais de Justice, mais je suis d'abord un homme de dossiers, qui s'attache à relever les failles ou les trous et contresens de l'accusation. Je ne parle pas bien en public, par manque de talent ou par timidité. Sauf quand je plaide avec mon cœur, mes tripes, et j'ai fait pleurer des jurés. Mais à Lyon, en juillet 1986, lors du premier jugement d'Abdallah, c'est tout juste si la presse m'a remarqué : j'ai relevé, et avec véhémence, le faux procès-verbal DST-DIGOS, puis Me Vergès a développé sa plaidoirie admirablement bien, comme nous en étions convenus à l'avance. Le Service ne me demandait rien d'autre, peu soucieux de me voir me mettre en avant en faisant une plaidoirie de rupture. J'aime citer – pour me consoler? – cette maxime de Chamfort : « Il y a des sottises bien habillées, comme il y a des sots fort bien vêtus. »

L. G. – Puisque vous avez réellement la fibre du métier d'avocat, comment avez-vous réussi à la mettre entre parenthèses, dans vos activités d'agent?

J.-P. M. – Je n'ai pas réussi à concilier les deux, ce qui m'a placé dans cette situation d'histrion, pénible et peut-être incompréhensible, vue de l'extérieur, d'avocat-agent. J'ai accepté d'entrer dans le Service non pour faire arrêter des terroristes, mais pour empêcher une violence aveugle frappant des innocents. Ce n'est pas de l'altruisme : enfant unique trop choyé, j'ai, depuis tout petit, horreur de la violence. Ce sentiment a pris corps lors d'une agression dont j'ai été la victime en Angleterre. J'avais quinze ans, et comme nombre d'écoliers français, j'étais allé tenter d'améliorer mon anglais. J'ai été assailli, dans la banlieue de Londres, un soir vers 21 heures alors que je rentrais dans ma famille d'accueil, par une bande de « skin-heads ». Ils étaient plus d'une dizaine, selon les témoignages, car je n'ai rien eu le temps de voir, et approximativement de mon âge. J'ai été frappé par-derrière à coups de barre de fer, et tandis que je faisais le mort, à terre, recroquevillé sur moi-même, je les entendais crier : « Kill him, kill him. » C'est-à-dire « tue-le, tue-le ».

Je ne sais pas qui les a fait fuir, mais on m'a conduit à l'hôpital et opéré d'urgence pour mon nez éclaté et un enfoncement entre les yeux, sans parler des blessures à la figure et de nombreux traumatismes. Au total, j'ai dû être opéré à quatre reprises. Ma première réaction, alors que j'étais à leur merci, fut de me dire : si je survis, je prends une mitraillette et je tire dans le tas, si je les retrouve. Ma convalescence achevée, j'avais eu le temps de me calmer, de penser qu'avec une enfance presque identique, j'aurais pu faire partie de cette bande, et être en train de casser du français, ou de l'arabe en France, sans savoir pourquoi. Ils n'étaient pas tellement plus vieux que moi, et probablement d'origine plus modeste : c'étaient de pauvres types, bien que des salauds. Et je n'ai pas porté plainte contre eux, pensant que je leur laissais une chance de mener une vie « normale ».

Je ne me fais pas meilleur que je ne suis : après cette agression, j'ai éprouvé une haine instinctive du genre humain. Cette agression a changé beaucoup de choses pour moi, en me donnant conscience d'exister, peut-être parce que j'avais frôlé la mort. Quant au bilan, je suis devenu détaché, et philosophe sinon suicidaire, me répétant : « Après tout, ce n'est que moi qui meurs. » C'est ce que j'ai pensé, en une fraction de seconde, quand j'ai eu un grave accident de moto, début 1984.

L. G. – Vos conduites suicidaires sont-elles liées à cette agression? Avez-vous suivi un traitement psychique pour tenter d'effacer ce traumatisme?

J.-P. M. – Je n'ai pas vu de psychologue à la suite de mon agression et je n'ai entamé une psychanalyse que douze ans plus tard. J'ai évoqué cette nuit anglaise au cours de mon analyse, mais en termes positifs : je considère que cela m'a appris beaucoup de choses, sur la violence comme exutoire, le type de réaction des gens, le racisme et ses explications sociales, etc. J'avais été victime d'une ratonnade, j'ai tenté de comprendre pourquoi.

L'analyse elle-même ne m'a pas apporté grand-chose, mais ce fut de ma faute : je l'avais entamée début 1982, avant de rencontrer Abdallah, avec un psychiatre dont le cabinet était loin de Paris. Or mes rendez-vous, qui me prenaient presque une demi-journée chacun, se sont vite révélés incompatibles avec mon emploi du temps. Je ne me sentais pas particulièrement mal dans ma peau, mais j'avais entamé des études de médecine parce que je voulais devenir psychanalyste. Une analyse était donc obligatoire, avant même de passer au second stade, l'auto-analyse. Mon analyste n'a pas tardé à me donner une leçon : puisque je voulais exercer ce métier, il m'envoya une des ses clientes qui souffrait d'un délire de persécution et qui avait besoin d'un avocat, pour protéger des intérêts qu'elle croyait menacés. Face à cette femme qui ne voulut pas desserrer les dents pendant plus d'une heure, à chacun de nos rendez-vous, je compris que ce métier était beaucoup plus difficile que prévu. Par lassitude, j'ai progressivement laissé tomber.

J'ai recommencé récemment une deuxième analyse, ou plutôt une psychothérapie, pour des raisons différentes. Ne pouvant me confier à personne, et profondément perturbé par mes activités, je suis retourné voir un psychiatre. Avec une idée en tête assez hargneuse : je payais un professionnel pour m'écouter me plaindre et tempêter contre ma solitude, sans rien lui dire de mes fonctions d'agent. J'ai commencé cette analyse en juillet dernier, avec un sentiment reposant : le divan sur lequel je m'allonge deux fois par semaine, quarante-cinq minutes pendant lesquelles je me repose, me sentant libre de parler ou de me taire, c'est ma Suisse. Un territoire neutre, protégé, régi par des rapports strictement monétaires.

L. G. – Choisir de parler maintenant, est-ce une tentative d'explication psychanalytique de vos actions, un essai de justification?

J.-P. M. – Je veux expliquer ce qui m'est arrivé. Je me fiche complètement de l'opinion que le lecteur, ou tel ou tel de mes confrères, pourra avoir de moi. Je suis arrivé à un point de saturation, d'exaspération, de lassitude. En regardant en arrière, j'ai le sentiment d'avoir atteint un point de non-retour.

L. G. – Qu'est-ce qui vous a marginalisé?

J.-P. M. – C'est difficile à dire. Le jour où j'ai prêté serment, j'ai rencontré une jeune fille et nous avons vécu un coup de foudre mutuel. Nous étions fiancés, nous devions nous marier un an plus tard. Mais nous étions de milieux sociaux très différents : fille d'un grand notaire, elle m'a introduit dans une famille dont le mode de vie n'était en rien le mien. Comme je devais travailler d'arrache-pied pour lui offrir les facilités auxquelles son père l'avait habituée, je n'avais pas beaucoup de temps à lui consacrer. Le hiatus a été progressif, mais au lieu de me préparer à la succession de son père, comme il était plus ou moins convenu, c'est notre couple qui a lâché le premier. Et donc exit la vie bourgeoise, pour laquelle je n'étais pas fait. Je conteste, en revanche, avoir la moindre vocation de marginal : ma carrière avait débuté sur les chapeaux de roues, j'avais une réputation naissante, et pas le moindre problème financier.

Quand « Alex » est venu me voir, en 1982, j'étais un avocat parmi des centaines de confrères, et plutôt en pleine ascension. Mais les circonstances m'ont placé à la croisée des chemins. J'ai décidé d'accepter les propositions du Service pour des raisons que j'ai l'impression d'avoir rabâchées. Puis j'ai accompli des actes, et je n'en ai aucun sentiment particulier. J'ai tenté d'obéir aux ordres en faisant ce que j'estimais être mon devoir.

Ce qui m'a frappé, lors de ma première rencontre avec le colonel de la Piscine, qui était mon supérieur, c'est ce que celui-ci m'a dit : « Maintenant, Jean-Paul, tu sais, tu es comme nous. Il faut bien que tu te rendes compte que, comme nous, tu es et resteras un marginal. » Dans la bouche d'un officier supérieur, ces mots me semblaient incongrus et je n'en voyais pas la nécessité. J'ai, hélas, compris depuis.

L. G. – Vous sentez-vous très seul? Plus seul qu'avant votre entrée au Service?

J.-P. M. – Oui, et ce livre n'arrangera rien. Adolescent, je rêvais d'être Fangio, livré à l'admiration des foules pour son courage solitaire. Aujourd'hui, j'ai appris à vivre avec ma solitude : elle me pèse énormément, puisque je n'ai jamais pu me confier, et en même temps, elle m'a toujours paru la condition essentielle de ma sécurité. C'est presque devenu un état de survie.

Le plus grave, ce n'est pas la solitude, mais ses effets. Car je suis un solitaire qui n'aime pas être seul : j'ai failli verser dans l'alcoolisme, j'étais tenté par la toxicomanie, je me suis abruti de somnifères, simplement parce que, parfois, je voulais oublier à tout prix, m'engourdir, ne plus penser à mes angoisses, à mon anxiété. Dans *Les Enfants du paradis*, le bandit-poète Lacenaire lance : « Les imbéciles, ils m'interdisent les mauvaises fréquentations et me laissent seul avec moi-même! »

L. G. – Étiez-vous fait pour être agent? Le Service ne s'est-il pas trompé sur la nature ou la permanence de vos motivations?

J.-P. M. – De toute façon, il n'avait guère le choix. Je représentais une ouverture inespérée. J'étais sincère, j'ai joué le jeu. De là à m'embaucher à vie... Je suis assez froid par nature, maître de mes émotions, de mes sentiments, je ne laisse pas paraître grand-chose de ce que je pense. Je n'étais sûrement pas l'agent idéal – encore que chacun a son histoire personnelle, et que toute analyse soulèverait un paquet de boue –, mais j'étais l'agent obligé. Mes idées personnelles ne coïncidaient pas forcément avec celles de mes supérieurs, et mon rôle que je voulais préventif dans la lutte contre le terrorisme n'a plus sens aujourd'hui. Je ne connais pas les règles de recrutement du Service, sauf qu'il compte une moitié de militaires et l'autre de civils. « Agent noir », j'ai été contacté pour mes fonctions d'avocat, et non pour frayer dans une administration qui fait du contre-espionnage son but permanent.

Je n'ai pas pour vocation d'espionner les pensées et les actes de tous ceux qui m'approchent. Je ne veux plus mentir, vivre dans l'ombre par obligation, même si cela doit m'amener à recommencer ma vie. Mes motivations restent les mêmes : j'affiche mon opposition au terrorisme au grand jour sans gloser sur les méthodes du Service. Ai-je été lâche, courageux? Ces mots n'ont aucun sens pour moi. J'ai fait ce que j'ai pu, avec mes moyens. Quand vous vous retrouvez un jour à la croisée des chemins, et que vous avez la possibilité – ou que vous croyez l'avoir – d'empêcher une monstruosité, vous n'hésitez pas, vous ne réfléchissez même pas.

L. G. – Comment vos proches vont-ils prendre ce livre?

J.-P. M. – Les réactions varieront selon les rapports que j'ai avec les gens. Le plus difficile sera l'attitude de mes parents. Ils ne me connaissent pas vraiment et se cramponnent à une idée de moi. Je redoute néanmoins leur jugement, même si j'estime que ce livre ne me cerne pas totalement : je me raconte plus que je ne me livre.

Comme beaucoup de fils uniques, j'ai des relations assez malsaines avec mes parents : ma mère, ancienne institutrice, m'a entouré d'un amour et d'une tendresse étouffants. Elle voulait pour moi une profession libérale, tout en m'assurant en même temps que je ne ferais jamais rien de bien. Et comme elle est très curieuse, suspicieuse, à l'affût de mes conversations téléphoniques quand je suis chez elle, le Service a fini par me charrier à son propos. « Il y a trois services secrets en France : la DST, la DGSE et ta mère. C'est elle la plus redoutable », plaisantait Antoine. En fait, elle a su se taire, quoi qu'elle ait pu penser ou deviner depuis deux ans, et je lui en sais gré. Mon père ne peut guère plus comprendre ce que j'ai fait : il a eu une vie très difficile, travaillant dès l'âge de treize ans, puis devenant footballeur professionnel avant guerre dans la grande équipe du Racing de Paris. Son avenir ne s'est guère éclairé : service militaire en 1937, puis la mobilisation, la guerre, les camps de prisonniers avec trois tentatives infructueuses d'évasion. Il m'a répété, enfant, à propos des services de renseignement : « Et dire qu'ils n'ont pas été foutus de nous avertir en 1940. » Cette opinion s'est encore vérifiée lors de l'affaire Greenpeace, qu'il jugeait comme un acte de terrorisme officiel.

Ce livre risque de prendre à contre-pied mes rares amis, sinon de les heurter : je me suis tant réfugié, ces dernières années, derrière un masque que mon attitude, ou plutôt mon manque de confiance, ne pourra que les blesser. Orson Welles prétend que tout homme poursuit inconsciemment un de ces trois mythes : celui de Faust, celui de Don Juan, ou celui de Don Quichotte. Mes amis me savent facilement volage, mais qui sait résister à la possibilité d'être Don Juan ? Mes proches me tiennent également pour un éternel adolescent : je ne parais pas mon âge et, très jeune, j'ai refusé de vieillir. Comme Mansouri, Abdallah aurait pu m'appeler le « lionceau » : je n'ai pas vraiment de poils au menton. Mais le mythe de Faust est autrement plus redoutable, même si la Piscine n'est pas le Diable.

Reste le troisième mythe, qui s'applique peut-être à mon action depuis deux ans : n'ai-je pas joué les Don Quichotte, en me battant contre des moulins à vent ? Je ne doute pas de la validité de mes objectifs, de la nécessité de prévenir le terrorisme, mais je ne sais plus si j'ai été efficace, au bout du compte. J'ai en tête un quatrième mythe, celui de Lorenzaccio, prince aussi débauché que j'étais devenu menteur, par devoir, pour combattre la tyrannie. La sienne s'appelait les Médicis, la mienne la menace terroriste. Je ne dis pas cela par orgueil : j'ai toutes les chances d'être aussi peu compris que ce personnage de théâtre et de finir aussi mal que lui.

12.

L'AUTOMNE DE TOUS LES DANGERS

J'ai gagné un procès et tu me traites comme tel : un battant, un vainqueur. C'est drôle, presque ridicule, et tout de même touchant. Mes copains journalistes trouvent que je n'ai pas d'éloquence, et j'ai fait pleurer les jurés. Je ne connaissais plus personne en plaidant, et tu penses peut-être que je défendais ta cause, la cause, bec et ongles, avec la passion théâtrale que vous croyez tous chevillée à chaque robe noire.

Je plaidais pour Joséphine, mais c'est toi le boss, toi et tes camarades qui, une fois le verdict assimilé, me réintégrez dans ma fonction, mon honneur de militant. Me revoilà ton messager. Que n'aurais-je entendu comme avanies si la cour avait tranché en sens contraire! Mais un avocat, c'est fait pour gagner, sinon, pourquoi lui donnerait-on du maître à tout instant?

Quand je te rendais visite au parloir, j'arborais, de loin en loin, le trois-pièces cravate que nécessitait un rendez-vous ultérieur. Tu t'étonnais, toi, l'emmuré, de mes qualités de Fregoli : « Tu joues à l'avocat, maintenant? » Non, Alex, je joue au messager. Mais je veux, là aussi, gagner.

Jean-Paul Mazurier. – En me battant comme un beau diable devant les tribunaux italiens pour Abdo et Mansouri, à partir de juillet 1985, j'en avais presque oublié, pendant quelques mois, le sort de Georges. C'était l'intention même d'Abdallah, qui m'avait enjoint de me concentrer sur l'Italie. La tactique s'avéra payante : je regagnai, à partir du mois d'août, la confiance des FARL qui m'avaient tenu en suspicion depuis Belgrade et la fin novembre de l'année précédente. Je n'intervenais plus face à la justice française : l'instruction lyonnaise se déroulait dans le vide, Georges refusant toujours de répondre aux questions du juge et n'estimant pas utile que je fasse le déplacement pour rien. De son côté, le magistrat cherchait, sans accrocher la moindre preuve susceptible d'étoffer le dossier d'accusation. Le Service, pour sa part, ne désirait qu'une chose : que je redevienne le messager permettant de prévenir toute action des FARL.

Laurent Gally. – Georges vous a reconfié des messages, quand « Nathalie » a repris contact avec vous au téléphone?

J.-P. M. – Non. « Nathalie », ou plutôt Jacqueline Esber, m'avait recontacté le 8 août 1985, en me donnant, bien sûr, un message à transmettre à Georges. Mais celui-ci est mal parvenu à déchiffrer le sens de ce message et il ne m'a pas dicté de réponse. Il n'avait plus de méfiance à mon égard, puisqu'il me demanda de suggérer à « Nathalie » d'être plus explicite. Georges commençait à être affaibli, mentalement, par ses mois de détention, mais il avait apparemment élucidé deux points cruciaux parmi les informations de « Nathalie ». Il me dit d'abord, le visage épanoui : « Ah, il y a une bonne nouvelle. Elle te concerne. » Et il m'expliqua que c'était à sa demande que les ponts avaient été coupés entre le groupe et moi depuis Belgrade, Georges ayant envoyé un message par un détenu libéré, pour ordonner une enquête sur moi, à ses camarades. Il ne parlait pas d'une possible trahison de ma part, mais me reprochait mes éternelles imprudences.

Le deuxième point du message qu'il capta concernait la Piscine. Il me demanda : « Tu connais un Lacroix? Il nous gêne, sur le terrain. C'est un officier de la DGSE... » Je n'avais aucune idée de qui il pouvait s'agir, et quand je rapportai la conversation à mon correspondant, il resta lui aussi sans réaction. Ce n'est que lorsque l'affaire Greenpeace fera les gros titres de la presse, dans le courant de l'été, que je ferai le rapprochement : et si ce Lacroix était l'amiral Lacoste, le grand patron de la DGSE? Auparavant, je ne connaissais même pas son nom. Mais Abdallah ne m'avait pas donné d'autres détails sur l'action du Service contre son groupe.

L. G. – Sans nouveaux messages, quelle était votre efficacité?

J.-P. M. – Il restait d'abord les lettres entre Georges et Joséphine Abdo et vice versa, puisque Abdo dans sa prison italienne semblait avoir beaucoup plus d'informations concernant la situation sur le terrain qu'Abdallah, plus isolé en détention en ne côtoyant que des détenus de droit commun. Mais j'ai surtout reçu de nouveaux courriers, par la poste, très vite après le verdict de la cour d'assises de Rome, de la mi-octobre 1985.

Certaines lettres arrivaient directement à mon cabinet, postées du Liban ou de Syrie, avec au dos la simple mention « Lola Jimenez ». Georges m'avait prévenu à l'avance de ces missives et m'avait demandé de ne les ouvrir en aucun cas, ce dont ne s'est pas privé le Service. En examinant les cachets de la poste, la Piscine sombra dans la perplexité : les quatre ou cinq lettres reçues de cette manière avaient théoriquement été postées la veille de leur distribution à Paris. Nous en avons déduit qu'il s'agissait peut-être de tampons maquillés, je ne sais dans quel but, et que les lettres étaient déposées par un camarade, directement chez ma concierge. Mais nous n'avons pas réussi à en avoir la preuve. Et « On » ne me tenait pas au courant : étaient-ce des lettres de Jacqueline Esber à Abdallah ?

J'ai reçu une deuxième série de lettres, toujours vers la fin du mois d'octobre 1985. Ces courriers venaient de la région parisienne et m'étaient adressés à mon cabinet. J'ai eu deux lettres au total : à l'intérieur, il y avait un peu d'argent, une fois mille francs, l'autre fois deux ou trois cent mille lires. Et dans chaque lettre, presque le même message : « Veuillez remettre cette modeste somme aux camarades emprisonnés, en signe de solidarité. » J'ai remis les francs à Abdallah, mais il me les a laissés en me disant : « Tu en as plus besoin que moi », puis les lires à Abdo, quand je suis allé la voir en Italie. Les messages n'étaient pas signés. Au dos de chacune des lettres, ces mots que les Français ont depuis appris à connaître : « Comité de solidarité aux prisonniers politiques arabes. »

L. G. – C'était, selon vous, le CSPPA, ce nébuleux comité qui a revendiqué par la suite les attentats commis à Paris pendant l'hiver 1985-1986 ?

J.-P. M. – Nous n'en savions rien à l'époque, puisque les attentats ont débuté courant décembre 1985, avec les bombes qui ont explosé aux Galeries Lafayette et au Printemps, et que la brigade criminelle croyait dans un premier temps l'œuvre d'un déséquilibré. Quand le CSPPA se fera connaître publiquement, le titre exact qu'il s'attribuera sera Comité de solidarité avec les prisonniers politiques arabes et du Proche-Orient. Mais le rajout de ces trois derniers mots vient sûrement de ce que le CSPPA demandait non seulement la libération d'Abdallah, mais aussi celles de Waroujian Garabedjian, un Arménien de l'ASALA, et d'Anis Naccache, un chiite libanais.

A l'époque où j'ai reçu ces deux lettres, je me rappelle que les messages m'avaient paru « pauvres », puisque écrits à la main, de façon assez maladroite, sur du papier ordinaire, comme une feuille arrachée d'un bloc sténo. Je ne connaissais pas ces gens-là, mais cela ne me semblait pas parvenir d'une organisation particulièrement structurée. Je ne me suis pas étonné de la dénomination de ce groupe : Abdallah m'avait expliqué, quelques mois auparavant, que face à l'immobilisme des « révolutionnaires » français, il avait créé, dans sa prison mais aussi de prison à prison, un réseau intérieur pour que les détenus concernés puissent se parler et passer leurs revendications ou prises de position politiques à l'extérieur.

Ainsi, Georges m'avait appris, au cours de l'été 1985, que la radio libre, Radio Mouvance, axée sur les problèmes des prisons et des détenus, avait rejeté la diffusion d'un texte qu'Abdallah lui avait envoyé, à propos du problème palestinien. Ce texte, rédigé par Georges, mais qui avait obtenu l'aval d'autres prisonniers – il ne m'a pas cité de noms –, était signé, à en croire Abdallah, d'un sigle très proche de celui du CSPPA.

Sur le moment, je n'y ai pas attaché d'importance, au point que je n'ai pas averti le Service : Abdallah paraissait surtout furieux que Radio Mouvance, dont les émissions à destination des taulards sont très suivies en détention – une autre évidence que j'avais dû expliquer au Service –, aborde le problème palestinien d'une manière qu'il jugeait inacceptable. Je ne rentrerai pas dans les détails : en gros, Georges s'élevait contre la ligne politique de Radio Mouvance, qu'il pensait inféodée à Frédéric Oriach, et qui soulignait publiquement qu'un juif n'était pas forcément sioniste. Abdallah a toujours pensé le contraire et trouvait le débat « antirévolutionnaire ».

Les rapports entre Abdallah et Oriach ou ses amis ont été bizarres : en 1984, quand Oriach était déjà incarcéré et que Georges a repris contact avec moi avant son arrestation à Lyon, il y a eu une anecdote révélatrice. Le comité de soutien à Frédéric Oriach tenait meeting, un soir, rue de Charonne à Paris, dans une salle évidemment infestée de policiers des Renseignements généraux. Et là, plusieurs personnes me l'ont raconté, un homme s'est avancé et a interpellé les orateurs : « Bonsoir, je viens vous apporter le soutien révolutionnaire des FARL à Frédéric Oriach, injustement détenu. Nous voudrions entrer en contact avec lui. » La méthode n'était pas discrète : « Alex » m'avait déjà demandé de le mettre en rapport avec Oriach, par mon intermédiaire, et voilà qu'un autre militant du groupe réclamait publiquement la même chose. Georges me dira qu'il s'agissait d'une initiative personnelle, qui avait jeté un grand froid parmi les membres du comité de soutien. Et la camarade qui avait fixé rendez-vous au militant des FARL pour parler plus avant du sujet, ne vint pas.

Georges, indigné par ce « lapin », m'interrogea sur la fiabilité de cette camarade. Je ne la connaissais pas, et je dus le calmer alors qu'il parlait de l' « éliminer », comme compromettant la sécurité de son groupe. Je ne sais ce que les RG ont tiré comme conclusions, ou comme pistes, de cet épisode.

L. G. – Revenons au CSPPA. Après les premiers attentats de décembre, qu'a pensé le Service de ce groupe?

J.-P. M. – Je ne crois pas que la Piscine était parvenue à identifier un membre du groupe à partir du nom générique figurant sur les enveloppes que je recevais. J'ai même réceptionné, avec ces deux lettres, un troisième envoi : il s'agissait de trois livres, en arabe, apparemment des essais marxistes d'économie politique, que je devais porter à Abdallah pour combler ses heures de solitude. L'important, c'est que le Service, il y a peu de temps – je crois que c'était en septembre 1986, donc un an plus tard –, m'a assuré que l'écriture d'une des revendications des attentats survenus ce mois-là (mais on ne m'a pas donné d'autre détail) avait été identifiée comme identique à celle des deux lettres d'octobre 1985 et signées du CSPPA.

L. G. – Vous affirmez quelque chose de fondamental : le CSPPA se manifeste dès octobre 1985 et serait bien le groupe qui revendique, un an plus tard, au moins un attentat de septembre 1986 à Paris. C'est contradictoire avec la suggestion que vous avez fait comme quoi ce CSPPA, qui disposerait de peu de moyens, est une prolongation extérieure des efforts politiques d'Abdallah pour coordonner la lutte en prison.

J.-P. M. – Je ne sais pas s'il s'agissait du même groupe, mais je rappelle que le CSPPA a commencé à revendiquer les attentats perpétrés à Paris dès février 1986 : attentat à la galerie Claridge, aux Champs-Élysées, chez Gibert Jeune, boulevard Saint-Michel, à la Fnac-Forum, aux Halles, etc., sans oublier les revendications, à retardement, des attentats des Galeries Lafayette et du Printemps. Début 1986, après cette première série d'attentats, Georges m'a assuré que ces actions pouvaient avoir été perpétrées par un groupe disposant de très peu de moyens, et que les techniques employées, relativement simples quant à la puissance des explosifs par exemple, leur permettaient de poursuivre cette campagne pendant six mois, chaque jour s'ils le souhaitaient.

L. G. – Abdallah fait-il de la politique-fiction, se fonde-t-il sur les informations données par la presse sur les caractéristiques de ces attentats, ou avait-il des informations particulières, dont il vous révélait la source?

J.-P. M. –J'ai eu l'impression que Georges savait pas mal de choses par lui-même. Il y a eu, après le procès de Rome, et donc probablement en novembre 1885, un message de Jacqueline Esber à Abdallah. Une seule phrase, contrairement à ses habitudes, qui disait : « Ça va arriver, les livres. » Je n'en ai pas tiré de conclusions : ce message survenait après les trois livres que le CSPPA m'avait envoyés pour Georges, mais il était largement antérieur à l'année 1986, et donc à l'attentat à la librairie Gibert.

En revanche, Abdallah m'a demandé de prendre la parole, face à la presse, début février 1986, pour que j'affirme que ces premiers attentats n'étaient probablement qu'un avertissement, et qu'il était illogique de ne pas s'attendre à une vaste solidarité arabe dans l'affaire Abdallah. Le Service m'a autorisé à répercuter cette opinion, et j'ai donné une interview à France-Inter : j'y estimais que d'autres attentats, mais cette fois meurtriers, risquaient d'ensanglanter la France. Le lendemain, *France-Soir* en a fait sa manchette, et Pierre Joxe, alors ministre de l'Intérieur, m'a répondu du tac au tac, toujours sur les ondes, qu'un avocat n'avait pas à dicter sa conduite au gouvernement. Cet épisode m'a valu pas mal d'ennuis : le conseil de l'ordre s'est inquiété et, plus que jamais, je suis passé pour l'avocat terroriste des terroristes.

L. G. –Répétiez-vous textuellement un message d'Abdallah, vos déclarations vous avaient-elles été dictées mot à mot par le Service, ou avez-vous vous-même dérapé? Pourquoi parler d'autres attentats, et cette fois meurtriers?

J.-P. M. – Je répétais les propos d'Abdallah. Le Service m'avait donné son feu vert pour parler à la presse, sans me dicter le moindre texte. Je devais être concis, détaché, même si mes déclarations étaient brutales. Je me suis vite rendu compte qu'emporté par mon élan, j'en avais fait trop, puisque Jean-Pierre Elkabbach, sur Europe 1, me traita de « complice » en direct à l'antenne. Le lendemain de l'interview, et compte tenu de ses répercussions, le Service m'a formellement interdit tout contact avec la presse.

Georges rayonnait. Il m'a assuré que mon interview avait été intégralement reprise au Liban. Il regrettait qu'une phrase, qu'il m'avait, bien sûr, dictée, ait été supprimée au montage par France-Inter : j'y affirmais, sur son ordre, qu'« Israël est une colonie européenne installée en territoire arabe ».

A la réflexion, je me demande encore si ce que m'avait dit Abdallah sur la solidarité arabe, à propos de son dossier, désignait une majorité des immigrés arabes vivant en France, ou bien les seuls militants, à mon avis relativement faibles et isolés du CSPPA version automne 1985 – et pour cela même très difficiles à localiser – ou, plus généralement, des États du Proche-Orient et la nation arabe en général, sinon sa fraction progressiste ou extrémiste. Toutes les solutions sont envisageables, mais Abdallah se plaignait souvent de l'inertie de ses frères arabes installés en France, sur le thème : « Il y en a près de 3 millions qui vivent ici en permanence, et je ne reçois pas une lettre de soutien de leur part. »

L. G. – Vous parlez du CSPPA dès octobre 1985. Ce n'est pas tout à fait une nouveauté, puisque le secrétaire général du RPR, Jacques Toubon, mentionne aussi, dans son dernier livre, que cette organisation avait été repérée à cette époque. Mais la vague d'attentats de février-mars 1986 à Paris ne marque-t-elle pas l'échec, pour vous comme pour le Service, de vos actions théoriquement préventives ?

J.-P. M. – C'est certain, et un échec grave. Mais peut-être explicable : le dossier Abdallah était devenu une affaire d'État depuis mars 1985 et l'échange prévu de Georges contre Gilles Sidney Peyroles, enlevé au Liban. Le grand public n'était pas informé, mais le gouvernement savait l'ampleur potentielle de ce dossier, qui avait déjà nécessité l'intervention ou la médiation de plusieurs États étrangers, notamment l'Algérie. Bien que je croie avoir regagné, avant la vague des attentats de l'hiver 1985, la confiance d'Abdallah, et les divers courriers en sont la preuve, il est très probable que les circuits d'informations internes des FARL, sinon de leurs complices, avaient évolué. Georges était détenu depuis plus d'un an, et il commençait probablement à ne plus maîtriser son groupe. S'il savait encore, à mon avis, l'essentiel des actions à venir, ce n'était plus forcément par mon intermédiaire. Mon rôle était réduit, car le groupe savait bien que mes « imprudences » avaient probablement amené le coup de filet en Italie, début décembre 1984. Me faire confiance ne signifiait pas tout me dire.

Je crois avoir, avant cette première vague d'attentats, fourni une autre piste d'enquête, et peut-être la plus importante, au Service : j'ai en effet reçu une troisième série de lettres à mon cabinet, en novembre-décembre 1985. J'ai réceptionné une enveloppe, postée de Corbeil-Essonnes, qui contenait elle-même deux lettres. Celles-ci avaient des timbres syriens, et le cachet de la poste ne permettait pas de lire la date d'envoi. Elles avaient été adressées à un certain Ouadilène Saoudi, habitant 4, rue de la Nacelle, à Corbeil. Cette adresse, tapée à la machine, avait été totalement raturée au stylo bleu, mais j'ai pu la lire par transparence, pour savoir d'où me venait cet envoi. J'ai été très surpris de pouvoir déchiffrer aussi facilement le nom de l'intermédiaire, probablement la personne qui avait reçu les lettres syriennes et me les avait renvoyées.

Il n'y avait aucune mention spéciale sur l'enveloppe « française », pas plus qu'un nom de destinataire final. Mais l'une des deux lettres syriennes était ouverte et écrite en arabe. Le traducteur du Service s'est mis au travail, et j'ai transmis les deux lettres à Georges, qui a souri en les lisant, sans commentaire. Le Service a-t-il pu remonter la filière, à partir de ce Saoudi? L'adresse de Corbeil était-elle valable? S'agissait-il d'une planque, d'un relais, ou d'une boîte postale? Ces lettres avaient-elles un lien avec celles du CSPPA? Je n'ai pas été tenu au courant des développements des informations que j'avais transmises.

Le Service n'a pas dû démanteler le réseau : les attentats parisiens de décembre puis de février-mars le prouvent. Mais mon rôle n'avait pas été moindre, ni du reste plus important, qu'un an plus tôt lors de mes premiers contacts avec Esber : la Piscine détenait la majorité des informations que recevait Abdallah, et si les attentats n'ont pas pu être déjoués, c'est que les opérations en préparation n'étaient pas ou mal annoncées à Georges, dans sa cellule.

L. G. – Quelle a été la réaction du Service lors de ces attentats, à répétition, puisqu'il y en eut quatre en une semaine?

J.-P. M. – La Piscine était sur les dents, sans trop savoir où agir. Une heure après l'attentat à la galerie Claridge, aux Champs-Élysées, « Antoine » me téléphona : « Nous avons reçu une revendication du FLP, mais c'est sous toutes réserves », me précisa-t-il après m'avoir annoncé l'attentat. Je ne savais qu'en penser : mon expérience italienne, avant l'ouverture du procès d'assises de Rome, m'avait fait connaître le nom de ce groupe palestinien, branche apparemment extrémiste de l'OLP, qui avait revendiqué le détournement du paquebot *Achille Lauro*. Ce que suggérait « Antoine » était possible, sans plus : des Palestiniens auraient commis un attentat pour demander la libération de Georges, comme ils pouvaient l'avoir fait en octobre précédent, réclamant alors les libérations d'Abdo et de Mansouri, ainsi que celles des « prisonniers politiques arabes » détenus en Italie.

J'ai fait ce que je pouvais faire : aller à la pêche aux informations, en rendant visite à Abdallah. A l'avocat, Georges assura qu'il était solidaire de toute action arabe, sans la moindre nuance. Au militant, Abdallah expliqua qu'il désapprouvait les méthodes employées, ces bombes explosant dans le public, frappant des innocents, même s'il n'y avait pas eu mort d'homme. C'était sa vieille théorie des cibles « sales », quand les actions faisaient des victimes parmi des gens pris au hasard, et des cibles « propres », celles des FARL première manière, c'est-à-dire début 1982 à Paris, quand les victimes d'attentats étaient des personnes individuellement visées, en raison de leurs fonctions ou de leurs opinions politiques. Georges n'émit pas la moindre hypothèse sur les auteurs des attentats de février, mais il semblait certain que ces actions n'aideraient en rien à sa libération.

A cette époque, je me suis rendu compte que je ne pourrais plus obtenir grand-chose de Georges : il ne me donnait plus de messages écrits, sauf de rares lettres à Abdo, puisque le contact était à nouveau coupé avec « Nathalie ». Il ne pouvait plus me parler franchement, car il savait que la cabine du parloir était infestée de micros. Ses déclarations étaient officielles.

L. G. – Avez-vous commencé à douter de la validité de votre rôle?

J.-P. M. – Non, pas encore. Ne rien avoir prévenu me décevait énormément, mais j'avais l'impression d'être engagé dans un jeu de patience, récoltant, comme une fourmi, les informations par toutes sortes de canaux et les transmettant pour que le Service passe à l'action. Georges m'a appris cette patience : chaque fois qu'il disait « bientôt », je pensais une semaine ou deux alors qu'il lui arrivait de songer à un délai de six mois. Sa conception du temps a un peu déteint sur moi : « Dix hommes qui ont la patience peuvent en vaincre mille qui ne l'ont pas », aimait-il à répéter, citant un proverbe arabe.

L. G. – Les attentats du début 1986 ne vous semblaient-ils pas liés à la proximité du procès de Lyon, pour tenter de faire pression sur les magistrats? Georges savait qu'il allait être prochainement jugé, avec sa liberté en jeu.

J.-P. M. – C'est possible. Les attentats devaient faire pression sur le gouvernement français de manière générale. L'attentat, pour la première fois mortel, commis à la galerie Point-Show, toujours aux Champs-Élysées, le jour même de la nomination de Jacques Chirac à la tête du gouvernement, pouvait s'analyser en trois points : la nouvelle équipe au pouvoir devait se décider très vite sur le dossier Abdallah; l'attentat était probablement aussi une réplique aux condamnations, dix jours plus tôt à Trieste, de Mansouri et d'Abdo; enfin, la France restait la seule accusée, parmi les nations européennes, de l'ensemble du dossier des FARL, selon les renvendications des terroristes.

En février-mars, aucune date n'était encore prévisible pour les audiences du procès de Lyon. L'instruction était finie depuis longtemps, mais les autorités françaises avaient le choix des délais; il fallait que le procureur rédige son réquisitoire écrit, etc. Une chose est sûre : la gauche n'a pas voulu que ce procès ait lieu avant les élections législatives de mars 1986, alors que cela aurait été techniquement possible. C'est ainsi que la nouvelle majorité, dont le succès électoral était prévu par tous, y compris par la gauche, allait hériter de l'affaire.

Georges semblait peu pressé de passer en jugement : il savait que son dossier dépendait de la justice, avec toutes les connotations morales qui s'attachent au terrorisme, mais aussi, sinon surtout, de la volonté du gouvernement. Et il commençait à être pessimiste, puisqu'il me fera dire à Oriach, qui l'interrogeait sur le futur immédiat, tout début 1986 : « Calme Frédéric, il sortira bien avant moi... » Les attentats n'inversaient donc pas le rapport de forces en sa faveur, loin de là.

L. G. – Le CSPPA, dans ses revendications des divers attentats, ne demandait pas que la libération d'Abdallah. Il réclamait celles d'Anis Naccache, le Libanais pro-Khomeiny, et de Waroujian Garabedjian, chef du commando de l'ASALA arménienne qui avait perpétré l'attentat d'Orly.

J.-P. M. – Je n'intervenais pas auprès de ces deux derniers, dont je ne savais rien de précis en dehors de ce que disait la presse. Lorsque Abdallah avait rédigé en prison son texte collectif sur le sens de la révolution palestinienne, il m'a assuré avoir recueilli l'assentiment de certains autres détenus. Lesquels? Après les attentats, Georges s'étonnait : « Je ne comprends pas pourquoi ils demandent la libération de trois personnes qui n'ont aucun lien entre elles. » Je pense que Garabedjian et Naccache étaient cités comme un plus possible par le groupe terroriste, mais que « la » libération essentielle demandée restait celle d'Abdallah. Pourquoi sinon le CSPPA aurait-il réclamé l'élargissement d'Abdo et de Mansouri, militants repérés des FARL, après l'attentat du Point-Show?

Il y a parfois de sensibles différences entre ce que réclament les terroristes, selon le Service ou d'autres autorités, et ce qui en est répercuté dans la presse. Par exemple, lors de l'enlèvement de Gilles Peyroles, en mars 1985 au Liban, on a dit et redit que les FARL l'avaient kidnappé pour l'échanger contre Abdallah. La DST, dont l'ancien patron, le préfet Bonnet, a écrit un long rapport sur cette affaire [1], a toujours assuré – et le Service me l'avait partiellement confirmé – que les FARL ne voulaient pas seulement Abdallah, mais aussi Mansouri et Oriach en échange de la liberté de Peyroles. Une tactique vieille comme le monde que de demander beaucoup pour obtenir au moins l'essentiel, c'est-à-dire Georges. Et qui pourrait avoir été répétée par le CSPPA en ajoutant les noms de Garabedjian et de Naccache à celui d'Abdallah.

---

1. *Cf.* annexe 1.

13.

SEPTEMBRE NOIR

« Comment ça va?

– Bien, Georges, et toi?

– Ça va. Quel temps fait-il dehors? »

J'avais presque oublié que tu restais détenu à l'isolement, d'où tes questions d'une platitude affligeante. Moi, j'étais presque guilleret. J'avais flâné entre les étals du marché local, à guetter les corps épanouis dans la chaleur de l'été, à surprendre des tranches de vie au hasard des conversations, des regards. J'étais en goguette, je traquais les odeurs, les couleurs, j'en arrivais à te mettre entre parenthèses. Tu m'as fait brutalement redescendre sur terre.

« Les gardiens sont gentils, mais j'ai du mal à lire, avec cette lumière électrique en permanence. J'espère pour la France que je serai libéré avant la fin du mois d'août. »

Bourgoin-Jallieu, le 11 juillet 1986. Georges, tu viens de prendre quatre ans, les juges ne te semblent pas tendres, mais leur décision est un compromis digne du Quai d'Orsay. Tu espères pour la France? Je te sens désarmé, esseulé, mais tes troupes veillent, se préparent. Tu le pressens, même si tu n'as rien voulu, rien décidé. Et la France désespère.

Jean-Paul Mazurier. – Entre les attentats du début 1986, en février-mars, et ceux, infiniment plus sanglants, plus révoltants, de septembre, s'est déroulé le procès d'Abdallah, devant le tribunal correctionnel de Lyon. Enfin, me disais-je! Cette affaire durait depuis maintenant plus de vingt mois quand, le 3 juillet 1986, à 9 heures précises, je suis entré dans la salle de la cour d'assises, seule susceptible de contenir la foule des journalistes. Les gendarmes du GIPN avaient transformé le palais de justice en un camp retranché. Les autorités craignaient manifestement un attentat le jour même, pas forcément sur place, se souvenant du procès de Bruno Bréguet et Magdalena Kopp, les prétendus séides du terroriste Carlos. Ceux-ci avaient été jugés en 1981 à Paris, quelques heures seulement après l'attentat de la rue Marbeuf. La justice ne s'était pas laissé impressionner, au contraire.

Laurent Gally. – Aviez-vous pris contact avec les magistrats de l'accusation, avant le début de l'audience? Aviez-vous une idée de la sévérité du réquisitoire et de la peine qu'allait réclamer le procureur?

J.-P. M. – J'avais téléphoné l'avant-veille de l'audience au substitut, c'est-à-dire au magistrat qui allait lire le réquisitoire à l'audience. Le public ne le sait pas toujours, mais le réquisitoire élaboré pour un grand procès, c'est-à-dire la thèse de l'accusation, n'est pas en général rédigé par le magistrat chargé de la soutenir à l'audience. C'est souvent le procureur du tribunal lui-même, c'est-à-dire le chef hiérarchique des magistrats du parquet, et donc de l'accusation, qui est l'auteur de ce document. Quant à la peine demandée en conclusion du réquisitoire, elle est souvent dictée, et c'est conforme au droit, par le ministre de la Justice ou les membres les plus importants de la chancellerie. Ce sont eux qui, en dernier ressort, représentent l'État et la société, au nom desquels ils réclament une peine contre celui qu'ils estiment coupable, après étude du dossier établi par le juge d'instruction.

Ce raisonnement juridique, Abdallah le connaissait et il en tirait un argument politique : il m'avait assuré qu'il ne serait pas jugé en équité, mais selon les desiderata de l'État français. Et donc que l'issue du procès dépendait de la seule volonté du gouvernement : une fois de plus, il tenait pour négligeable l'indépendance des juges. Selon le Code pénal, Georges risquait dix ans de prison au maximum pour l'inculpation principale, celle d'association de malfaiteurs. Il était aussi accusé de détention d'armes et d'explosifs et d'usage de faux papiers d'identité. Au total, en droit français, on ne retient que la peine maximale prévue pour le principal délit, contrairement aux États-Unis, par exemple, où les peines se cumulent, ce qui fait que, là-bas, certains criminels peuvent être condamnés à cent trente-cinq années de prison par exemple, et non à la réclusion à perpétuité comme chez nous.

En pratique, j'estimais, en tant qu'avocat ayant déjà plaidé dans nombre d'affaires similaires, qu'Abdallah, si cela avait été un « client » quelconque, risquait, en « tarif moyen », six ans de prison. Mais l'affaire était autre, avec ses implications politiques et terroristes. Au téléphone, le substitut fut aimable : la conversation dura une heure, mais il ne me révéla pas la peine qu'il comptait demander. Ce fut surtout moi qui parlai, mettant le magistrat en garde : je lui expliquai le faux document qui avait sous-tendu les procès italiens, les risques de représailles qu'entraînerait une condamnation trop lourde, citant notamment l'affaire du Point-Show, et sa responsabilité d'homme, alors que notre pays était la cible privilégiée de terroristes que l'on n'arrivait pas à neutraliser.

L. G. – Parliez-vous à titre personnel, comme avocat, ou le Service vous avait-il soufflé cette tactique?

J.-P. M. – C'était à titre strictement personnel. Le Service, au contraire, imaginait pour Abdallah une vie entière de prison. Rien ne l'interdisait : si une partie du dossier, en apparence la plus importante, allait être jugée à Lyon, une autre se déroulait encore à Paris, dans le cabinet du juge d'instruction Gilles Boulouque. Là, seul Me Vergès était l'avocat d'Abdallah. Sans parler d'une troisième instruction en cours contre Georges, à Strasbourg, perdue dans les somnolences judiciaires. Le fait que le dossier soit ainsi tronçonné en trois parties distinctes, alors que cinq juges d'instruction avaient un moment tenté de débrouiller l'affaire, permettait en fait à la justice, où plutôt à la chancellerie, de moduler son action en fonction des circonstances. Je m'explique : Abdallah pouvait être jugé trois fois de suite et trois fois condamné, ou n'être jugé qu'à Lyon et obtenir des non-lieu dans les autres instructions en cours, etc. Bref, la marge de manœuvre du pouvoir politique restait assez large.

Pour ma part, je considérais qu'une remise en liberté d'Abdallah, à l'issue du procès de Lyon, ne serait pas très glorieuse, mais qu'elle était justifiée, pour boucler un dossier de plus en plus glissant et sortir la France de l'engrenage des représailles terroristes. Je ne m'étais pas entretenu à l'avance de ma démarche auprès du substitut avec Me Vergès, pas plus que nous n'avions préparé une défense commune.

Je n'espérais pas, à cette époque, une remise en liberté d'Abdallah pour ne plus jamais voir ce dernier et arrêter mes activités d'agent. Georges m'avait demandé, longtemps avant le procès, de l'accompagner soit en Syrie, soit en Libye, pays dont il avait ensuite prononcé le nom comme une possible destination, s'il était libéré. Je n'aurais donc pas rompu les fils de l'enquête.

C'était la première fois, dans ma carrière, que je téléphonais ainsi à un magistrat de l'accusation avant une audience. J'avais conscience de l'énormité du procédé, d'autant que je l'avais presque menacé : je le rendais à l'avance comme personnellement responsable d'un attentat riposte à la condamnation. C'était gros, mais je n'avais pas grand-chose à perdre, avec ma réputation sulfureuse dans ce dossier.

L. G. – Abdallah vous avait-il laissé entendre qu'il y aurait des représailles en cas de condamnation? Ou espérait-il sortir libre à la fin du procès?

J.-P. M. – Non. Au contraire, quand Georges est rentré dans la salle d'audience, il a fait une première déclaration pour poser les termes politiques de son procès, comme s'il s'adressait non seulement aux juges, mais à l'opinion publique et au gouvernement, par la voie des médias. Impeccablement habillé – il m'avait même demandé des conseils à ce sujet, comme s'il tenait à faire bonne impression –, Abdallah était calme mais agressif. Il refusa de décliner son identité, comme la présidente le lui demandait, et réaffirma qu'il était un « combattant arabe » avant de se lancer dans les méandres de la tragédie libanaise, des effets de la guerre civile et de la diplomatie française dans la région. C'était assez banal, mais très clair : « La France doit choisir son camp », a-t-il martelé, sommant en fait le tribunal d'exécuter une décision politique gouvernementale! Pour lui, le jugement qui serait pris avait valeur de symbole diplomatique global.

Georges avait une idée assez claire des réactions de ses camarades : « Si je prends deux ans, me dit-il la veille de l'audience, " ils " se tiendront tranquilles, mais s'ils me donnent dix ans, " ils " passeront à l'action. » Il ne pensait donc pas être relaxé, mais une peine de deux ans le rendait immédiatement libérable, par le jeu automatique de remises des peines, puisqu'il avait déjà effectué plus de vingt mois de détention provisoire. Et il savait de même qu'il pouvait écoper de la peine maximale, dix ans. Il désirait soit le minimum, soit le maximum, parce qu'il voulait que l'attitude du gouvernement soit claire et constitue un signal compréhensible pour ses camarades.

L. G. – Quel a été votre rôle pendant l'audience?

J.-P. M. – J'ai un peu joué le roquet, hargneux, comme Abdallah me l'avait demandé. J'ai rappelé l'histoire des faux procès-verbaux d'accusation qui avaient guidé les condamnations italiennes, pour montrer que le dossier pouvait ainsi avoir été biaisé. Cela a provoqué un incident d'audience, le substitut s'élevant contre ma manière « inadmissible » de mettre en cause des magistrats français. Il savait bien que ce n'était pas le cas, mais on évoque rarement la DST à la barre, et chacun jouait son jeu, du côté de l'accusation comme de la défense.

Si je cite cet incident, c'est parce qu'il fut le seul d'une audience où l'on se serait cru entre gens de bonne compagnie, désireux d'arrondir les angles et d'éviter toute manifestation publique d'un désaccord. C'était assez surréaliste : la présidente était des plus aimables avec Abdallah, se comportant presque en femme du monde et lui reconnaissant non seulement le droit de détailler ses professions de foi mais aussi celui de refuser toute explication sur les faits. Le substitut a lu d'une voix morne le réquisitoire. Personne n'écoutait puisqu'il n'y avait pas de débat. Chacun attendait les derniers mots du magistrat et la peine demandée. Ce fut quatre ans de prison, un tarif a priori assez mesuré pour cette affaire, du côté de l'accusation.

Me Vergès fit une plaidoirie très brillante, d'une voix calme, en reprenant les arguments d'Abdallah : attention, semblait-il dire aux autorités, votre décision pèsera lourd dans la balance pour la suite des événements. L'audience fut bouclée en moins de trois heures, et certains journalistes s'étonnaient de ce débat escamoté, en préjugeant une condamnation légère, ce qui permettrait de clore le dossier.

L. G. – Cette impression est renforcée, avec la lecture a posteriori du réquisitoire de Lyon. Abdallah y comparaissait non seulement pour les faits survenus là-bas, association de malfaiteurs et faux passeport, mais aussi pour la détention d'armes relative à l'arsenal de la rue Lacroix, à Paris. Ce qui vidait largement les dossiers parisiens de leur sens.

J.-P. M. – Il n'était pas obligatoire juridiquement – loin de là – de mettre l'affaire de l'arsenal de la rue Lacroix dans le procès de Lyon. Cela confortait l'accusation d'association de malfaiteurs, car on n'imagine guère de dangereux malfaiteurs sans armes et explosifs, et c'étaient les seules armes disponibles dans ce dossier. Mais les faire figurer dans la procédure lyonnaise comportait un risque : comment inculper éventuellement Abdallah de complicité d'assassinat à Paris, dans la deuxième instruction judiciaire encore en cours, si la détention des armes pouvant avoir servi n'était pas retenue par le tribunal de Lyon? Le jugement, qui devait être rendu une semaine plus tard, était capital : pas seulement pour la longueur de la peine prononcée mais aussi pour le dispositif de la condamnation, qui fermait ou relayait le dossier parisien.

Les magistrats se donnaient huit jours pour peser leur décision. En fonction de quoi? Je faillis m'étrangler en entendant la présidente justifier ce délai : « Cela donnera à mes assesseurs le temps de mieux connaître le dossier! » Quoi, une affaire de cette importance, et deux juges sur trois auraient participé à l'audience sans la connaître hormis dans ses grandes lignes? C'était aberrant, mais je pense que la présidente avait fourni ce prétexte trop vite, pour ne pas devoir dire que le jugement serait politique et qu'il demandait du calme, sinon des conseils.

L. G. – La semaine séparant l'audience du jugement ne fut pas précisément calme. La veille de la décision du tribunal, l'attentat commis contre les locaux de la BRB, la Brigade de répression du banditisme, quai de Gesvres à Paris, fit un mort et des blessés. Y avait-il, selon vous, un rapport avec l'affaire Abdallah?

J.-P. M. – Je ne le crois pas. Au contraire, cet attentat ne pouvait que desservir Georges, en tentant d'impressionner la police et les autorités. C'était un défi à l'État, comme l'a dit Charles Pasqua le lendemain, et je n'imagine pas l'État se couchant sur ordres. Bien sûr, certains journalistes ont avancé la piste des FARL. Mais celle-ci ne fut pas relevée par les enquêteurs : il y eut, deux jours après, la revendication de cet acte par Action directe. La responsabilité de ce groupe n'est pas établie, puisque l'analyse ultérieure de l'explosif orienta plutôt les policiers sur une piste arménienne.

Le grand public, pour qui tous les terroristes sont souvent à mettre dans le même panier, estimera peut-être que ces distinctions entre groupes différents sont inutiles. Mais depuis que je connaissais « Alex », j'avais eu la preuve qu'il n'avait aucun lien avec Action directe, et il ne m'avait jamais mentionné les Arméniens. Reste l'hypothèse du « grand chef clandestin », qui tire les ficelles et fait entrer en scène chaque groupe terroriste, tour à tour. Mais c'est une autre histoire.

Je suis allé voir Abdallah le 10 juillet au matin, le lendemain de l'attentat contre la BRB et quelques heures avant le prononcé du jugement. Pour la première fois, Georges était très abattu et broyait du noir. Il me commenta l'attentat de la veille, m'assurant que cela ne pouvait pas plus mal tomber. Il regretta de s'être mal exprimé, ou pas aussi bien qu'il l'eût voulu, une semaine auparavant devant les magistrats : regrets d'un révolutionnaire qui savait qu'il allait retomber dans le silence, ou désappointement d'un accusé déçu de ne pas avoir su convaincre ses juges? Si c'était le cas, c'était une belle revanche pour la justice, puisque Abdallah, après lui avoir dénié toute indépendance à l'audience, regrettait que son face-à-face avec le tribunal ne se soit pas mieux passé.

Georges m'assura qu'il ne ferait pas appel, quelle que soit la sentence. « L'État français doit prendre ses responsabilités », me dit-il. Je n'ai pas discuté cette décision : avocat, j'étais son conseil; militant, je suivais ses ordres. Quant au Service, il attendait le jugement pour évaluer la situation.

L. G. – Abdallah a été condamné à quatre ans de prison, à Lyon. Comment a-t-il réagi?

J.-P. M. – Au tribunal, il est resté de marbre. Il portait, peut-être symboliquement, un complet trois pièces noir, presque un vêtement de deuil. Dans l'après-midi, je suis retourné le voir en détention. « J'espère pour la France que je serai libéré avant la fin du mois d'août. Sinon le pays deviendra inhabitable. Ce n'est pas une rame de métro qui sera stoppée, mais le trafic tout entier », m'annonça-t-il, comme à regret.

Condamné à quatre ans de prison, Abdallah pouvait espérer ce que l'on appelle une libération conditionnelle rapide. Si le ministre de la Justice était d'accord pour une telle mesure, Georges avait déjà pratiquement purgé la peine de prison minimale lui permettant cette mesure de faveur. Il y avait encore un délai, peut-être un mois ou deux, pas plus. Une fois signée sa liberté conditionnelle, Abdallah, pour être libre, devait encore obtenir un non-lieu dans l'instruction parisienne en cours. Là aussi, c'était possible, non certain. Bref, sous ces deux conditions, la liberté restait un espoir pour Georges.

Deuxième élément de son commentaire : Abdallah fixait, et de manière explicite, un délai à sa libération : avant la fin du mois d'août. Me le disait-il à moi ou aux micros du parloir de la prison? Toujours est-il qu'il y eut probablement une double transmission, et je rapportai ces propos au Service, qui les interpréta comme un ultimatum. Les menaces d'Abdallah étaient claires : « La France deviendra inhabitable » ne pouvait que signifier que notre pays allait vivre sous la menace d'attentats à tout moment et en tout lieu. Il ne parlait pas que de Paris, même si ses allusions au trafic du métro étaient claires. Je rappelle qu'au début 1986, si Paris avait connu une cascade d'attentats, le plus grave, selon les policiers, avait été déjoué miraculeusement : un voyageur, repérant un colis suspect sous la banquette d'un wagon de métro, avait jeté ce paquet par la fenêtre, près de la station Châtelet-Les Halles, avant de tirer le signal d'alarme. Il n'y a guère eu d'autres précisions sur cette affaire, mais les policiers ont affirmé qu'un véritable massacre aurait pu avoir lieu, si le colis piégé avait explosé. Là encore, Georges, selon le Service, ne parlait pas en l'air.

L. G. – Abdallah faisait-il là un véritable appel au meurtre?

J.-P. M. – On peut l'interpréter comme cela. On peut aussi y voir l'opinion d'un détenu parlant à son avocat, sous le couvert du secret professionnel, et lui indiquant que ses camarades risquent de perdre patience et de déclencher un certain type d'opérations sur lesquelles il ne peut avoir aucune influence, ni les connaître à l'avance de façon précise. Cette déclaration m'a mobilisé, et le Service encore plus que moi. D'autant que Georges m'avait, brutalement, exprimé une tout autre philosophie de l'action terroriste. « Il n'y aura plus de cibles propres ou de cibles sales, tous les Français sont responsables. Il n'y a eu aucune solidarité des révolutionnaires ou des Arabes à mon égard. Chacun participe joyeusement au festin de l'impérialisme, même ceux qui n'en ramassent que les miettes. Maintenant, les FARL vont frapper, et leur puissance de feu est tout autre que les moyens dont dispose le CSPPA. »

J'ai eu l'impression que cet après-midi-là, Abdallah me parlait sous le coup de la colère et qu'il s'emportait. Il n'avait pas dû se décider seul à cette nouvelle théorie du « chacun est responsable ». J'avais, parallèlement, le sentiment qu'il se référait à des nouvelles très récentes de ses camarades par un canal particulier. Mais cette théorie, si révoltante soit-elle, était dans la logique des FARL : cibles individuelles et étrangères, bien qu'en plein Paris, début 1982, attentats de masse mais non meurtriers jusqu'à celui du Point-Show début 1986, etc. Et maintenant? Face au jugement de Lyon, le groupe allait tenter de frapper fort, et de faire mal, pour obliger le gouvernement à plier, en terrorisant l'opinion publique.

Pour la première fois, Abdallah m'avait désigné les FARL comme le groupe qui allait passer à l'action. Il les avait évoquées comme si elles lui étaient étrangères, et pas du tout comme s'il les dirigeait encore, de sa cellule. Abdallah pouvait-il modérer la stratégie de ses camarades? Le Service ne le pensait pas, puisque Georges semblait désabusé : ses allusions au manque de solidarité des « révolutionnaires », comme des immigrés vivant en France, le prouvaient. Par « révolutionnaires », n'entendait-il pas Action directe, par exemple? Cela renforçait la thèse selon laquelle les FARL n'avaient aucun lien, et plutôt du ressentiment, contre les gens d'Action directe. Bien avant le procès de Lyon, Abdallah m'avait, par exemple, assuré qu'Hamami « les avait beaucoup déçus »...

Quant au manque de solidarité des immigrés arabes, l'argument de Georges a beaucoup intrigué le Service : que devenait dans ce cas le CSPPA? Abdallah voulait-il dire que les militants qui avaient agi, début 1986 à Paris, étaient des étrangers venus en France pour l'occasion?

L. G. – Le plus important, c'est la puissance de feu dont Abdallah fait état pour les FARL. Que pouviez-vous savoir à ce propos?

J.-P. M. – Pas grand-chose. Les menaces de Georges étaient claires, je les ai répétées, et les murs du parloir avaient des oreilles. Mais à partir du jugement de Lyon, Abdallah sera placé à l'isolement total, et d'une manière rigoureuse. Il ne pouvait plus échanger un mot avec un détenu et ne recevait plus de courrier. Il savait de la situation ce qu'en disaient les journaux et la radio. Cette mesure d'isolement, souhaitée par le Service, venait peut-être du juge ou des policiers, mais elle arrangeait la Piscine : si Abdallah voulait transmettre des informations à l'extérieur, je redevenais son messager obligé.

Malheureusement, cette mesure ne sera d'aucune efficacité : depuis le jugement de Lyon, par manque de confiance ou parce qu'il ne pouvait plus intervenir, Georges ne m'a plus confié aucune mission... sauf des demandes concernant son linge personnel. J'avais toujours interdiction formelle de lui tendre des perches trop visibles, comme de lui demander des nouvelles de « Nathalie », par exemple, et la seule chose que j'ai essayée, au fur et à mesure que le temps passait, a été de lui assurer que l'étau se resserrait autour de moi et que j'aurais besoin d'une base de repli. En vain. Quand j'entrais dans le parloir lui rendre visite, je lui lançais, comme entrée en matière : « Alors, quelles sont les nouvelles ? » Et il me répondait, du tac au tac : « Les nouvelles ? Mais c'est à toi de m'en donner. Tu sais bien qu'ils me maintiennent dans un isolement total. »

Je ne savais évidemment pas comment localiser la puissance de feu des FARL. Mais je n'avais guère de doutes sur les moyens du groupe : l'épisode du déménagement du « matériel stratégique » que Georges voulait me confier, dans le courant de l'automne 1984, me restait en mémoire. La lecture des réquisitoires italiens comme français prouvait – si les renseignements qui y figuraient étaient exacts – que les FARL disposaient de nombreuses planques, en France et dans d'autres pays d'Europe.

L. G. – Quelle a été votre utilité, avant et pendant les attentats de septembre 1986 ?

J.-P. M. – Nulle, j'en ai peur, et cela me faisait bouillir. Abdallah avait fixé un délai, citant la fin août. Le Service était sur les dents, mais s'il a recueilli des informations, cela ne venait pas de moi, Georges ne m'ayant rien dit d'essentiel depuis son commentaire à la suite de son jugement. Et comme l'« On » ne me tenait pas au courant des actions du Service... « On » m'avait simplement ordonné de ne pas rompre le contact avec Georges, au cas où il aurait besoin de me réactiver comme messager. Je crois que le Service n'avait pas beaucoup d'éléments pour agir : j'ai, par exemple, eu une conversation avec mon correspondant attitré dans un café, rue de Rennes, à cent mètres du magasin Tati, une heure avant l'attentat le plus meurtrier de septembre 1986. Même mon autre fil conducteur, Frédéric Oriach, ne me contactait plus depuis son retour de Syrie, début septembre. J'étais déconnecté.

L. G. – Comment Abdallah avait-il ressenti l'intervention américaine dans son dossier et le fait que Washington proteste contre la modération de sa condamnation avant de se porter partie civile dans l'instruction parisienne en cours?

J.-P. M. – Abdallah m'a répété ce qu'il avait dit devant le juge d'instruction, Gilles Boulouque, quand celui-ci lui avait notifié l'intervention des États-Unis dans l'affaire. Georges avait pris cela comme un « véritable acte de guerre » américain contre son pays et il sommait la France de choisir « entre le dossier et faire plaisir aux Américains ». Il en appela même à la souveraineté de la France, alors qu'il l'avait déniée pendant des mois, accusant Paris de se ranger automatiquement dans le « camp de l'impérialisme ».

Je pense que cette intervention américaine, qui a embarrassé le gouvernement français, a été le dernier déclic qui a figé la stratégie des FARL : toute modération, toute prudence en attendant une éventuelle clémence ou un compromis avec les autorités françaises devenaient inutiles, puisque la libération d'Abdallah s'éloignait à tire-d'aile. La première puissance du monde, en entrant dans le dossier judiciaire de Georges, signifiait qu'elle n'entendait pas lâcher le morceau. Peut-être que les camarades d'Abdallah ont alors conçu la série d'attentats de septembre comme une guerre répondant à l'« acte de guerre » américain dénoncé par Georges. Et sur le territoire français, puisque c'est là que Washington avait porté le fer. Cela a eu des conséquences terribles pour les Parisiens, mais la logique de ces militants extrémistes libanais ou palestiniens pouvait s'analyser ainsi : ils se battaient presque à découvert, contre la France et les États-Unis. Sans autre but que la terreur, la violence; depuis la série d'attentats de septembre, Georges ne croit plus à sa possible libération.

L. G. – Les attentats de cet automne ont débuté, le 4 septembre, avec la mise à feu ratée d'une énorme quantité d'explosifs, dans une rame du RER à la station Gare de Lyon. Cela « colle » presque trop bien aux « prédictions » d'Abdallah.

J.-P. M. – Si vous essayez de me faire dire que Georges en savait tout, ou que j'ai inventé ses déclarations de Lyon a posteriori, je vous en laisse la responsabilité. Cet attentat manqué avait été précédé d'un « avertissement » du CSPPA émanant de Beyrouth, le 1er septembre, rappelant l'ultimatum lancé du parloir de Lyon. L'étrange, si les FARL entendaient se battre désormais à découvert, c'est qu'ils n'aient pas directement revendiqué les attentats parisiens et aient laissé le CSPPA le faire, comme au début de l'année. Ce serait à la limite compréhensible pour l'attentat « raté » de la gare de Lyon, puisque les FARL entendent réussir toutes leurs actions, cela l'était moins ensuite, de l'attentat de la poste de l'Hôtel de Ville à celui de la rue de Rennes.

Je ne suis toujours pas persuadé que l'attentat « manqué » du RER à la gare de Lyon était réellement manqué et s'il ne constituait pas plutôt un dernier avertissement. Les policiers ont été peu diserts dans leurs déclarations à la presse. Imaginez que l'attentat se soit produit : c'était pour le moins 100 morts, d'après les enquêteurs. Et qui se serait risqué à prendre le métro, dès lors? Les attentats suivants n'auraient alors pas eu lieu d'être, si l'on compare le bilan potentiel des victimes. Au contraire, de la poste de l'Hôtel de Ville à la cafétéria de Casino à la Défense, puis à la rue de Rennes, les terroristes ont entretenu une gradation dans l'horreur, comme dans le nombre des victimes.

L. G. – Les revendications du CSPPA étaient les mêmes qu'au printemps dernier : cette organisation réclamait toujours les libérations d'Abdallah, de l'Arménien Garabedjian et d'Anis Naccache. Pensez-vous toujours que c'était un leurre, et que le seul objectif était Abdallah?

J.-P. M. – Les revendications du CSPPA s'étaient quand même élargies. Dans ses communiqués, il demandait, outre ces trois libérations, un changement radical de la politique française au Proche-Orient, et notamment le retrait de la FINUL, la Force d'interposition des Nations unies au Sud-Liban, dont la France fournit le gros des bataillons. Je ne peux dire si les deux choses sont liées, mais en même temps que les attentats parisiens, il y a eu, du moins dans le même mois, des agressions contre les Casques bleus là-bas. Avec un très lourd bilan en vies humaines et en blessés. Abdallah m'en avait parlé, au cours de mes visites : depuis longtemps, il souhaitait, sans menaces précises, que tous les Français quittent le Liban, spécialement au sein de la FINUL.

Je ne sais pas si ce sont les FARL qui ont perpétré les attentats de septembre, ou si elles ont fourni une simple aide logistique à ceux qui signaient CSPPA leurs forfaits, dès le début de l'année. Les hypothèses policières réduisant les pistes des auteurs de ces crimes aux seuls frères et proches d'Abdallah me semblent bien courtes. Abdallah ne m'a jamais parlé de ses frères et les conférences de presse tenues par ces derniers au Nord-Liban ont plutôt ridiculisé ceux qui avançaient ces pistes.

J'ai très mal vécu cette période. Je n'ai pas été le seul, mais j'avais quelques raisons d'estimer que j'avais échoué dans la mission que je m'étais fixée: Georges me gratifiait d'un «no comment» quand j'allais le voir après les attentats, tout en m'assurant qu'il désapprouvait les méthodes utilisées. Mais il ne voulait pas me le faire dire publiquement. Il m'a même interdit tout contact avec la presse, dès le début septembre.

Ces actes meurtriers l'ont-ils servi? Je ne le pense pas. Si j'avais vu Abdallah déprimé après le jugement de Lyon, il l'était encore plus après avoir reçu la visite, contestée par beaucoup, du patriarche orthodoxe libanais Mgr Hilarion Capucci. Cette visite au parloir d'un prélat progressiste, connu pour ses liens avec les Palestiniens, a déclenché une polémique en France. Pour ma part, je ne peux que répéter les propos d'un journaliste : le ministre de la Justice, Albin Chalandon, aurait été fort dépité que les micros ultra-sensibles placés dans le parloir de la prison n'aient pas réussi à capter la conversation «très chrétienne» qu'a décrite l'archevêque, après avoir murmuré on ne sait quoi à l'oreille d'Abdallah. Georges ne m'en a rien dit de précis, mais il paraissait soucieux et pessimiste, d'un mutisme absolu, comme s'il avait été lâché, et de très haut.

L. G. – Avant d'autoriser cette visite, les autorités françaises ont paru vouloir faire craquer Abdallah. Le juge d'instruction, Alain Marsaud, chargé de l'instruction judiciaire de ces attentats, l'a interrogé comme témoin dans sa cellule...

J.-P. M. – Cette procédure, assez étrange – Abdallah ne pouvait être témoin de rien, placé à l'isolement en détention –, a été pour l'occasion utilisée pour la première fois depuis la guerre d'Algérie, selon moi. Le juge Marsaud, promu depuis procureur de la section du parquet spécialisée dans la lutte antiterroriste, a ordonné dans le même temps une perquisition dans la cellule d'Abdallah, à la prison de la Santé. Il agissait dans le cadre de l'enquête ouverte en flagrant délit à la suite de l'attentat contre le bureau des permis de conduire de la Préfecture de police de Paris, autre défi lancé par les terroristes aux enquêteurs, nargués dans leur fief. J'ai su les initiatives du juge car je devais, ce jour-là, sur ordre du Service, rendre visite à Abdallah, pour tester ses réactions.

Puis est venu un contre-ordre, tout aussi formel : je devais impérativement attendre le jour suivant pour aller voir Georges. J'en ai tiré une conclusion, qui m'a fait sourire : les initiatives du juge étaient bien transparentes pour la Piscine. Quand j'ai vu Georges, il m'a raconté calmement son entrevue avec le magistrat : la perquisition avait fait chou blanc, bien sûr, puisque les policiers n'avaient rien emporté pour plus ample examen, mais Abdallah avait dû passer une radio, au cas où il aurait avalé un document compromettant. Il avait été placé au total quatre jours en garde à vue dans sa cellule, avec divers policiers qui se relayaient pour l'interroger. En vain. Abdallah m'a raconté, mais cela m'a paru énorme, que le juge l'avait menacé de mort, lui assurant qu'il allait être abattu dans les quarante-huit heures... C'était si gros que je n'ai pas relevé et que j'ai commencé à mettre en doute ce qu'il me disait d'une manière générale. Lui-même reconnaissait perdre la mémoire et il s'emportait souvent contre ses conditions de détention, qu'il supportait très mal. Ce qui pourrait constituer une consolation pour ceux qui estiment les démocraties trop molles : la prison, personne ne la vit calmement.

L. G. – A l'heure où Paris était ensanglanté, Abdallah n'avait-il pas une propension à jouer les martyrs?

J.-P. M. – Je ne suis pas sûr que le bilan, si meurtrier soit-il, de l'attentat de la rue de Rennes l'ait empêché de dormir. Georges est libanais, il a vécu le drame de son pays depuis plus de dix ans, avec ses attentats périodiques et infiniment plus sanglants que ceux commis en septembre à Paris. Dans sa logique propre, ce n'est pas la comptabilité des morts et des blessés qui devait l'influencer.

En revanche, il savait qu'il s'agissait pour nous d'un drame national, et que ces attentats provoquaient des réactions très hostiles à son égard. Les a-t-il amplifiées, en fantasmant sur son importance? Compensait-il sa liberté, définitivement repoussée par la volonté clairement exprimée du gouvernement, en prenant figure de héros, stature de martyr? Il y a sûrement un peu de tout cela dans son attitude, qui n'était jamais que celle d'un prisonnier aussi célèbre qu'isolé et détesté. J'avais l'impression, en essayant de garder le maximum de recul face à lui, qu'il s'installait dans la détention comme un prisonnier politique de renommée internationale – « Après tout, me disait-il, la prison fait partie du parcours de tout militant révolutionnaire » –, mais aussi comme un soldat oublié, ou un chef sacrifié par les siens.

14.

LA FRACTURE

Mercredi, 17 septembre 1986 : rue de Rennes, l'image insoutenable des morts, des blessés anonymes. Je deviens plus figé que les morts, je me sens aussi atteint que les blessés. Je brise chaque miroir susceptible de me renvoyer mon image.

C'est décidé. Aragon l'a dit : « Il ne me reste qu'à mourir de froid, en public. »

Simon agonise, Simon est mort.

Jean-Paul Mazurier. – « Antoine » m'apprit par téléphone l'attentat massacre de la rue de Rennes. J'étais à mon cabinet, brassant des papiers et tenant ma permanence téléphonique, comme chaque soir, au cas où les « camarades » me contacteraient. Les « camarades »! Ce mot m'écœurait. Je n'avais pas la télévision au bureau et je n'ouvris même pas la radio. Le bilan annoncé par « Antoine » était horrible : des femmes, des enfants, des jambes arrachées, un trottoir parisien transformé en service d'urgences opératoires. Du boulevard, sous ma fenêtre, les sirènes du SAMU mesuraient plus l'étendue des dégâts que n'importe quel reportage à chaud de la grande presse. Je me sentis oppressé, mon épaule se bloquait, j'avais du mal à respirer, la douleur me tenaillait la poitrine. Et dire qu'il y avait des gens qui pensaient que je sablais le champagne ou me frottais les mains après chaque attentat! Tétanisé, incapable de réfléchir, j'appelai mon psychiatre.

« Docteur, c'est moi. Il vient d'y avoir un attentat rue de Rennes, un véritable carnage. Je suis à bout, j'ai un début de crise d'angine de poitrine...

– Passez à mon cabinet, j'ai fini mes consultations. Je vous prendrai tout de suite.

– Non, c'est impossible, j'ai encore du travail, j'attends un client. »

Le médecin ignorait mes activités d'agent, mais il savait que j'étais le défenseur d'Abdallah. Je ne pouvais pas lui expliquer que les terroristes risquaient de me contacter ce soir pour me faire passer tel ou tel message. Et il faudrait encore que je réussisse à contrôler ma voix en leur répondant! Le docteur me conseilla d'absorber ma dose quotidienne de calmants. Je forçais sur la dose, comme chaque jour depuis maintenant des semaines, tout en sachant que cela ne me ferait aucun effet. Les somnifères n'agissaient plus non plus.

Laurent Gally. – Ces réactions physiques, somatiques, les ressentiez-vous à chaque attentat? En septembre comme en février-mars 1986, lors de la première vague d'actions revendiquées par le CSPPA?

J.-P. M. – Non, ou, en tout cas, pas à ce point. Le carnage de la rue de Rennes m'a totalement révulsé. Avant, à chaque attentat, réussi ou raté comme ceux du métro, je m'informais d'abord du bilan : les actions de l'hiver 1985-1986 n'avaient pas été meurtrières, sauf la bombe du Point-Show. C'est peut-être horrible à dire, mais le fait que le Libanais y ayant trouvé la mort ait été l'un des sympathisants des FARL, selon les enquêteurs, a calmé beaucoup de gens. A chaque fois, j'arrivais encore à raisonner : je replaçais chaque attentat dans une échelle de gravité, selon la cible choisie, le lieu, les circonstances, et le bilan. Je regardais le baromètre du terrorisme, en voyant le mercure descendre et le temps tourner à la tempête. Puisque je raisonnais, j'étais encore maître de moi. L'angoisse montait, mais à chaque fois, je reculais l'échéance, les bombes semblant constituer des avertissements sanglants, mais des avertissements quand même. Le carnage devant le magasin Tati constitua une fracture.

L. G. – C'est l'attentat de la rue de Rennes qui vous a décidé à parler?

J.-P. M. – Non. J'y pensais depuis un an environ, avant les attentats de la fin 1985, mais dans une autre perspective. Lassitude, écœurement, volonté de casser l'engrenage, les raisons ne manquaient pas. Je voulais me sortir de tout cela, en douceur : j'avais imaginé écrire une fiction sur l'approche que j'avais pu avoir des FARL, à partir de l'amour impossible d'un avocat-agent pour une terroriste arabe, détenue dans un pays voisin et condamnée pour de longues années. Cette trame était trop transparente, et chacun aurait pu reconnaître Joséphine Abdo.

Mais il fallait que l'« On » me reconnaisse et que chacune des instances concernées – l'ordre des avocats, Abdallah, le Service – comprenne que je me grillais et s'imagine que je le faisais par maladresse, sinon par ambition littéraire. Je n'ai pas réussi à écrire un mot de ce roman.

La situation a radicalement évolué, depuis septembre. J'ai préféré mettre les choses à plat, sans la moindre fioriture, même si ce livre devient plus sec, plus froid. Parce que je ne me supportais plus, et encore moins ma position, j'ai voulu me confier. A vous, qui avez suivi l'affaire Abdallah depuis ses prémices. Cela vous donnait la possibilité de me contrer à tout moment, face à chaque tentation de mensonge, ou plutôt à chaque tentative d'enjoliver ce que j'avais pu vivre. C'était à vous de relever l'invraisemblable, le contradictoire, de comparer ma version avec vos informations. Même si l'invraisemblable – je pense à mon entretien avec les diplomates syriens avant mon départ pour Damas – fait partie de la vie quotidienne d'un agent.

L. G. – Cela, c'est pour la méthode choisie. Mais pourquoi cette fracture, brutale, dans votre position? Pourquoi tout dire, maintenant?

J.-P. M. – L'impuissance rend fou. Je me sentais déjà inutile depuis des mois, puisque Abdallah, hormis ces menaces, ne m'a rien dit d'utilisable depuis le jugement de Lyon. L'attentat chez Tati a constitué un déchirement : non seulement c'était l'échec de ce que j'avais tenté depuis deux ans, mais sa gravité rendait toute action ultérieure vaine, par avance. Porter un message de plus? Pour quoi faire? Le groupe avait décidé de tuer, au hasard, un maximum de gens. Il pouvait y avoir un autre attentat le lendemain, ou dans un mois. Abdallah ne contrôlait plus ses camarades.

Et puis, la brutalité de cet attentat m'a commandé de rompre mes attaches avec ces gens, comme je l'avais fait une première fois en 1982, et de ne plus flirter, même par devoir, avec les méthodes ou le discours des terroristes.

L. G. – Vous avez pourtant revu Abdallah entre-temps. Pourquoi, si vous voulez rompre avec lui et son groupe?

J.-P. M. – Quand ce livre sera publié, je ne serai plus un agent. Pour l'instant, je le suis encore et j'obéis aux ordres, qui sont de maintenir le contact avec Georges. Je traîne les pieds, puisque j'ai mis un mois et demi pour retourner le voir, alors que je le voyais auparavant au moins une fois par semaine. Paradoxalement, je n'ai aucune envie de voir Abdallah, mais je n'éprouve toujours pas de haine contre lui. Dans ma tête, il reste le chef des FARL, mais c'est un prisonnier, détenu dans un strict isolement, et le fait que, matériellement, il ne puisse qu'avoir les mains propres dans la dernière vague d'attentats me soulage. J'ai toujours éprouvé un certain respect à son égard, je le crois sincère et motivé. Je préfère simplement le savoir en détention que de l'imaginer jetant ou faisant lancer une bombe sur le trottoir. Malraux disait de Saint-Just : « Il est pur et cruel à la fois. » Je ne suis pas Malraux, Abdallah n'est pas Saint-Just, mais cette définition s'applique quand même à lui.

L. G. – Ces visites vous laissent néanmoins en relation avec le terrorisme. S'il y a eu fracture, il n'y a pas eu rupture. Et s'il vous tombait, demain, dans une semaine, une information capitale, utilisable immédiatement, qu'en feriez-vous?

J.-P. M. – Je la transmettrais, moitié par devoir, moitié par habitude. Mais plus question pour moi d'aller à la pêche aux informations, d'y subordonner ma vie. J'en suis devenu tout bonnement incapable, l'élan est cassé, et je n'ai plus de ressort. Je veux en finir avec une position intenable.

Il y a d'abord le regard des autres : quand Jean-Edern Hallier, que je connais par le voisinage, me lance dans un café : « Tous ces attentats, c'est votre faute », je le trouve stupide mais son accusation me frappe de plein fouet. Mes confrères me battent froid, non parce que je suis l'avocat d'Abdallah – et encore, certains me le reprochent ouvertement, comme si la démocratie déniait dans son for intérieur tout droit à la défense d'un présumé terroriste –, mais par mes prises de position publiques. J'en arrive à me demander qui je suis, à force d'adopter des opinions de commande, d'approuver chacun de mes interlocuteurs, le Service comme Abdallah. Je veux me retrouver moi, ou plutôt me trouver, parce que je me suis perdu de vue. La seule chose dont je suis sûr, c'est que j'ai toujours horreur de la violence et des procédés terroristes.

L. G. – Vous m'avez dit que depuis la vague d'attentats de septembre, la police vous traite en suspect.

J.-P. M. – Il y a longtemps, depuis le début de l'affaire, que la police me regarde d'un œil suspicieux. Je pense avoir été surveillé par le Mossad et la DST en 1984, et je ne suis pas sûr qu'une partie de la Piscine ne me prend pas pour un avocat terroriste. Ce qui a changé depuis septembre, à cause de l'énervement ou de l'affolement des autorités, c'est que mon cabinet et mon domicile ont été placés sur écoutes. « On » me l'a dit. Ce n'est pas officiel, les écoutes chez un avocat restent illégales si elles touchent au secret professionnel. Quand Abdallah a reçu la visite du prélat Mgr Capucci au parloir, un des directeurs de la prison de la Santé m'a assuré que « je traînais du monde derrière moi » depuis des mois, et qu'il avait même été interrogé par ses supérieurs, conformément aux instructions de la DST, sur ses relations avec moi.

Cette suspicion n'a pas accéléré ma décision de rompre avec cette affaire. C'était assez amusant d'avoir des rendez-vous avec le Service au nez et à la barbe des Renseignements généraux ou de la DST. Les services ont joué entre eux à de véritables parties de cache-cache, dans des sous-sols de parkings, de café en café, ou dans les rues de Paris, avec voiture de couverture et tutti quanti.

L. G. – Trahir vos différents clients a-t-il été difficile? Voulez-vous rompre aussi avec cela?

J.-P. M. – Évidemment. Depuis deux ans, je ne vois mes clients « révolutionnaires » que pour leur soutirer des informations et les combattre, puisqu'un agent obéit aux ordres et que la morale n'intervient pas dans l'action des services secrets. Je suis confronté à ce dilemme depuis deux ans. Penser pouvoir sauver des vies humaines justifie-t-il d'abuser de la confiance des gens? N'est-ce pas une circonstance aggravante de le faire quand vous êtes avocat, et donc le seul recours d'un détenu qui, quels que soient ses actes, a droit à un conseil, une écoute, face à la société dressée contre lui? J'ai dû ignorer, et systématiquement, le secret professionnel lié à ma robe. Cela n'a pas été facile : quand je voyais Abdallah, au début de son incarcération, et qu'il me dictait ses messages, je devais faire un compte rendu oral, puis écrit, au

Service. Si je tardais quelques jours pour rédiger mon rapport, j'oubliais les deux tiers des détails. Cela me pesait trop et je pense que ma mémoire renâclait inconsciemment à baliser les traces que je laissais derrière moi.

Aujourd'hui, je ne crains ni les foudres du conseil de l'ordre ni celles de la justice : les autorités seraient bien embarrassées de me juger en équité, puisque le Code pénal dispense de toute poursuite les agents ayant agi sur ordre de l'État. Encore faudrait-il que le Service me couvre, et je ne m'y attends pas. Non, ce qui m'importe, c'est l'opinion de Monsieur Tout-le-Monde, c'est-à-dire finalement la mienne propre. Je veux pouvoir me regarder dans une glace, le matin, avec une image nette mais qui ne me renverra plus une succession de masques.

L. G. – Vous en portiez combien?

J.-P. M. – Il y avait le masque du révolutionnaire. Je le jouais assez mal, de façon très silencieuse, mais cela suffisait. Je l'arracherai sans peine, ce qui ne me fera pas varier d'un iota dans mes opinions sur la justesse de certaines causes, et notamment le sort des Palestiniens. Il y avait aussi la façade de l'avocat. Ce métier m'a pris aux tripes, et je crois l'avoir exercé à fond, face aux autorités judiciaires, y compris pour mes clients membres présumés des FARL. Ce que je ne peux plus supporter, et qui m'oblige à quitter ce métier, c'est d'avoir menti sciemment, lors de chacune de mes visites au parloir, à des gens que je combats mais que je respecte. J'ai de la tendresse pour Abdo, une certaine admiration pour Abdallah, de la pitié vis-à-vis de Mansouri, et presque de la camaraderie, très instinctive, pour Carette. Je ne cite pas Oriach, car j'ai des rapports personnels difficiles avec lui.

Il y a le métier d'agent. Je lui ai tout, et surtout trop, sacrifié. Sans grand résultat : je m'y suis engagé volontairement, j'ai été gonflé à bloc par les premiers renseignements, la chaîne des informations de la fin 1984. Finalement, j'en suis venu à considérer mes correspondants un peu comme ma famille. D'abord parce que mes activités ont saccagé, régulièrement, toute tentative de vie privée. Mais aussi parce qu'elles ont réduit à néant ma clientèle normale d'avocat, et que je me suis trouvé acculé soit à poursuivre une routine dans laquelle je me sens désormais inutile, soit à devoir rompre, et avec éclat.

Il y a enfin ma vie que je tente de reprendre en main. Je n'ai plus envie de me haïr, de me mépriser, ou de fuir, traînant derrière moi je ne sais quelle réputation d'alcoolique ou de drogué. Si j'avais trouvé une autre issue, qui me laisse en paix, je ne me serais pas lancé dans ce déballage. C'est moi, avant tout, que le lecteur jugera, beaucoup plus qu'Abdallah.

L. G. – Pensez-vous que votre récit de l'affaire peut servir la justice?

J.-P. M – Je n'ai jamais pensé charger Abdallah, et rien de ce que je dis ne sert l'accusation. Peut-être sera-t-on désireux de me faire témoigner, de m'entendre. Je n'ai aucune preuve de ce que j'avance, et il sera facile de m'accuser de mégalomanie. En entrant dans le Service, j'ai conçu mon rôle comme préventif, non répressif. Personne ne peut songer à délier l'avocat de Georges – je l'ai été depuis 1984 et je le suis encore – de son secret professionnel, pour colorer un réquisitoire.

En revanche, je suppose que les camarades de Georges, ceux d'Oriach sinon quelques autres, prendront ce livre au sérieux, et grinceront des dents. Je me vois mal demander la protection de la police...

Enfin, il y a le Service. Je m'en dégage, tout seul, mais je ne le trahis pas. Je suis toujours d'accord avec ses objectifs, pas forcément ses méthodes. Ai-je signé un pacte à vie? Non, et quoi que l'on m'ait dit; dans le mythe de Faust, c'est Méphisto qui offre le contrat. Le Service n'est pas le Diable; toute action contre moi prouverait le contraire, y compris le fameux « accident de camion » que l'on décrit à chaque agent comme la possible fin de la route. Ce à quoi je me suis engagé, que je tiens et que je respecterai, c'est le silence sur l'essentiel. Que l'on m'oublie comme je veux oublier.

L. G. – Il y a une autre solution, plus traditionnelle, dans le Service : c'est demander d'être mis en sommeil.

J.-P. M. – Non, c'est l'inverse qui se passe, de temps en temps : le Service met en sommeil un agent, en fonction de sa stratégie. « On » a pensé agir ainsi avec moi, fin octobre, parce que je devenais friable physiquement, à bout de nerfs. Mais surtout parce que j'étais inutile : ni Oriach, ni Carette ni Abdallah ne me donnaient la moindre information depuis plus de quatre mois. Brusquement, le Service a décidé de me réactiver, en me demandant de reprendre cette ronde infernale de prison en prison, en quête de renseignements. Quoi qu'il en soit, je n'aurais pas accepté une mise en sommeil. Ce n'est pas par manque de modestie, mais ou j'étais immédiatement opérationnel, comme pendant de longs mois depuis 1984, et je participais, dans la mesure de mes moyens, à la lutte antiterroriste, ou je quittais le Service. A la fois parce que j'étais devenu inutile, sans l'avoir cherché et parce que ma vocation n'est pas d'être un « agent noir ». Je suis las de mon ou de mes masques.

L. G. – Il reste une autre hypothèse, que vous n'évoquez jamais. Ne pourriez-vous pas avoir été « grillé » ?

J.-P. M. – Je l'ai envisagé. Abdallah s'est méfié de moi avant de me proposer de déménager les armes, en été 1984. Parce qu'il me soupçonnait d'avoir des objectifs révolutionnaires propres. Il m'a longuement interrogé et en fut satisfait. Deuxième phase de suspicion : fin novembre 1984, à mon retour de Belgrade, il demanda à ses camarades, sans rien m'en dire, une enquête sur moi. Le « Blond » avait disparu, des militants avaient été arrêtés en Italie, etc. Cette enquête, dont je n'ai rien su, a débouché en août 1985 sur un « non-lieu ». Je n'étais pas un traître, mais un imprudent. Abdallah me reprocha mes étourderies, ma légèreté, mon manque de vigilance, comme s'il s'apercevait enfin que je n'ai pas de formation militante.

Certes, je n'ai plus d'informations depuis juillet. Mais si Abdallah me soupçonnait d'être un agent, pourquoi ne m'aurait-il pas lancé sur de fausses pistes, facilement vérifiables par ses camarades, qui auraient permis de désorganiser la stratégie du Service ou de le distraire de ses objectifs ? Au contraire, le dernier « message » d'Abdallah était : « La France deviendra inhabitable », et il le lançait tout autant aux micros équipant le parloir qu'à moi-même. C'était exagéré, mais il ne s'agissait pas d'une fausse information, septembre 1986 l'a prouvé.

Pendant ces deux ans, Abdallah s'est toujours montré très soucieux de ma sécurité : quel intérêt y avait-il s'il me soupçonnait ? Cela reste l'un de ses sujets de conversation favoris : « Noël approche, m'a-t-il lancé un jour avec un clin d'œil, j'espère que tu ne vas pas faire tes achats dans les grands magasins... le seul endroit sûr à Paris, c'est ton cabinet. » L'humour était douteux, l'intention plutôt gentille.

Autre indice : après les attentats de septembre, un hebdomadaire grand public a sorti deux semaines de suite de prétendues révélations sur les FARL : dans un premier numéro, j'étais listé comme l'un des sympathisants du groupe, voire leur complice. La semaine suivante, j'étais devenu un indicateur de la DST! Abdallah, prévenu, m'a demandé de lui apporter ces deux numéros, les a lus et n'a commenté ma position contradictoire que par ces mots : « Mais qu'est-ce qu'ils ont tous à s'acharner contre toi? » Abdallah souriait : « Les flics renseignent la presse dans tous les sens... j'espère que les camarades ne vont pas se laisser intoxiquer. »

Dernier argument, je ne crois pas qu'Abdallah se maîtriserait aussi bien quand il me voit au parloir s'il savait que j'étais un agent. Depuis qu'il a été placé à l'isolement, il a pu repenser à toute cette affaire, presque jour par jour. Dans ce cas, quand il me voit, il perd tout simplement son temps. Dans quel but? Conserve-t-il à mon égard, par-delà ce qui nous sépare, le moindre attachement? Je suis tenté de le savoir : je veux aller le voir une dernière fois et tout lui dire. Face à face. Ce sera le seul acte réellement courageux que je considérerai avoir accompli pendant ces deux ans. Et ce me sera très difficile : je ne redoute pas une réaction physique, mais son mépris, la possibilité qu'il se détourne sans un mot et retourne dans sa cellule, non sans un regard qui me laisserait encore plus seul que lui.

L. G. – Si Abdallah lisait ce livre, y verrait-il une justification à votre action?

J.-P. M. – J'en doute. Mais il devrait faire son autocritique, même s'il passe déjà son temps à ce genre d'exercice : c'est lui qui est venu me chercher, puis me rechercher. Il a, comme moi, manqué de prudence et de clairvoyance, alors que j'admire ses qualités intellectuelles. Il reste l'inexplicable : j'inspire confiance. Abdallah, je ne l'oublie pas, n'avait que moi à ses côtés pendant ses premiers mois de détention. Il y avait ainsi une sorte de confiance obligatoire. Trahir impliquait un immense effort physique et psychique : je devais garder un air naturel, parler d'un ton posé, alors qu'en sortant de prison j'étais glacé, frissonnant, et il m'est arrivé de vomir avec le sentiment de me vomir moi-même.

Aujourd'hui, je pense que la sympathie, l'estime que nous nous portons, les affinités que nous avons ne disparaîtront pas : nous avons lutté chacun de notre côté pour des causes opposées. C'était moi le tricheur. Cela n'effacera pas le reste, j'espère.

Restent les « autres ». Je me fiche complètement de l'opinion d'Oriach, ce qui ne veut pas dire que je ne crains pas sa réaction personnelle. Quant à Carette, j'imagine qu'il rira. Il est beau joueur et a une mentalité bonhomme. Il s'assume parfaitement en leader des CCC et ne m'a jamais donné d'information capitale. De cette affaire, il devrait tirer la conclusion qu'on ne doit se fier à personne, règle d'or de son groupe lors de ses premières actions en Belgique. Ce qui me met mal à l'aise, c'est la réaction prévisible de Joséphine Abdo, probablement de la tristesse et du dégoût. Je la considère comme innocente, j'ai abusé de sa confiance et je garde une grande tendresse pour elle. Nous ne partagerons jamais cette fameuse pizza, sur un bord de route.

15.

LES FARL

Monsieur X...,

Consulat de Syrie, Paris.

Je n'imagine pas un instant vous avoir floué : à chacune de mes visites, j'avais le sourire aux lèvres et l'estomac noué. Vous ne pouviez pas ne pas le remarquer. Et pourtant, monsieur le diplomate, vous m'avez demandé de travailler pour vous. Vous avez même osé me demander de rentrer dans vos services secrets. A quel jeu jouiez-vous donc, « Omar Sharif », qui abattiez toutes vos cartes devant moi sans retenue, j'allais dire sans pudeur? Il est vrai qu'il est beaucoup plus difficile de gagner quand on connaît le jeu de son adversaire.

Qu'étais-je donc pour vous? Un avocat pro-arabe, dévoué à la cause palestinienne? Un agent français? Un jour, vous m'avez dit : « Il y a une grande différence entre nous. C'est que moi, demain, je suis prêt à mourir pour la cause palestinienne. » A ces propos, je me rebellai : « Qu'en savez-vous? Les risques que je prends sont bien plus considérables que ceux que vous assumez, assis dans un fauteuil confortable, derrière votre bureau, dans cette pièce somptueusement décorée. Votre statut diplomatique vous protège, et que faites-vous pour la Palestine, hormis un doctorat d'État? »

Le temps effaça cette semi-altercation. Car, selon votre expression, nous nous sommes revus « moult et moult fois ».

De Damas, je garde un souvenir en forme de carte postale : tous les cinquante mètres, un militaire, un milicien ou un policier se dresse impassible, la kalachnikov dans une main et un chapelet dans l'autre. Ils ne semblent redouter qu'une seule chose, que les Israéliens leur tombent sur la tête.

Lorsque je suis parti pour la Syrie, vous m'aviez promis sur place une aide directe ou indirecte. Quelques mois plus tard, je ruminais encore, en vous revoyant, cette phrase qui me restait plus en travers de la gorge que les poisons et les couleuvres que vous m'aviez fait avaler. Je vous la rappelai, amer. Vous m'avez regardé d'un air désolé, comme si je venais de dire une absurdité, un léger sourire accroché à vos lèvres : « Mais, monsieur Mazurier, vous êtes revenu vivant... » L'évidence me sauta aux yeux, je ne pus qu'acquiescer.

C'est vrai, Simon était vivant. Mais qu'en était-il de Jean-Paul? Et qui se souciait de lui?

Jean-Paul Mazurier. – Mon histoire est finie, ou presque. Depuis les attentats de septembre, je ne suis plus qu'une ombre dans le dossier Abdallah. Encore présent, mais en demi-teinte. L'affaire est devenue internationale, et le sort de mon client lié à toutes sortes d'impératifs diplomatiques mais aussi de politique intérieure. Le gouvernement a repris le dossier en main et tant mieux : cela aurait dû arriver plus tôt, compte tenu de toutes les informations dont les autorités disposaient. Il était prévisible, depuis la fin 1984, que ce dossier explosif risquait de dégénérer sur le terrain.

Laurent Gally. – Abdallah estimait-il que l'attitude gouvernementale face à son dossier dépendait en partie de l'équipe politique au pouvoir?

J.-P. M. – Il ne m'a jamais fait aucun commentaire sur telle ou telle personnalité politique. Quand il est tombé, il espérait que son affaire s'arrangerait au plus vite, je crois en raison d'un accord dont le gouvernement aurait eu à connaître. Mais il jugeait que les socialistes étaient particulièrement prosionistes, et quand Jacques Chirac est entré en fonction, l'attentat du Point-Show a réactivé de façon dramatique le dossier, comme en assurant au gouvernement que le groupe savait qui était au pouvoir, et que la couleur politique de nos dirigeants lui importait peu.

L. G. – Pensez-vous que toutes vos informations ont été systématiquement transmises à qui de droit, au niveau politique?

J.-P. M. – Je n'en suis pas sûr. On m'a, par exemple, beaucoup reproché les termes employés dans mon interview à France-Inter, en février dernier, qui était abruptement alarmiste. Le Service m'avait dit d'enfoncer le clou, mais en prophétisant que d'autres attentats, cette fois meurtriers, risquaient de se produire, je voulais alerter, par-delà le Service, les autorités comme l'opinion publique.

Depuis que je suis intervenu dans ce dossier, je ne sais pas de quelle manière mes informations ont été répercutées. J'ai poursuivi mes contacts épisodiques avec le juge d'instruction qui m'avait aidé dès le départ, mais je ne l'ai plus revu depuis le début 1986. Je ne lui rendais pas de comptes, mais je l'informais, globalement, des pistes qui se dessinaient. A part ce canal, tout ce que j'ai pu obtenir n'a transité que par la Piscine et mon correspondant ou mon chef hiérarchique. En principe, toutes les informations ont dû être transmises au ministère de la Défense, dont dépend le Service. Quant à plus haut, je veux dire éventuellement Matignon ou l'Élysée, je n'en sais rien.

Mais depuis la fin 1985, et cela n'a pu aller que crescendo, les ministères parties prenantes dans le dossier Abdallah ont été nombreux : Justice, Intérieur, Affaires étrangères et Défense. Ces ministres font du reste partie du conseil de sécurité intérieure, qui a eu à débattre à plusieurs reprises de l'affaire. Chacun avait ses propres sources d'informations : dossiers d'instruction à la Justice, DST pour l'Intérieur, rapports de la Piscine pour la Défense, etc. Les Services du Premier ministre devaient recouper et synthétiser l'ensemble.

J'ai parlé aussi quelquefois par téléphone, via le Service, avec quelqu'un qui s'est présenté comme l'« autorité ». Je reste incapable de situer la position hiérarchique de cette personne.

Cet ensemble paraît flou. Pour le recomposer, on peut faire une hypothèse optimiste : la somme des informations recueillies devrait garantir que toute décision politique soit prise en connaissance de cause. Il y a aussi, hélas, la thèse inverse : le Service et la DST ne travaillent pas ensemble, au contraire. Cette opposition est patente dès le début de l'affaire et tout au cours du dossier, que ce soit à propos de l'arrestation d'Abdallah à Lyon, ou lors de la libération de Peyroles, par exemple.

L. G. – Quand il y a des thèses inverses, la plus étayée l'emporte. La DST n'a-t-elle pas eu, dès le début, beaucoup plus d'informations sur l'affaire que la Piscine?

J.-P. M. – Il faudrait savoir ce qu'on connaît exactement de la DST. C'est certain, la Piscine a plongé sur ce dossier sans grand élément au départ, n'ayant ni photo ni identité d'Abdallah, d'après ce que j'ai su. La DST, tout au long de ces années, a paru garder plusieurs longueurs d'avance : la perquisition et la découverte de l'arsenal de la planque de la rue Lacroix en témoignent.

Je n'ai pas d'explication précise à cette rivalité, traditionnelle entre deux services qui auraient dû collaborer dans cette affaire. En revanche, à la lecture des dossiers judiciaires, j'ai été frappé par la concordance des renseignements qui figuraient aussi bien en Italie qu'en France. Toute l'histoire des FARL y est retracée depuis environ 1980, avec une liste de différentes planques européennes, pas seulement en France et en Italie mais aussi en Espagne et en Suisse, où les planques prennent la forme de comptes bancaires! Je n'attribue ces informations ni à la Piscine, ni à la DST, ni à leurs homologues italiens. Ce fonds commun doit être la traduction policière d'un rapport extrêmement détaillé établi par le Mossad, le service secret israélien. Les dossiers italiens confirment formellement cette source, et l'ancien directeur de la DST y fait référence, dans son rapport sur l'affaire Peyroles.

L. G. – N'y a-t-il pas un risque d'intoxication, si les mêmes informations sont systématiquement reprises comme bases de dossiers judiciaires dans plusieurs pays?

J.-P. M. – Certes, mais dans cette affaire, la solidarité israélo-occidentale n'a pas été un vain mot. Abdallah l'a dénoncée sans cesse, et l'État d'Israël représente son véritable ennemi, au point que Georges fait une confusion absolue entre israélite et sioniste : selon lui, il est politiquement aberrant de faire dire à un juif qu'il est antisioniste. Georges a refusé une fois de parler, il me l'a dit, à un détenu israélite de droit commun qui marchait à côté de lui pendant sa promenade en prison. Abdallah considère que la guerre entre Arabes et Juifs est non seulement inévitable mais souhaitable et qu'elle se poursuit en permanence, au moins de façon larvée. S'il ne parle pas de l'anéantissement du peuple juif, il souhaite ouvertement la destruction d'Israël en tant qu'État. Inversement, il est naturel que le Mossad suive, et de très près, l'évolution politique des FARL et les pérégrinations européennes de ses militants. Apparemment, il ne l'a pas fait jusqu'au bout, puisque cela n'a pas empêché non plus les attentats de septembre.

Les services secrets israéliens sont probablement sur la trace de Georges depuis 1976, puisqu'ils le soupçonnent d'être le complice, sinon l'auteur, de l'assassinat de Francis Melloy, l'ambassadeur américain alors en poste au Liban. Je me suis toujours étonné de l'apparente naïveté des biographies d'Abdallah parues dans la presse. On l'a présenté comme un ancien instituteur, qui ne serait passé à plein temps dans l'action qu'en 1979. Georges ne m'a jamais mentionné son passé d'enseignant, mais il a reconnu devant moi, et c'est aussi établi par la justice italienne, qu'il a eu en 1976 des contacts avec certains membres des Brigades rouges. Non pour s'initier auprès d'eux, mais pour les former, et en Italie, à la pratique des armes et des explosifs. Après le procès d'assises de Rome, quand je suis retourné voir Abdo en détention, elle m'a demandé de prendre contact avec les Brigades rouges, sans me donner d'autres précisions, pour établir une stratégie commune. J'ai pensé qu'avec les CCC, Oriach, etc., ce n'était pas à moi de jouer les pieuvres et de lancer des tentacules en toutes directions pour relier des mouvements qui ne l'étaient pas.

L. G. – Etes-vous sûr que tous ces mouvements n'avaient pas de liens plus organiques avec les FARL?

J.-P. M. – Absolument, par un faisceau d'indices concordants : quand Abdallah vient me voir en 1982, il ne sait pas entrer en contact avec Action directe. Cette situation n'a guère évolué, puisque j'ai reçu, peu après l'arrestation de Georges à Lyon, un mystérieux visiteur – je n'en dirai pas plus, mais ce n'était pas un militant de base – qui souhaitait rencontrer Abdallah au nom d'Action directe pour établir un lien entre les deux groupes. J'ai transmis cette offre à Georges, non sans en avoir informé le Service. La Piscine a été très déçue qu'Abdallah rejette catégoriquement cette proposition. Georges, qui aimait bien Mohand

Hamami, m'a aussi, par la suite, avoué sa déception vis-à-vis de ce militant.

Si on met le cas, très personnel, de Frédéric Oriach entre parenthèses, je ne peux que rappeler l'hostilité de Carette aux FARL, au point qu'il a jugé « dégueulasses » les attentats parisiens de septembre 1986. Il vient de me demander de ne plus assurer sa défense, peut-être parce qu'il redoute probablement tout amalgame, même au travers de son avocat, avec le terrorisme des FARL.

Je n'oublie pas qu'Abdallah, depuis nos premières rencontres, songeait à mettre sur pied un « mouvement révolutionnaire internationaliste ». L'opération prévue pour le 15 octobre 1984 devait aboutir à la libération de militants révolutionnaires emprisonnés dans plusieurs pays. En outre, Abdallah parle parfaitement l'arabe, le français, l'italien et l'espagnol. En prison, il m'a demandé des méthodes « Assimil » rapides et il étudie l'allemand et le turc. Cela fait beaucoup, d'autant qu'il a aussi demandé à Abdo de se mettre à l'espagnol. Tout cela dessine effectivement un espace qui est l'Europe de l'Ouest, même si Abdallah manie très mal l'anglais. Et je crois que le groupe pourrait trouver une sorte de base de repli ou d'attente en Espagne : les FARL avaient des planques près de Madrid, à Alcala de Henarès, selon les dossiers judiciaires; Oriach, d'origine espagnole, est allé en Espagne après sa sortie de prison; enfin Carette m'a un jour demandé de devenir l'avocat de militants des GRAPO espagnols qui avaient des problèmes avec la justice. Je n'ai pas donné suite et n'ai même pas prévenu le Service. Cette « hypothèse espagnole » n'a rien d'un scoop, tous les services européens la connaissent.

L. G. – Chef présumé des FARL, de combien de militants Abdallah assure-t-il disposer?

J.-P. M. – Pendant très longtemps, il ne m'en a pas dit un mot. J'ai eu des informations contradictoires : il m'assurait contrôler toutes sortes de planques en France et venait, dans le même temps, me demander de l'aider à déménager des armes. Tout cela a beaucoup évolué au cours de sa détention : à l'écouter récemment, il disposerait de « milliers » de camarades, combattants ou sympathisants, pour le suivre dans ses objectifs politiques. Pour Abdallah, ses troupes regroupent tous ceux qui organisent la résistance contre Israël, et les FARL seraient, en quelque sorte, le fer de lance de la résistance libanaise.

Les spécialistes du Liban ne seront pas forcément d'accord, mais ce n'est pas à moi de déterminer les contours exacts du groupe. Ceux-ci peuvent du reste être flous : pour Abdallah, il n'est pas question de s'opposer ponctuellement aux hezbollahs, par exemple, si les objectifs de la lutte sont communs. Il m'a parlé des Druzes comme de possibles alliés, tout en m'assurant qu'ils étaient très inféodés à la Syrie puisque, selon lui, le président Assad et le père de Walid Joumblatt, chef historique des Druzes, étaient d'étroits rivaux... jusqu'à ce que le premier élimine physiquement le second. Je lui laisse évidemment la responsabilité de cette affirmation. Ce qui est sûr, c'est qu'Abdallah hait les phalangistes libanais, chrétiens comme lui. Il les étiquette globalement comme des « fascistes » et redoutait de tomber dans leurs mains – par le biais d'une expulsion de France – aux alentours de mars 1985. Cette hypothèse est née de la malencontreuse commission rogatoire internationale de la justice française à Beyrouth, qui pourrait avoir été à l'origine de l'affaire Peyroles.

On parle toujours des FARL comme des activistes terroristes responsables des derniers attentats en France, sinon en Italie, mais quand on essaie de les localiser au Liban, on se borne officiellement à y voir une communauté familiale particulièrement soudée, autour des villages d'Andakat et de Koubayat. Ce n'est qu'une approximation. Abdallah assume comme siennes nombres d'opérations réalisées au Sud-Liban, à la limite de la frontière israélienne. D'une manière générale, Abdallah cite ce proverbe pour illustrer l'inanité de vouloir délimiter son groupe : « Avec mon frère contre mon cousin, avec mon cousin contre l'étranger. »

L. G. – Cela n'est pas très marxiste, on croirait une illustration des querelles de clans libanais.

J.-P. M. – Pourquoi Georges échapperait-il à ce phénomène, qui paraît régir la vie sociale et politique de son pays? Son discours reste très marxiste, peut-être par sa formation intellectuelle : il nie, par exemple, l'intérêt de toute religion, estimant que c'est le facteur essentiel de division parmi les siens. Mais il ne m'a jamais parlé de la montée de l'intégrisme en général, ou de l'islamisme militant des hezbollahs. La réalité libanaise est si mouvante que Georges reconnaît lui-même, depuis sa cellule, qu'il y perd pied peu à peu. Cela ne l'empêche pas d'avoir une certaine teinte chrétienne dans son discours sur la lutte armée : il a parlé pendant des années de cibles « propres » ou « sales » pour ces objectifs, ce qui a une forte connotation morale.

Il y a un autre aspect chez Abdallah, qui s'est développé depuis son procès à Lyon : à l'en croire, son nom ou plutôt son prénom est maintenant un symbole au Nord-Liban et à Beyrouth-Ouest. Déjà, quand il m'avait envoyé à Chtaura, en mars 1985, il m'avait recommandé de me présenter comme venant de la part de Georges. Et il est en train de passer insensiblement de la position de symbole à celle de possible martyr : il en a une vocation quasi chrétienne, m'assurant que la prison et la mort faisaient partie du parcours d'un militant. Il se renforce dans cette perspective parce qu'il supporte très mal sa détention. Avant que le ministre de la Justice ne parle de son prochain procès d'assises, il se voyait condamné à une nouvelle et très lourde peine de prison. Mais la roue peut encore tourner.

L. G. – Cette position de symbole, de possible martyr, signifie-t-elle qu'Abdallah est vraiment une des têtes de l'action armée au Proche-Orient?

J.-P. M. – Sûrement. Il doit être une des têtes de cette action, mais pas un chef institutionnel d'un mouvement révolutionnaire intégré dans un ensemble politique plus large. Ce qui constitue à la fois une force et une faiblesse. Il m'a assuré, en parlant de Georges Habache, le leader du FPLP, le Front populaire de libération de la Palestine, dont on prétend que Georges fut ou serait l'un des cadres, que le pouvoir fait perdre les véritables perspectives révolutionnaires. Georges m'a fait des commentaires équivalents, très secs et très durs, sur l'OLP de Yasser Arafat et sur le FLP d'Abou Abbas, responsable du détournement du paquebot italien *Achille Lauro*. Mais Abdallah ne m'a pas dit un mot sur Abou Nidal, par exemple, et il ne veut sûrement pas se situer lui-même à un niveau hiérarchique équivalent. En cherchant, il n'y a que le fameux Carlos à qui je pourrais le comparer, non pour le dénigrer comme le « terroriste » par excellence, mais d'après les informations de presse sur les positions respectives des diverses têtes de cette mouvance révolutionnaire : un chef et un franc-tireur à la fois, entièrement tourné vers l'action sur le terrain. Un détail révélateur? Mansouri transportait lors de son arrestation des kilos d'explosifs dans sa valise, comme si les FARL ne voulaient bénéficier d'aucune logistique étatique.

Cela peut avoir eu des conséquences pour Abdallah : autant il me paraissait diriger d'une main de fer son groupe aux débuts de sa détention, autant, par la suite, il m'a semblé que Jacqueline Esber avait des velléités d'autonomie. Et lors des attentats de septembre, Abdallah, peut-être averti de la stratégie globale de ses camarades, n'a sûrement pas été prévenu à l'avance des détails des opérations.

L. G. – Son groupe est bien financé par quelqu'un. Il vous a parlé de deux principaux États, la Syrie et la Libye, comme pouvant le recevoir une fois libéré. Les FARL dépendent-elles, selon votre expérience, d'un de ces pays?

J.-P. M. – Je ne sais rien du financement de son groupe. Abdallah m'a cité plusieurs autres pays arabes : Algérie, Sud-Yemen, Iran, outre la Syrie et la Libye. Et pour une raison simple : Georges estime que son combat recueille, sur le fond, l'assentiment de tous les pays progressistes arabes. On pourrait détailler cas par cas, mais mes indices sont ténus. Chacun sait qu'il avait un passeport algérien authentique. Il en avait aussi un maltais. Alors, qu'en conclure?

Il m'a, en revanche, avoué avoir fait une énorme gaffe lors de son premier interrogatoire, après son arrestation : il a précisé aux policiers que son mouvement était implanté principalement en Syrie et au Liban. Talleyrand le disait : « Méfiez-vous du premier mouvement, c'est le bon »... Pour le Liban, je suis certain que c'est la base essentielle d'implantation et d'action des FARL.

Reste la Syrie, dont on a beaucoup parlé ce derniers temps, notamment après les « preuves » anglaises de l'implication de Damas dans certains attentats terroristes. Abdallah ne m'a jamais rien révélé à ce propos. Au contraire, il affichait une certaine méfiance envers les Syriens : « Il ne faut pas traiter avec le grand animal », était l'un de ses messages. Je rappelle les contacts ambigus que j'ai eus avec des diplomates syriens avant mon départ pour Damas. Ma mission a été un échec total, mais cela ne les a pas empêchés de rester en relation avec moi. Ainsi, ils m'ont délivré un deuxième visa juste avant que je ne parte pour le second procès de Trieste, quand je leur ai précisé que je comptais accompagner Abdo et Mansouri à Damas, s'ils étaient libérés.

J'ai revu ces diplomates assez récemment. Frédéric Oriach s'est présenté en juin dernier au consulat de Syrie, pour demander un visa, en se recommandant de moi. Je n'en étais pas averti, mais cela a marché et Oriach a obtenu son visa le jour même. Pendant l'été, un jeune Allemand d'origine indienne, se disant membre de la Fraction Armée rouge et recherché dans son pays, a fait la même démarche au consulat syrien, toujours en avançant mon nom. Il lui fut répondu de présenter une lettre signée de ma main, comme garantie. Le jeune homme vint donc me voir à mon cabinet, à ma grande surprise. Pour essayer de tirer l'affaire au clair, je l'ai accompagné au service consulaire syrien. J'ai revu le diplomate qui m'avait refusé, à notre première rencontre, de m'accorder un visa. Cette fois, il me demanda effectivement ma garantie pour le militant ouest-allemand – que je donnais, mais que pouvais-je faire d'autre? –, puis il évoqua la situation en général..

Ce diplomate, qui me précisa agir en toutes circonstances en représentant de son pays et non discuter à titre personnel, m'assura que Damas ne se sentait pas concerné par les FARL. S'il m'acceptait comme garantie pour distribuer des visas, me dit-il, c'était par « amitié personnelle » mais aussi « par respect pour le combat que je menais pour ses frères arabes ». Derrière cette langue de bois, je compris qu'il prenait ses distances, comme avant mon voyage à Damas, avec l'action des FARL que la presse décrivait comme télécommandée par certains responsables des services secrets syriens. S'il me parlait de mon combat, c'était en apparence contradictoire : à qui parlait-il, sinon à l'avocat des FARL? Il tentait peut-être de me dire de rester bien disposé envers les Arabes en général, mais non envers les FARL en particulier.

Évidemment, le Service a été prévenu de ces contacts, comme des visas accordés à Oriach et au militant ouest-allemand. « On » me renvoya prendre la température au consulat syrien, après les premiers attentats de septembre, sans me donner d'instructions précises. Là, j'abattis mes cartes : « Je considère que les FARL desservent la cause arabe... » Le diplomate opina et m'entraîna dans une pièce où se trouvaient deux autres personnes. Il ferma la porte à clé, non sans m'assurer : « Maintenant, je vous prends en otage. » Il fit des présentations rapides, puis déplora la situation que vivait la France, qualifiant les attentats d'« abominables et particulièrement lâches ». J'en rajoutai, précisant que je songeais à abandonner la défense des FARL, mais que je respectais toujours la cause arabe et étais prêt à travailler pour cela. L'idée parut les réjouir... et dans les cinq minutes qui suivirent, ils me demandèrent d'entrer dans les services secrets syriens! « Notre pays a des objectifs nationaux, nous aimerions que vous nous aidiez à les réaliser. » Là, je me cabrai, assurant que je n'imaginais même pas avoir entendu leur proposition, insultante pour ma robe d'avocat comme pour moi-même, citoyen français. Je pense surtout qu'ils songeaient à se servir de moi pour avoir, peut-être, des renseignements supplémentaires sur les FARL, sinon à les abattre sans le dire ouvertement, ces militants restant officiellement des frères progressistes et des révolutionnaires.

L. G. – Ça faisait beaucoup pour vous : un autre personnage, et sûrement pas le plus facile, à essayer d'assumer. Mais tout ce que vous dites met en cause le rôle de la Syrie : invitation quasi officielle à Oriach, aussitôt libéré, visa à ce membre recherché de la RAF allemande, tentative de débauchage d'un avocat pour leurs services secrets... La presse a longuement évoqué l'hypothèse que les FARL, comme d'autres mouvements révolutionnaires en Europe, pouvaient être télécommandés ou au moins soutenus par ces services secrets.

J.-P. M. – Cela reste du domaine des déductions invérifiables. Je soutiens plutôt la thèse inverse : la Syrie, pays volontairement progressiste, joue surtout la terre d'asile pour ces militants qui agissent souvent de façon autonome. Je n'ai pas d'autre indice.

Beaucoup de journalistes avancent que Damas agit peut-être dans ce domaine comme un sous-marin de l'influence soviétique. La thèse du « grand Satan » me gêne toujours, qu'elle soit employée par Téhéran contre Washington ou par les reaganiens contre Moscou. Je crois que les choses sont plus compliquées que cela. Il est vrai, néanmoins, que j'ai été troublé par toutes les facilités que les FARL assurent pouvoir trouver dans n'importe quel pays au-delà du rideau de fer. Mais là aussi, je me garde de généraliser : dès décembre 1985, Abdallah, devant le refus syrien de m'accorder sur-le-champ un visa, me suggéra d'aller à Vienne, en Autriche donc, pour y être contacté et recevoir de vrais faux papiers.... libanais. C'est à ceux qui tiennent à avoir une vision globalisante ou systématique du terrorisme international de dénoncer l'ombre de Moscou dans chaque tentative de déstabilisation des démocraties.

16

ET DEMAIN?

J'aimerais encore ajouter quelques mots. Je n'ai pas réussi à éliminer ce qui était pour moi l'incarnation du mal, mais n'était-ce pas plutôt une partie de moi-même que je projetais, inconsciemment, sur Abdallah? Impuissant face au terrorisme, n'ai-je pas joué avec mes pulsions d'aventurier, mon goût du mystère? N'ai-je pas confondu la partie avec le tout?

Difficile de dire cela, de se l'avouer, de s'en convaincre, mais pour moi, la mort est peut-être désormais l'ultime sortie de secours. Bien sûr, j'ai pensé fuir. Illusion. Je ne veux pas altérer mon image une fois de plus et consentir de moi-même à me désincarner, encore et encore. Face à un risque ouvert, permanent, je m'installe dans une situation paranoïaque où le mal vient toujours des autres, et jamais de moi. Je ne fais pas une sagesse de ma sérénité forcée, mais je me prends à croire que la patience est vertu.

Jean-Paul Mazurier. – Demain, pour moi, c'est l'inconnu. Je ne me suis pas levé au banc de la défense quand Abdallah a comparu devant la cour d'assises de Paris, spécialement composée de sept magistrats. La démocratie a reculé d'un pas, face aux menaces terroristes, à cause du procès de Régis Schleicher et des menaces contre les jurés de ce dirigeant d'Action directe. Je ne me suis pas déplacé, je n'avais pas envie de revoir Georges, de réentendre ce type de discours. Demain, je ne serai plus avocat, ni agent. Je serai peut-être mort, mais je serai Jean-Paul.

Laurent Gally. – Avec ce livre, comment encore défendre Abdallah ?

J.-P. M. – La question est devenue théorique. Ce n'est plus admissible de ma part. De toute façon, les gens n'auraient pas compris quel masque parlait, l'avocat ou l'agent noir, et j'ai décidé de laisser tomber les deux. Sans compter que certains auraient voulu trouver dans ce récit quelques arguments de plus pour charger Georges. Et ce dernier n'a plus rien à faire de moi.

L.G. – Est-ce que, par ce livre, vous apprenez au Service que vous le quittez ?

J.-P. M. – Bien sûr, puisqu'il n'y a aucune autre possibilité. La Piscine a tenté de me réactiver. Début décembre, « On » m'a redemandé de partir sur le terrain, à Damas. Je ne savais que dire : les ordres s'exécutent, ne se discutent pas. J'ai peur, je suis fatigué, je veux laisser tomber. Tout cela ne me motive plus, je ne crois plus à l'efficacité de mon action.

L.G. – Craignez-vous des représailles?

J.-P. M. – Oui. Ce livre n'est pas un geste de défi, mais les gens qui vont m'en vouloir seront légion, puissants et armés. J'ai envisagé de partir très loin, n'importe où. Puis j'ai renoncé à cette tentative illusoire de me mettre à l'abri. Je veux assumer ma position, dire ma version de l'affaire, expliquer comment et à quel prix – individuel pour moi – certains tentent de protéger la foule des innocents. Les masques tombés, j'espère qu'ils ne me colleront pas à la peau, qu'ils n'envahiront plus mes pensées. Je souhaite refaire ma vie, en étant moi-même.

Il y aura peut-être des représailles : je les ai envisagées auparavant, de l' « accident de camion » à la balle dans la tête d'un « révolutionnaire » fou de rage et tenant de la « justice prolétarienne », comme ils disent. La mort fait partie du chemin. Je n'ai plus le choix, j'ai atteint une sérénité forcée, une sorte de calme obligatoire. Mais si cela était le cas, par-delà ma mort, l'éventuel tueur – quelle que soit son organisation d'origine – me donnera raison : si ce livre le gêne au point d'appeler une vengeance ce qui sera un assassinat, c'est que la vérité que j'ai tenté de raconter paraîtra insupportable, peut-être par sa banalité même.

L.G. – Demain, la lutte antiterroriste comme le militantisme révolutionnaire continueront, de toute façon.

J.-P. M. – Oui. Je me mets simplement hors jeu, volontairement. Je me suis trouvé, il y a quatre ans, à la croisée des chemins, et j'ai refusé de m'engager. Puis, je me suis reproché ma conduite et je me suis lancé à fond, deux ans durant, pour éviter toute nouvelle irruption du terrorisme. Les faits ont balayé mes espoirs, et l'action du Service, pour efficace qu'elle ait pu être ponctuellement, a été relayée par l'action politique et diplomatique. Je n'ai plus rien à faire sur cet échiquier. Je redeviens un citoyen comme les autres. Ai-je été lâche, courageux? Hier? Maintenant? Ces mots ne signifient rien pour moi. Les circonstances m'ont fait accomplir des actes. Je n'en ai aucun sentiment particulier.

Pour moi, la guerre est finie.

Paris, 17 septembre 1986 – janvier 1987

Chronologie

Paris, 12 novembre 1981 : tentative d'assassinat, dans le XVIe arrondissement, de Christian Adison Chapman, numéro deux de l'ambassade américaine en France. Un chargeur d'un automatique de calibre 7,65 est vidé sur sa voiture. Le diplomate s'en sort indemne. Les FARL revendiquent ce premier attentat par lettre.

Paris, 18 janvier 1982 : éxécution du lieutenant-colonel Charles Ray, attaché militaire de l'ambassade américaine. Abattu boulevard Émile-Augier, dans le XVIe arrondissement, d'une balle de calibre 7,65 en pleine tête. La revendication des FARL, par lettre, met en cause la politique Reagan au Salvador et au Liban.

Paris, 3 avril 1982 : Yacov Barsimantov, deuxième secrétaire de l'ambassade d'Israël en France, est abattu devant son domicile, dans le XVIe arrondissement. Son fils, témoin du meurtre, poursuit la jeune femme qui a tiré les balles – de calibre 7,65 – jusqu'à la bouche de métro voisine. C'est lui qui donnera le signalement de la meurtrière aux policiers : dents écartées, hanches fortes, d'où le surnom, depuis célèbre, de « gros cul » attaché à Jacqueline Esber. Revendication des FARL.

Paris, 22 août 1982 : explosion de la voiture piégée du conseiller commercial de l'ambassade américaine, Roderick Grant. Deux artificiers, Bernard Le Dréau et Bernard Mauron, de la Préfecture de police, trouvent la mort en tentant de désamorcer la bombe. Là aussi, revendication ultérieure des FARL.

Paris, 17 septembre 1982 : explosion, devant le lycée Carnot, dans le XVIIe arrondissement, d'une voiture de l'ambassade d'Israël à Paris. De nombreux blessés légers parmi les lycéens, et deux diplomates sont grièvement touchés. Revendication des FARL, par tracts, au nom de l'anti-impérialisme. Les policiers soupçonnent des militants d'Action directe de distribuer ces tracts.

Rome, 15 février 1984 : assassinat du diplomate américain Leamon Hunt, ancien directeur de la force multinationale de paix au Sinaï. Trois revendications, dont les Brigades rouges italiennes et les FARL.

Paris, 26 mars 1984 : le consul général des États-Unis à Strasbourg, Robert Onan Homme, est grièvement blessé par trois balles de calibre 7,65. Les FARL revendiquent cet attentat.

Trieste, 6 août 1984 : arrestation dans l'express Ljubljana-Milan-Paris de Mohammed el-Mansouri, au faux passeport marocain, avec sept kilos d'explosifs dans sa valise.

Lyon, 24 octobre 1984 : arrestation de Saadi Abdelkader, ressortissant algérien, par les policiers de la DST. Celui que l'on apprendra être Georges Ibrahim Abdallah a également un faux passeport maltais et 20 000 dollars en liquide.

Zurich, 24 novembre 1984 : arrestation à l'aéroport de Hani Hussein, un Libanais, avec deux kilos d'explosifs, alors qu'il se rendait à Rome.

Rome, fin novembre 1984 : arrestation de sept Libanais qui s'apprêtaient à faire sauter, dans une opération de camion suicide, l'ambassade américaine dans la capitale italienne.

Rome, 19 décembre 1984 : arrestation de Joséphine Abdo à Ostie, la plage de Rome.

Beyrouth, 22 mars 1985 : enlèvement de deux diplomates français, Marcel Carton et Marcel Fontaine. Revendication du Djihad islamique.

Tripoli, Nord-Liban, 24 mars 1985 : enlèvement par les FARL de Gilles Sidney Peyroles, directeur du Centre culturel français, libéré le 2 avril suivant, théoriquement contre la promesse de l'expulsion prochaine d'Abdallah hors de France.

Paris, 8 avril 1985 : révélation de la découverte d'un arsenal des FARL dans un appartement loué par Esber et Abdallah, 18, rue Lacroix, dans le XVIIe arrondissement. Un pistolet CZ 70, de calibre 7,65 et de fabrication tchécoslovaque, trouvé sur place, se révèle, selon les expertises balistiques, être l'arme qui a servi aux attentats Ray et Barsimantov. Abdallah est inculpé de complicité d'attentats.

Le Caire, 7 octobre 1985 : détournement du paquebot italien *Achille Lauro* par un commando du FLP, le Front de libération de la Palestine, une des branches de l'OLP de Yasser Arafat. Dans le même temps, procès d'assises à Rome de Joséphine Abdo et de Mohammed el-Mansouri. Ils sont acquittés.

Paris, 7 décembre 1985 : deux bombes aux Galeries Lafayette et au Printemps font 35 blessés dans la foule qui effectue ses courses de Noël. Ces attentats seront revendiqués, lors des attentats de février 1986, par le CSPPA, le Comité de solidarité avec les prisonniers politiques arabes et du Proche-Orient, émanation des FARL selon les enquêteurs. Le CSPPA réclame la libération conjointe de Georges Ibrahim Abdallah, du pro-iranien Anis Naccache, chef du commando contre l'ancien Premier ministre Chapour Bakhtiar, et de l'Arménien Waroujian Garabedjian, condamné pour l'attentat d'Orly de juillet 1983.

Paris, 3-4-5 février 1986 : trois bombes explosent successivement dans la galerie Claridge, aux Champs-Élysées, à la librairie Gibert Jeune, boulevard Saint-Michel, et à la FNAC sports, au Forum des Halles. Le bilan des victimes est de 19 blessés.

TGV Paris-Lyon, 17 mars 1986 : une bombe explose, faisant 10 blessés. L'attentat est revendiqué par le CSPPA.

Paris, 20 mars 1986 : une bombe explose dans la galerie Point-Show, aux Champs-Élysées, au moment où est rendue publique la composition du gouvernement Chirac. Cet attentat, qui fait 2 morts et 28 blessés, est revendiqué par le CSPPA et survient quelques jours après la confirmation des condamnations d'Abdo et de Mansouri à Trieste. Le même jour, attentat manqué à la station Châtelet, dans une rame du RER.

Lyon, 10 juillet 1986 : Georges Ibrahim Abdallah est condamné à quatre ans de prison pour association de malfaiteurs et détention d'explosifs. A la suite du jugement, les États-Unis expriment leur « surprise » devant la « légèreté » de la peine... et se portent partie civile dans le dossier Abdallah encore en cours à Paris.

Paris, 4-17 septembre 1986 : six actions terroristes sont commises et revendiquées par le CSPPA. Le 4, tentative manquée dans une rame du RER, à la station Gare de Lyon. Le 8, 1 mort et 18 blessés dans l'explosion d'une bombe au bureau de poste de l'Hôtel de Ville de Paris. Le 12, 41 blessés à la cafétéria du supermarché Casino, dans le centre commercial des Quatre Temps, à la Défense. Le 14, 2 morts et 1 blessé au Pub Renault, aux Champs-Élysées. Le 15, 1 mort et 51 blessés dans l'explosion d'une bombe, dans la salle de délivrance des permis de conduire, à la Préfecture de police. Le 17, 7 morts et 51 blessés, devant le magasin Tati, rue de Rennes, par une bombe lancée d'une voiture. Les frères de Georges Ibrahim Abdallah, Maurice et Robert, sont mis tour à tour en cause par la police française et tiennent successivement des conférences de presse au Liban pour protester de leur innocence.

Paris, 23 décembre 1986 : le juge d'instruction Gilles Boulouque clôt le dossier Abdallah dans les affaires Ray, Barsimantov et Homme et le transmet à la chambre d'accusation. Le 28 janvier 1987, celle-ci décide de renvoyer le chef des FARL devant la cour d'assises de Paris, spécialement composée de sept magistrats. Les audiences devaient débuter le 23 février 1987.

Par décision du tribunal de grande instance de Paris en date du 2 mars 1987, les documents figurant en annexe ont été supprimés de la présente publication.

L'ÉDITEUR

Table des matières

Cet ouvrage a été réalisé sur
Système Cameron
par la SOCIÉTÉ NOUVELLE FIRMIN-DIDOT
Mesnil-sur-l'Estrée
pour le compte des Éditions Robert Laffont
le 24 février 1987

Imprimé en France
Dépôt légal : mars 1987
N° d'édition : 30409 – N° d'impression : 6192

Cet ouvrage a été réalisé sur
Système Cameron
par la SOCIÉTÉ NOUVELLE FIRMIN-DIDOT
Mesnil-sur-l'Estrée
pour le compte des Éditions Robert Laffont
le [illegible] [illegible] 19[illegible]

Imprimé en France
[illegible]
[illegible]